vertical-life.info

Deutsche Ausgabe

Best of Arco

Arco
Sarcatal
Judikarien
Trient
Rovereto

Manuel Senettin
Thomas Hofer

Sportclimbing Guide

Impressum

Verlag: Vertical-Life GmbH, 39042 Brixen, Italien
Autoren: Manuel Senettin, Thomas Hofer
Redaktion: Matthias Polig, Maria Hilber
Layout: Arno Dejaco, Maria Hilber
Grafischer Satz: Maria Hilber, Arno Dejaco, Florian Dariz
Fotos: Manuel Senettin, Thomas Hofer, Ulla Lohmann (www.ullalohmann.de), Matthias Polig, Matteo Pavana (The Vertical Eye), Elena Paissan
Druck: A. Weger KG, Brixen
Typographie: Intro

1. Auflage 2013
ISBN 978-88-98495-06-1

Für Anregungen und Neuigkeiten wendet Euch bitte an:
Vertical-Life GmbH, Otto von Guggenbergstraße 34, 39042 Brixen,
office@vertical-life.info

Umschlagfoto: Manuel Senettin, Arco (Foto: Vertical-Life)

Inhalt

Vorwort

Im Alter von ungefähr zehn Jahren fuhr ich das erste Mal nach Arco. Ich erinnere mich noch daran, als wäre es gestern gewesen. Ich staunte nicht schlecht über die Wände, die sich vor meinen Augen erhoben. Bereits damals war das Sarchetal das Mekka des Sportkletterns in Italien, allerdings verstand ich nicht genau, was das zu bedeuten hatte. Ich wusste nur, dass sich Menschen mit ihren Händen und Füßen an den Wänden hocharbeiteten. Den genauen Grund, warum sie das taten, kannte ich noch nicht. Heute, 15 Jahre später, steige ich in mein Auto, sobald die Zeit es mir erlaubt, und lenke es Richtung Süden. Mein Ziel ist jenes Tal, dessen Ende schließlich in den Gardasee mündet. Der See bewirkt ein viel milderes Klima als andernorts und durch diesen glücklichen Umstand ist es möglich, das ganze Jahr über Klettermöglichkeiten zu finden. In dieser Gegend verbrachten Thomas Hofer und ich während unserer Recherche eine sehr schöne Zeit. Wir danken allen, die uns bei unserer Tätigkeit unterstützt und uns mit Herzlichkeit und Gastfreundschaft aufgenommen haben.

Der Kletterführer Best of Arco ist in fünf Hauptzonen unterteilt. Neben Arco sind das die Zonen Rovereto, Trient, das Sarcatal zusammen mit dem Tal der Seen und die Judikarien. Jede Zone hat ihren ganz besonderen Reiz. Ein Großteil der Judikarien liegt im Naturpark Adamello-Brenta, eines der größten Schutzgebiete in den Alpen. Die Täler der Judikarien faszinieren durch ihre atemberaubende Natur und bieten an besonders heißen Tagen etwas Abkühlung. Rund um Arco, ebenso wie im Sarcatal, ist eine große Anzahl an Felsen zu finden. Sie alle liegen relativ nahe beieinander, was durchaus von Vorteil sein kann. Die Zonen Rovereto und Trient bieten ein vielfältiges Angebot. Darüber hinaus sind die zwei Städte Trient und Rovereto reich an historischen Sehenswürdigkeiten.
Im Kletterführer werden zu jedem Gebiet informative Daten angeführt, die dabei helfen sollen, im überaus großen Angebot die richtige Wahl zu treffen. Neben Zustiegszeit, Ausrichtung der Wand, Meereshöhe, günstiger Jahreszeit und Routenverteilung wird zum Beispiel auch angegeben, ob sich das Gebiet für Anfänger oder Familien eignet. Zusätzlich zu den Angaben im Führer sollten immer auch die aktuell vorherrschenden Bedingungen berücksichtigt werden, um einen entspannten Klettertag zu verbringen.

Best of Arco ist der erste Kletterführer, der von Vertical-Life realisiert wurde. Er ist der Beginn einer Serie von innovativen Kletterführern, die auch als App für Smartphones und interaktiv über das Portal www.vertical–life.info erhältlich sind.

Manuel Senettin

Die Erschließer

Die wahren Felskünstler sind die Erschließer. Aufgrund ihres Einsatzes war das Sarchetal mit seinen umliegenden Tälern der Geburtsort des Kletterns in Italien. Die Gruppe der Erschließer setzt sich aus sehr unterschiedlichen Persönlichkeiten zusammen und dennoch bilden sie eine Gemeinschaft. Sie alle teilen eine Gemeinsamkeit, nämlich ihre Leidenschaft für die Erkundung der perfekten Wand, für die Suche nach der idealen Linie und dem besten Fels.
Vor langer Zeit wurde im Tal der erste Bohrhaken gesetzt und es wird noch lange andauern, bis das gesamte Potenzial erschöpft ist. In mühsamer Arbeit werden regelmäßig Stände und Bohrhaken ausgetauscht. Wartungsarbeiten wie diese dienen allen Kletterer und garantieren letztlich auch mehr Sicherheit. Für die Instandhaltungsarbeiten wird nicht nur sehr viel Zeit investiert, darüber hinaus werden auch die Kosten von den Erschließern selbst getragen. Durch ihren Einsatz wird uns Kletterern die Möglichkeit geschenkt, uns in einem Teil der Natur zu bewegen, der andernfalls unbelebt geblieben wäre.
Unsere Entscheidung einige Gebiete nicht zu veröffentlichen beruht darauf, dass sich sehr viele Wände auf Privatgrund befinden. Besonders in Bezug auf den Parkplatzmangel kommt es immer wieder zu Problemen. Wir möchten vermeiden, dass Grundbesitzer, die ihr Leben lang in die Bewirtschaftung ihres Bodens investiert haben, zu Schaden kommen.
Im Anhang werden alle Erschließer in einer Tabelle namentlich genannt, wobei wir hoffen, niemanden vergessen zu haben. Ihnen und ihrem Einsatz verdanken wir die unzähligen Routen rund um Arco, die letztlich das Besondere dieser Zone für uns Sportkletterer ausmachen.

Danke

Die vergangenen Monate waren sehr arbeitsintensiv und unser Dank gilt allen, die an das Projekt geglaubt und uns bei der Umsetzung unterstützt haben: Nicola Tarolli, Barbara und Frau Antonietta vom Hotel Al Sole, Laura und Sarah vom Freemaster Team, Andrea und Pio, Fabio Leoni, Diego Mabboni, Ivan Savoi, Marisa Sartori, Massimo Faletti, Hanspeter Eisendle, Matteo Pavana (The Vertical Eye), Vale Ballardini, Gabriele Moroni, Angelo Seneci, Helli Kotter, Georg Hueber, Rebecca Finch, Maria Graus, Notburga Hilber, Magdalena Schwärzer (Magda's! Ich mag das), Laura Stefani, Leni & Charly, Michele Casali, Domenico vom Rockservice, Loris Manzana, Lorenzo vom Maso Naranch, Barbara Soardi, Michel Ghezzi, Ulla Lohmann, Basti Hoffmann und allen, die uns geholfen haben, dieses Buch zu schreiben.

Manuel Senettin, Thomas Hofer

Legende

220m Meereshöhe (Meter)

3min Zustiegszeit (Minuten)

Kalk Gesteinsart

Bewertung des Parkplatzes (Skala von 1 bis 3)

Bewertung der Absicherung (Skala von 1 bis 3)

Familienfreundlicher Klettergarten

Anfängerfreundlicher Klettergarten

Steilheit der Felswand: Platten | Senkrechte Wand | Überhang | Dach

Regentauglicher Klettergarten

Ausrichtung der Felswand: N (Norden) | E (Osten) | S (Süden) | W (Westen)

Bewertung der Schönheit des Klettergartens (Skala von 1 bis 5)

Beste Jahreszeit (Januar bis Dezember)

| JAN | FEB | MÄR | APR | MAI | JUN | JUL | AUG | SEP | OKT | NOV | DEZ |

| J | F | M | A | M | J | J | A | S | O | N | D |

Hauptstraße

Nebenstraße / Weg

Fluss

Brücke

Tunnel

Parkplatz

Durchfahrtsverbot

Fahrradweg

Bushaltestelle

Tankstelle

Aussichtspunkt

Einbahn

Haus

Kirche

Burg

Bar

Restaurant

Rastplatz

Solarzellen

Kraftwerk

Sportplatz

Hochspannungsmast

Fabrik

Camping

Klettergarten

Zustieg

Zustieg in der Nähe

ABC Klettergarten in der Nähe

Olivenhain

Weinreben

Markante Felsen

Steinmauer

Steinbogen

Fixseil

Steinschlagverbauung

Übersicht

1.7 L'Orto ★★★★☆ 36

15 min

| J | F | M | **A** | **M** | **J** | **J** | **A** | **S** | O | N | D |

N° 28

3	4	5a	+	5b	+	5c	+	6a	+	6b	+	6c	+	7a	+	7b	+	7c	+	8a	+	8b	+	8c	+	9a	+
0	0	1	0	2	0	4	0	5	3	0	2	2	2	1	0	1	0	0	1	0	1	0	0	0	0	0	0

1.8 Red Point Wall ★★★★☆ 40

10 min

| J | F | **M** | **A** | **M** | J | J | A | **S** | **O** | N | D |

N° 58

3	4	5a	+	5b	+	5c	+	6a	+	6b	+	6c	+	7a	+	7b	+	7c	+	8a	+	8b	+	8c	+	9a	+
0	2	0	0	5	0	1	2	3	1	2	3	1	2	6	1	5	3	5	1	1	0	0	0	0	0	0	0

1.9 Bus de la Stria ★★★☆☆ 46

10 min

| J | **F** | **M** | **A** | M | J | J | A | **S** | **O** | **N** | D |

N° 20

3	4	5a	+	5b	+	5c	+	6a	+	6b	+	6c	+	7a	+	7b	+	7c	+	8a	+	8b	+	8c	+	9a	+
0	0	0	0	0	0	0	0	0	0	1	1	0	1	1	1	1	0	0	1	1	1	0	0	0	0	0	0

1.10 Le Piazzole ★★★☆☆ 50

25 min

| J | **F** | **M** | **A** | **M** | J | J | A | **S** | **O** | **N** | D |

N° 22

3	4	5a	+	5b	+	5c	+	6a	+	6b	+	6c	+	7a	+	7b	+	7c	+	8a	+	8b	+	8c	+	9a	+
0	0	0	0	1	0	4	0	3	3	2	2	2	0	2	1	2	0	0	0	0	0	0	0	0	0	0	0

1.11 Padaro ★★★★☆ 54

15 min

| J | **F** | **M** | **A** | **M** | J | J | A | **S** | **O** | N | D |

N° 23

3	4	5a	+	5b	+	5c	+	6a	+	6b	+	6c	+	7a	+	7b	+	7c	+	8a	+	8b	+	8c	+	9a	+
0	0	0	0	0	0	0	0	0	0	0	1	1	0	1	1	0	0	0	0	0	0	0	0	0	0	0	0

1.12 Mandrea ★★★★☆ 58

5 min

| J | F | **M** | **A** | **M** | J | J | A | **S** | **O** | N | D |

N° 21

3	4	5a	+	5b	+	5c	+	6a	+	6b	+	6c	+	7a	+	7b	+	7c	+	8a	+	8b	+	8c	+	9a	+
0	0	0	0	0	0	0	0	0	0	1	0	2	3	1	1	3	4	1	2	0	0	0	0	0	0	0	0

1.13 Sanderland ★★★★☆ 60

25 min

| J | F | M | **A** | **M** | **J** | **J** | **A** | **S** | **O** | N | D |

N° 21

3	4	5a	+	5b	+	5c	+	6a	+	6b	+	6c	+	7a	+	7b	+	7c	+	8a	+	8b	+	8c	+	9a	+
0	0	0	0	0	0	0	0	0	0	0	1	1	0	2	0	6	1	2	2	2	0	0	0	0	0	0	0

1.14 Regina del Lago ★★★★☆ 64

20-25 min

| J | **F** | **M** | **A** | M | J | J | A | **S** | **O** | **N** | D |

N° 74

3	4	5a	+	5b	+	5c	+	6a	+	6b	+	6c	+	7a	+	7b	+	7c	+	8a	+	8b	+	8c	+	9a	+
2	1	4	0	5	1	16	0	12	12	9	5	0	1	2	1	1	1	1	0	0	0	0	0	0	0	0	0

1.15 Spiaggia delle Lucertole ★★★★☆ 72

1 min

J | **F** | **M** | **A** | M | J | J | A | **S** | **O** | **N** | D

N° 23

3	4	5a	+	5b	+	5c	+	6a	+	6b	+	6c	+	7a	+	7b	+	7c	+	8a	+	8b	+	8c	+	9a	+
0	0	1	0	0	0	0	0	0	1	3	3	1	0	5	1	3	0	5	0	0	0	0	0	0	0	0	0

1.16 Belvedere ★★★★★ 76

3 min

J | **F** | **M** | **A** | **M** | J | J | A | **S** | **O** | **N** | D

N° 46

3	4	5a	+	5b	+	5c	+	6a	+	6b	+	6c	+	7a	+	7b	+	7c	+	8a	+	8b	+	8c	+	9a	+
3	8	4	0	4	0	3	0	5	1	2	2	2	1	5	3	1	2	0	0	0	0	0	0	0	0	0	0

1.17 Nago ★★★★☆ 80

5-15 min

J | **F** | **M** | **A** | **M** | **J** | J | A | **S** | **O** | **N** | D

N° 145

3	4	5a	+	5b	+	5c	+	6a	+	6b	+	6c	+	7a	+	7b	+	7c	+	8a	+	8b	+	8c	+	9a	+
2	5	2	0	7	0	16	0	13	10	10	13	10	6	12	9	7	8	6	1	1	0	0	0	3	1	0	0

1.18 Massone ★★★★☆ 90

3 min

J | F | **M** | **A** | **M** | J | J | A | **S** | **O** | **N** | D

N° 151

3	4	5a	+	5b	+	5c	+	6a	+	6b	+	6c	+	7a	+	7b	+	7c	+	8a	+	8b	+	8c	+	9a	+
0	1	5	1	2	0	3	0	10	5	10	8	10	8	9	11	11	11	19	4	7	4	4	4	2	0	1	0

1.19 Terra Promessa ★★★☆☆ 102

5 min

J | F | **M** | **A** | **M** | **J** | J | A | **S** | **O** | N | D

N° 39

3	4	5a	+	5b	+	5c	+	6a	+	6b	+	6c	+	7a	+	7b	+	7c	+	8a	+	8b	+	8c	+	9a	+
0	0	0	0	0	0	0	0	1	4	3	0	0	3	1	1	5	1	3	3	3	1	3	1	1	0	0	0

1.20 Grottosauro ★★★★☆ 106

15 min

J | **F** | **M** | **A** | M | J | J | A | **S** | **O** | **N** | D

N° 17

3	4	5a	+	5b	+	5c	+	6a	+	6b	+	6c	+	7a	+	7b	+	7c	+	8a	+	8b	+	8c	+	9a	+
0	0	0	0	0	0	0	0	0	0	0	1	1	0	1	3	0	2	3	3	1	0	1	0	1	0	0	0

1.21 Piccola Dallas ★★★★☆ 110

15-20 min

J | F | M | **A** | **M** | **J** | **J** | **A** | **S** | O | N | D

N° 26

3	4	5a	+	5b	+	5c	+	6a	+	6b	+	6c	+	7a	+	7b	+	7c	+	8a	+	8b	+	8c	+	9a	+
0	0	0	0	0	0	0	0	0	0	0	0	1	2	3	1	0	9	6	2	1	1	0	0	0	0	0	0

1.22 La Pizzeria ★★★★★ 114

15 min

J | F | **M** | **A** | **M** | J | J | A | **S** | **O** | N | D

N° 14

3	4	5a	+	5b	+	5c	+	6a	+	6b	+	6c	+	7a	+	7b	+	7c	+	8a	+	8b	+	8c	+	9a	+
0	0	0	0	0	0	0	0	0	0	0	0	0	1	1	1	1	4	3	2	0	0	0	0	0	0	0	0

Sektor	N°	3	4	5a	+	5b	+	5c	+	6a	+	6b	+	6c	+	7a	+	7b	+	7c	+	8a	+	8b	+	8c	+	9a	+
2.1 Camerette	37	0	0	0	0	0	0	2	0	3	0	4	3	2	1	4	2	3	0	2	6	2	0	0	0	0	0	0	0
2.2 Baule	7	0	0	0	0	0	0	0	0	0	0	0	0	0	0	1	2	1	2	0	0	0	0	0	0	0	0	0	0
2.3 Giardino di Nato	24	0	0	0	0	0	0	2	0	1	1	3	2	2	1	2	1	5	2	0	0	0	0	0	0	0	0	0	0
2.4 Sisyphos	44	0	0	1	0	1	0	2	0	5	0	4	6	1	5	4	4	6	2	1	0	0	0	0	0	0	0	0	0
2.5 Athos	21	0	0	0	0	0	0	0	0	0	1	0	2	0	1	2	1	3	2	1	1	0	0	0	0	0	0	0	0
2.6 Sarche	21	0	0	0	0	0	0	1	0	2	2	3	4	2	0	1	2	1	1	0	0	0	0	0	0	0	0	0	0
2.7 La Panoramica	19	0	0	0	0	0	0	0	0	0	3	1	3	2	2	3	1	2	1	0	0	0	0	0	0	0	0	0	0

2.16 Climax ★★★☆☆ 170

15 min

|J|F|M|A|M|J|J|A|S|O|N|D|

N° 44

3	4	5a	+	5b	+	5c	+	6a	+	6b	+	6c	+	7a	+	7b	+	7c	+	8a	+	8b	+	8c	+	9a	+
0	0	0	0	0	0	1	0	1	1	1	2	5	9	5	4	3	2	1	1	2	1	1	0	0	0	0	0

2.17 Giardino delle Occasioni Perdute ★★★★☆ 174

15 min

|J|F|M|A|M|J|J|A|S|O|N|D|

N° 20

3	4	5a	+	5b	+	5c	+	6a	+	6b	+	6c	+	7a	+	7b	+	7c	+	8a	+	8b	+	8c	+	9a	+
0	0	0	0	0	0	0	0	2	2	4	1	1	4	1	1	1	0	0	0	0	0	0	0	0	0	0	0

2.18 La Finestra ★★★☆☆ 176

20 min

|J|F|M|A|M|J|J|A|S|O|N|D|

N° 14

3	4	5a	+	5b	+	5c	+	6a	+	6b	+	6c	+	7a	+	7b	+	7c	+	8a	+	8b	+	8c	+	9a	+
0	0	0	0	0	0	0	0	0	0	0	0	0	2	2	1	2	2	2	1	1	0	0	0	0	0	0	0

2.19 Margone ★★★☆☆ 180

10 min

|J|F|M|A|M|J|J|A|S|O|N|D|

N° 33

3	4	5a	+	5b	+	5c	+	6a	+	6b	+	6c	+	7a	+	7b	+	7c	+	8a	+	8b	+	8c	+	9a	+
0	0	0	0	0	0	0	0	0	1	0	2	6	4	3	4	0	3	5	1	2	0	0	0	0	0	0	0

2.20 Coel dela Val dela Porta ★★★★☆ 184

10 min

|J|F|M|A|M|J|J|A|S|O|N|D|

N° 22

3	4	5a	+	5b	+	5c	+	6a	+	6b	+	6c	+	7a	+	7b	+	7c	+	8a	+	8b	+	8c	+	9a	+
0	0	0	0	0	0	0	0	0	1	0	0	0	1	1	4	1	1	3	1	2	3	1	2	0	0	0	0

2.21 Ranzo ★★★★☆ 186

15 min

|J|F|M|A|M|J|J|A|S|O|N|D|

N° 69

3	4	5a	+	5b	+	5c	+	6a	+	6b	+	6c	+	7a	+	7b	+	7c	+	8a	+	8b	+	8c	+	9a	+
0	0	0	0	0	0	0	0	0	0	1	2	1	3	3	9	4	8	6	10	6	3	1	0	0	0	0	0

2.22 Lagolo ★★★★☆ 194

5 min

|J|F|M|A|M|J|J|A|S|O|N|D|

N° 10

3	4	5a	+	5b	+	5c	+	6a	+	6b	+	6c	+	7a	+	7b	+	7c	+	8a	+	8b	+	8c	+	9a	+
0	0	0	0	0	0	0	0	0	0	0	0	0	0	1	1	1	1	0	1	1	1	0	0	0	0	0	0

2.23 San Siro ★★★★☆ 196

5 min

|J|F|M|A|M|J|J|A|S|O|N|D|

N° 80

3	4	5a	+	5b	+	5c	+	6a	+	6b	+	6c	+	7a	+	7b	+	7c	+	8a	+	8b	+	8c	+	9a	+
0	0	1	0	0	0	2	0	7	4	4	7	4	2	4	7	7	7	6	3	4	4	0	0	0	0	0	0

3.6 Val d'Algone ★★★★☆ 232

2 min

| J | F | M | A | M | J | J | A | S | O | N | D |

N° 61

3	4	5a	+	5b	+	5c	+	6a	+	6b	+	6c	+	7a	+	7b	+	7c	+	8a	+	8b	+	8c	+	9a	+
0	1	0	0	2	0	1	0	3	7	11	5	8	8	10	3	1	0	1	0	0	0	0	0	0	0	0	0

3.7 Coltura ★★★★☆ 238

1 min

| J | F | M | A | M | J | J | A | S | O | N | D |

N° 93

3	4	5a	+	5b	+	5c	+	6a	+	6b	+	6c	+	7a	+	7b	+	7c	+	8a	+	8b	+	8c	+	9a	+
0	2	2	0	3	0	2	0	10	8	9	7	4	2	7	2	3	4	3	3	5	1	1	0	0	0	0	0

3.8 Croz de le Niere ★★★★☆ 246

1 min

| J | F | M | A | M | J | J | A | S | O | N | D |

N° 74

3	4	5a	+	5b	+	5c	+	6a	+	6b	+	6c	+	7a	+	7b	+	7c	+	8a	+	8b	+	8c	+	9a	+
1	14	6	0	8	0	7	0	7	6	5	6	2	2	3	1	0	1	1	1	1	0	0	0	0	0	0	0

3.9 Breguzzo ★★★☆☆ 254

10 min

| J | F | M | A | M | J | J | A | S | O | N | D |

N° 24

3	4	5a	+	5b	+	5c	+	6a	+	6b	+	6c	+	7a	+	7b	+	7c	+	8a	+	8b	+	8c	+	9a	+
0	1	1	0	0	0	0	0	2	2	0	1	2	1	3	1	1	3	2	1	2	0	1	0	0	0	0	0

3.10 Val Lomasone ★★★★☆ 258

10 min

| J | F | M | A | M | J | J | A | S | O | N | D |

N° 128

2	3	4	5a	+	5b	+	5c	+	6a	+	6b	+	6c	+	7a	+	7b	+	7c	+	8a	+	8b	+	8c	+	9a
3	4	5	2	1	4	0	9	2	15	11	10	4	13	7	8	7	8	5	2	4	2	1	0	0	0	0	0

3.11 Comano ★★★★☆ 266

1 min

| J | F | M | A | M | J | J | A | S | O | N | D |

N° 29

3	4	5a	+	5b	+	5c	+	6a	+	6b	+	6c	+	7a	+	7b	+	7c	+	8a	+	8b	+	8c	+	9a	+
0	3	0	0	1	0	1	0	1	0	2	1	3	2	0	3	5	2	0	1	1	0	0	0	0	0	0	0

Quellenverzeichnis

Diego Depretto „Arco falesie: le nuove falesie di arrampicata", editore Higas 1996; Loris Manzana „Arco: guida di arrampiacta", Edizione La grafica 1997; Meisl Michael, Lochner Martin „Arco - Klettern vom Gardasee bis zur Brenta", Lochner-Verlag 2005; Mario Manica, Antonella Cicogna, Davide Negretti, „Klettern in Arco Sarcatal - Trient - Rovereto - Judikarien - Brentagruppe", Edizione Versante Sud 2006; Mario Manica, Antonella Cicogna, Davide Negretti „Falesie di Arco 106 proposte Valle del Sarca - Trento - Rovereto - Valli giudicarie", Edizione Versante Sud 2010; www.arcowall.com; www.sport.infotrentino.it; www.8a.nu; www.planetmountain.com; www.27crags.com; www.falesia.it; www.topoguide.de; www.stadler-markus.de, www.coronn.com

KOMPASS
Der Weg zu
Deinem Hotspot!
KOMPASS
Antistrappo
Reißfest
Impermeabile
Wetterfest
Escursioni · Bike
Wandern · Rad
096
Alto Garda, Ledro
Valle del Sarca
+ GPS esatto/GPS-genau
1:25 000 1cm ≙ 250 m
www.kompass.de
Voltaren
www.kompass.at

1.22 La Pizzeria 114
1.4 Fattoria degli Struzzi 26
1.3 Ottava Meraviglia 24
1.1 Swing Area 20
1.8 Red Point Wall 40
1.6 Muro dell'Asino 32
1.12 Mandrea 58
1.13 Sanderland 60
1.2 Eremo di San Paolo 22
1.20 Grottosauro 106
1.19 Terra Promessa 102
1.21 Piccola Dallas 110
1.18 Massone 90
1.11 Padaro 54
1.10 Le Piazzole 50
1.7 L'Orto 36
1.5 Calvario 30
1.9 Bus de la Stria 46
1.16 Belvedere 76
1.17 Nago 80
1.14 Regina del Lago 64
1.15 Spiaggia delle Lucertole 72
Stenico
Ponte Arche
Comano
Sarche
S. Massenza
Ranzo
Margone
Pietramurata
Cavedine
Drena
Dro
Ceniga
Padaro
Laghel
Arco
Riva
Nago
Torbole
Ronzo
Passo S. Giovanni
ROVERETO
Mori
Tenno
Fiave
Bleggio
Ragoli
Preore
Zuclo
Bolbeno
Limone
Valli Giudicarie
Valle del Sarca
Lago di Garda (Bènaco)
Lago di Ledro
0 1 2 4 km

1. Arco und Umgebung

Seit den neunziger Jahren ist Arco das Klettermekka Italiens. Im Gebiet um das Städtchen Arco liegen die Kletterfelsen, die als erste vollständig mit Bohrhaken ausgestattet wurden. Anfangs suchte man vor allem nach glatten Felsen und so wurden **Swing Area**, **Spiaggia delle Lucertole** und **Bus de la Stria** ausgewählt. Als sich das Klettern mit der Zeit weiter ausbreitete, entstanden viele neue einzigartige Klettergärten: Von **Massone**, wo sich das Klettern im Überhang entwickelt hat, bis hin zu **Nago**, das ein sehr breitgefächertes Publikum anlockt. Die Klettergärten erstrecken sich über alle Kalkfelsen, die Nago umgeben. **Calvario** wurde letzthin wieder ins Spiel gebracht, als im linken Bereich einige interessante Routen entstanden. In der Umgebung von Arco wird jeder Kletterer etwas für seinen Geschmack finden: Es gibt Routen des achten und neunten französischen Grades, wie im Sektor Pueblo in **Massone** oder **Eremo di San Paolo**. Aber auch Anfänger kommen auf ihre Kosten, zum Beispiel in **Muro dell'Asino**. Geklettert werden kann sowohl im Sommer als auch im Winter, wenn auch die Anzahl der Sommer-Klettergärten begrenzt ist. **Piccola Dallas** ist sicherlich eine gute Wahl an heißen Tagen. Es gibt viele sehr ruhige Klettergärten, wie etwa **Mandrea**. Vor allem aber ist vielerorts das Potential noch längst nicht erschöpft, insbesondere in der Umgebung von **Padaro**.

Foto: Vertical-Life

1.1 Swing Area

★★★☆☆ **Arco**

125m | 5min | Kalk | P ★★★

Swing Area gehört zu den historischen Klettergärten von Arco. Nach „Nuovi Orizzonti" war dies der erste Kletterfels im ganzen Sarcatal, dessen Routen komplett mit Bohrhaken eingerichtet wurden. Der Weg zum modernen Sportklettern war damit eröffnet. Sämtliche Routen des Klettergartens sind saniert worden und somit bietet Swing Area für jeden ein lohnendes Ziel, der technische Kletterei auf „altmodische" Weise liebt.

Anfahrt

Von Arco Richtung Norden fahren und bei der Sarcabrücke nach links Richtung Campingplatz abbiegen. Dieser Straße folgen, die unter den Wänden des Colodri vorbeiführt. Nach wenigen Minuten ist auf der rechten Seite ein altes Betonhäuschen zu sehen, bei dem man parken kann.

Zustieg

Vom Parkplatz etwa 300 Meter zurückgehen und über die Mauer auf der rechten Seite steigen (ca. fünfzig Meter vor einer Wasserleitung, die aus der Mauer ragt). Von hier einem Weg nach oben folgen und direkt vor der Wand nach links abzweigen, wo bereits die ersten Bohrhaken zu erkennen sind.

N° 25

3	4	5a	+	5b	+	5c	+	6a	+	6b	+	6c	+	7a	+	7b	+	7c	+	8a	+	8b	+	8c	+	9a	+
0	0	0	0	0	0	1	0	1	0	2	3	3	1	3	1	2	2	4	1	1	0	0	0	0	0	0	0

N W E S

| JAN | FEB | MÄR | APR | MAI | JUN | JUL | AUG | SEP | OKT | NOV | DEZ |

	Route	Grad	Meter
1	Pippistrello	7b	20
2	Indiana Jones	7c	25
3	Indiana Jones (2nd pitch)	7c	25
4	Super swing	7b+	26
5	La gnogna	7b+	26
6	Nisida	7c	26
7	Balle bollenti	7c	25
8	La pista	8a	30
9	La gita	7b	35
10	Porca vacca	7c+	30
11	Armando Diaz	7a	25
12	Greppo greppo	6a	20
13	Greppo greppo (2nd pitch)	5c	20
14	Bicipiti in vacanza	6c	20
15	Karl Dalle	6b+	20
16	Karl Dalle (2nd pitch)	6b	20
17	La rivincita dei piedi	6c+	20
18	N.N.	6c	20
19	Sirac en rut	6b+	20
20	Sirac en rut (2nd pitch)	6b	20
21	La principessa sul pisello	7a	20
22	Topolino	6b+	20
23	Karl Knopf	7a+	20
24	Tin tin	6c	20
25	Senza Nome	7a	20

1.2 Eremo di San Paolo

★★★★☆

Prabi

110m | 3min | Kalk

Eremo ist ein kleiner Klettergarten mit nur wenigen Routen. Aber was für welche: „Zauberfee“ (8c+/9a) ist eine der bekanntesten darunter und eine Herausforderung für besonders Ambitionierte. Alle Routen (bis auf die erste ganz links) weisen einen hohen Schwierigkeitsgrad auf. Interessant: Der Klettergarten liegt direkt neben dem Kirchlein von San Paolo, das für seine wunderschönen Fresken im Innen- und Außenbereich bekannt ist. Die kleine Kirche ist so nah am Steilhang gebaut, dass der Fels zum Teil als Wand und Gewölbe fungiert.

Anfahrt

Zum Campingplatz von Arco (neben der Kletterwand des Rock Master) und dort der Straße Richtung Norden folgen. Die Wände des Colodri passieren und weiter bis zum Restaurant „La Lanterna“ fahren. Kurz nach dem Restaurant befindet sich auf der rechten Seite eine kleine Parkbucht, hier das Auto stehen lassen.

Zustieg

Der Straße weiter Richtung Norden folgen, bis man auf der linken Seite zum Schild mit der Aufschrift „Eremo di San Paolo“ kommt. Dem steilen Weg nach oben bis zum Kirchlein folgen.

N°
8

3	4	5a	+	5b	+	5c	+	6a	+	6b	+	6c	+	7a	+	7b	+	7c	+	8a	+	8b	+	8c	+	9a	+
0	0	0	0	0	0	0	0	1	0	0	0	0	0	0	0	0	0	0	1	1	0	1	0	0	2	0	0

N W E S

| JAN | FEB | MÄR | APR | MAI | JUN | JUL | AUG | SEP | OKT | NOV | DEZ |

	Route	Grad	Meter
1	N.N.	6a	10
2	Caty Mini	8a	20
3	Zauber Fee	8c+	22
4	St. Anger	8c+	24

	Route	Grad	Meter
5	Gravity Games	8b	24
6	N.N.	N.N.	20
7	N.N.	7c+	20
8	N.N.	N.N.	22

1.3 Ottava Meraviglia

★★★★☆ **Ceniga**

270m | 20min | Kalk | P ★★★

Der Name (Achtes Weltwunder) dieses ruhig gelegenen Klettergartens ist vielleicht etwas übertrieben, aber ein Besuch lohnt sich allemal. Der bequeme Wandfuß, die Schönheit und die Höhe der Routen lassen dabei den etwas längeren Zustieg vergessen.

Zustieg

Gegenüber vom ersten Parkplatz führt eine Seitenstraße zur Römischen Brücke. Am Ende der Brücke einem Schotterweg nach oben folgen (Hinweisschild: Monte Colt). Kurz darauf zweigt rechts ein Weg ab (rote Markierung), der aber nicht zu beachten ist. Stattdessen geradeaus weiter, bis nach etwa 100 Metern erneut ein gut sichtbarer Weg nach rechts abgeht, welchem man nun folgt. Nach einem etwa 5-minütigem Marsch kündigt rechts ein Steinmännchen den Pfad zum nahe gelegenen Klettergarten Ceniga an, der wieder nicht zu berücksichtigen ist. Der Zustieg führt also geradeaus und wird nach einiger Zeit etwas flacher. Bei einem im Boden steckenden Ast und einem kleinen Steinmännchen beginnt der Weg, der direkt zum Klettergarten führt.

Anfahrt

Von Arco Richtung Trient/Ceniga. Gleich am Dorfbeginn von Ceniga befindet sich auf der rechten Seite ein großer Parkplatz. Entweder hier das Auto abstellen oder noch etwa 50 Meter weiterfahren, wo auf der linken Seite ein kleiner Parkplatz liegt.

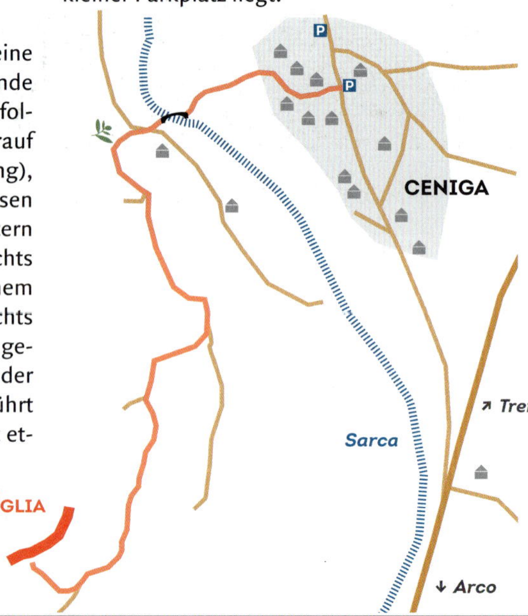

N°
22

3	4	5a	+	5b	+	5c	+	6a	+	6b	+	6c	+	7a	+	7b	+	7c	+	8a	+	8b	+	8c	+	9a	+
0	0	0	0	0	0	0	0	0	0	1	1	1	2	3	3	1	1	2	1	1	0	0	0	0	0	0	0

N W E S

| JAN | FEB | MÄR | APR | MAI | JUN | JUL | AUG | SEP | OKT | NOV | DEZ |

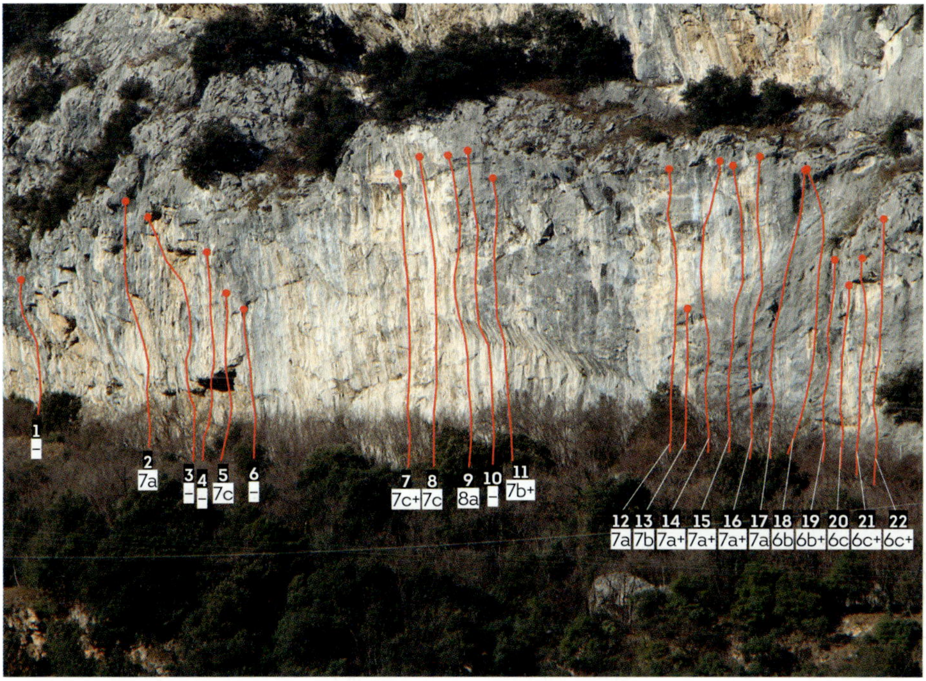

	Route	Grad	Meter
1	N.N.	N.N.	20
2	N.N.	7a	30
3	Project	N.N.	30
4	Diaol can	N.N.	25
5	Chandra full	7c	22
6	N.N.	N.N.	21
7	Ammazza cammelli	7c+	35
8	La crux	7c	35
9	Oceano stellare	8a	35
10	Suria nemaste	N.N.	25
11	Auannagannammerica	7b+	25

	Route	Grad	Meter
12	Grande giga	7a	30
13	Gorilla lilla	7b	20
14	Il conte Ddracula	7a+	30
15	Ciao Ciba	7a+	30
16	Zolla bepponica	7a+	30
17	Name humesh	7a	28
18	Ganga Ines	6b	28
19	Marina Tandrilla	6b+	23
20	Boom	6c	23
21	Il mio piede sinistro	6c+	23
22	Il camaleonte	6c+	25

1.4 Fattoria degli Struzzi

★★★★☆

Ceniga

200m | 18min | Kalk

Ein kleiner, aber netter Klettergarten über dem Dorf Ceniga. Die Routen befinden sich alle auf demselben Felsriegel. Der Fels kann dennoch in zwei Sektoren unterteilt werden, da im mittleren Bereich keine Routen vorhanden sind. Im rechten Sektor wird auf Platten geklettert und im linken Sektor ausschließlich senkrecht.

Anfahrt

Von Arco Richtung Trient/Ceniga. Nach einigen Kilometern links ins Dorf Ceniga einbiegen. Auf der rechten Seite des Ortes befindet sich ein großer Parkplatz, entweder dort oder etwas weiter auf der linken Seite parken.

Zustieg

Beim Parkplatz die Straße überqueren und sich in Richtung der Brücke „Ponte Romana" orientieren (Hinweisschild „Percorso alle cavre").
Nach dem Überqueren der Brücke die Straße nach rechts nehmen, die zum Agriturismo „Maso Lizzone" führt. Vor dem Hof links die Straße neben einer Steinmauer hochgehen. Auf der rechten Seite zweigt ein Weg ab (Hinweisschild „Percorso alle cavre"). Dem Wegweiser folgen, wobei man einen Olivenhain passiert, durch ein Geröllfeld geht und anschließend in den Wald kommt. Am Waldrand angekommen, weist nach einigen Metern ein Steinmännchen auf eine Abzweigung nach links hin. Der Weg führt direkt zum Klettergarten.

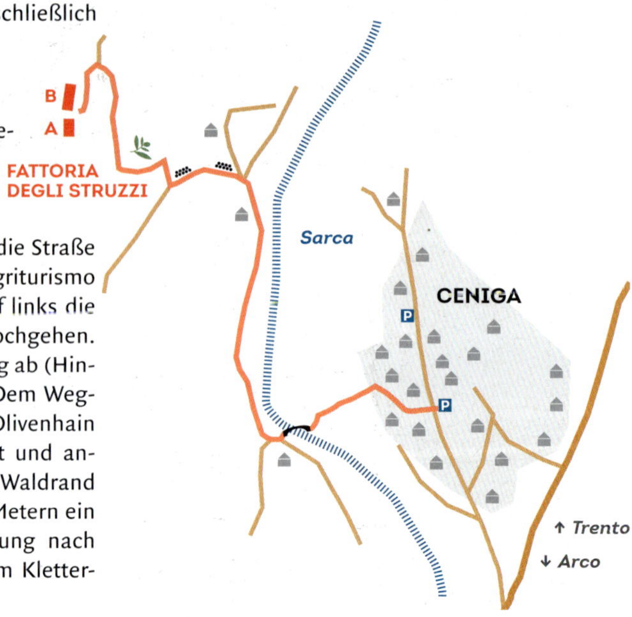

N° 18

3	4	5a	+	5b	+	5c	+	6a	+	6b	+	6c	+	7a	+	7b	+	7c	+	8a	+	8b	+	8c	+	9a	+
0	0	0	0	0	0	0	0	1	1	0	0	2	0	3	0	3	1	4	0	0	0	0	0	0	0	0	0

N W E S

| JAN | FEB | **MÄR** | **APR** | **MAI** | JUN | JUL | AUG | **SEP** | **OKT** | NOV | DEZ |

Sektor A

	Route	Grad	Meter
1	Via orknas	N.N.	20
2	Meiodia de fogo	7c	20
3	Dead or alive	7c	20
4	Brasile sotto assedio	7c	20
5	Wanted	7a	20
6	Perdeu play boy	7b+	20
7	Manuel e l'esta te'	7a	18
8	N.N.	N.N.	18

Sektor B1

	Route	Grad	Meter
1	Revolver	7c	20
2	Centocinquanta	7b	20
3	Por un punhados de dolares	7b	20
4	Bacinum	7a	20
5	Avatar	N.N.	18

Sektor B2

	Route	Grad	Meter
6	Il geologo	7b	18
7	Ambience	6c	18
8	Sei bi bloc	6c	18
9	Melinda	6a	16
10	Emotion	6a+	16

1.5 Calvario

★★★★☆ **Laghel**

170m | 5min | Kalk | P ★★★

Calvario war ein in Vergessenheit geratener Klettergarten, bis er – zum Glück – dank gründlicher Putzarbeiten wieder instand gesetzt und sogar vergrößert wurde. Ein Besuch von Calvario ist beinahe unverzichtbar für alle, die sich längere Zeit in der Umgebung von Arco aufhalten um zu klettern. In einem Olivenhain von Laghel gelegen, findet man hier einen sehr ruhigen und gemütlichen Platz. Der Fels ist außerordentlich kompakt und erfordert technische Kletterei.

Anfahrt

Von Arco Richtung Riva del Garda fahren. Bereits im Ortszentrum von Arco an der Kreuzung rechts Richtung Laghel abbiegen. Der Straße folgen, die an den alten Stadtmauern von Arco und den typischen Olivengärten vorbei führt. An einer Gabelung teilt sich die Straße: Rechts führt der Weg aufwärts, links hinab nach Arco. Genau an dieser Straßengabelung befindet sich der Parkplatz inmitten der Olivenbäume.

Zustieg

Vom Parkplatz die linke Straße (Einbahn nach Arco) ein Stück hochgehen, bis der Klettergarten auf der linken Seite deutlich sichtbar ist. Ein Weg führt nun links durch den Olivenhain direkt zur Felswand.

N° 22

3	4	5a	+	5b	+	5c	+	6a	+	6b	+	6c	+	7a	+	7b	+	7c	+	8a	+	8b	+	8c	+	9a	+
0	1	0	0	1	0	0	0	1	0	5	1	0	2	2	1	0	2	3	1	2	0	0	0	0	0	0	0

N W E S

| JAN | FEB | MÄR | APR | MAI | JUN | JUL | AUG | SEP | OKT | NOV | DEZ |

	Route	Grad	Meter
1	Popi	4b	8
2	Mam	5b	10
3	Bo	6b	12
4	Sfiancata	6a	14
5	K e K	6b	14
6	La bionda	6b	14
7	Vibrafono	6b	14
8	Polvere	6b	15
9	Polverom	6b+	15
10	Xilofono	6c+	20
11	Bolle di sapone	6c+	22

	Route	Grad	Meter
12	N.N.	7a	22
13	N.N.	8a	20
14	Ali di pollo	7c	22
15	Sega elettrica	7b+	24
16	N.N.	7c	24
17	Resentin	7c+	24
18	Jcd	8a	27
19	Gandalf	7c	27
20	Motosega	7b+	24
21	N.N.	7a+	18
22	N.N.	7a	18

1.6 Muro dell'Asino

★★★★☆

Laghel

350m | 15min | Kalk | P ★★

Muro dell'Asino liegt etwas nördlich vom Klettergarten Laghel (geschlossen, da auf Privatgelände) und ist ideal für Familien, Kinder und Anfänger. Der Sektor B (Babywood) ist ideal für Kinder, während Sektor A viele leichte, lange und bestens abgesicherte Routen aufweist. An diesem Fels werden viele Kurse für Kinder und Erwachsene abgehalten. Deshalb wird der Klettergarten häufig besucht und ist vor allem bei Touristen sehr beliebt. Einzig der Parkplatz ist für den Besucherandrang etwas klein.

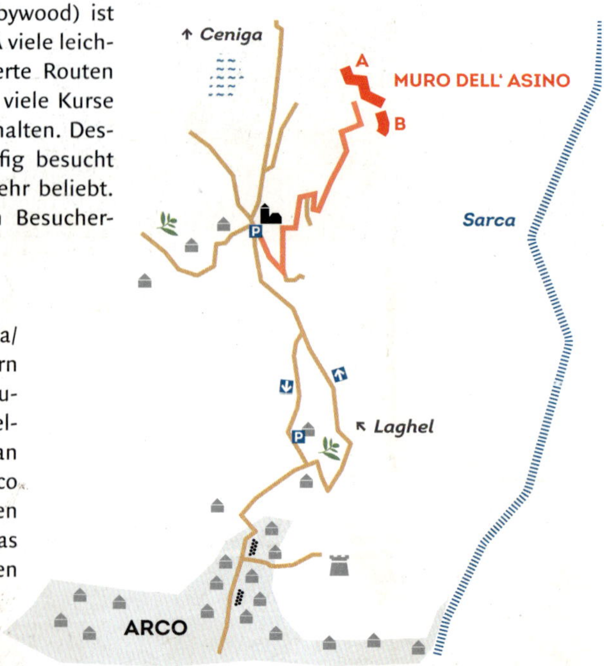

Anfahrt

Von Arco Richtung Riva del Garda/Laghel fahren. Noch im Ortskern von Arco biegt man bei einer Kreuzung rechts Richtung Laghel/castello di Arco ein. Die Straße führt an den alten Stadtmauern von Arco und an den typischen Olivengärten vorbei. In Laghel angekommen das Auto vor der Kapelle auf der rechten Seite parken.

N°
54

2	3	4	5a	+	5b	+	5c	+	6a	+	6b	+	6c	+	7a	+	7b	+	7c	+	8a	+	8b	+	8c	+	9a
4	5	5	9	0	4	0	5	0	2	1	3	0	1	0	1	0	1	0	0	0	0	0	0	0	0	0	0

N W E S

| JAN | FEB | **MÄR** | **APR** | **MAI** | JUN | JUL | AUG | **SEP** | **OKT** | NOV | DEZ |

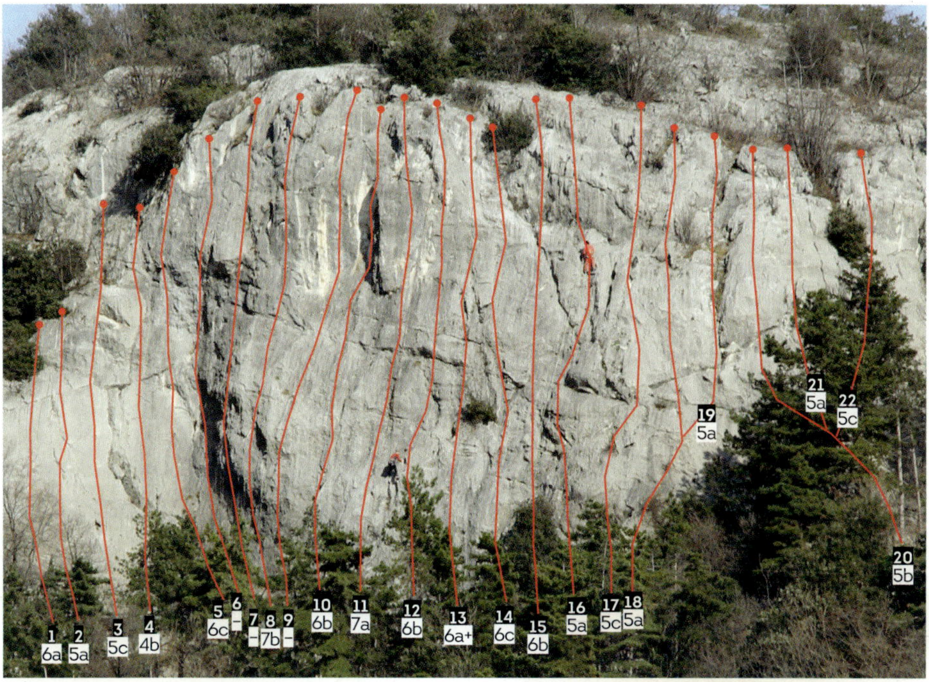

Zustieg

Direkt beim Parkplatz ist bereits das Holzschild zu sehen, welches zum Klettergarten („falesia Muro dell'asino) hinweist. Dem Hinweisschild auf dem Weg 431 für 15 Minuten folgen. Bei der anschließenden Kreuzung den linken, flachen Weg wählen, wo man in einiger Entfernung bereits Holztreppen erkennen kann, diese führen direkt zum Klettergarten.

Sektor A1

	Route	Grad	Meter
1	Faccia da pirla	6a	10
2	La macchia nera	5a	10
3	Austriaca puro latte	5c	15
4	Questione di peeling	4b	25
5	El Matok	6c	26
6	Mek	N.N.	26
7	Bastardo dentro	N.N.	26

	Route	Grad	Meter
8	Compagni di merenda	7b	26
9	Secondo erede	N.N.	26
10	Prima erede	6b	24
11	L' asino con il rolex	7a	28
12	Walter lasa star i ciodi	6b	24
13	Alice nel paese dei balocchi	6a+	23
14	Pau&Ba	6c	25
15	Varda che vista	6b	24
16	L'infaticabile uomo venuto dal sud	5a	30
17	Collezione di farfalle	5c	25
18	Il maniaco del bosco	5a	27
19	Prime esperienze	5a	27
20	Omer	5b	26
21	Bart	5a	25
22	Marge	5c	26

23
5b
24
5a
25
5a
26
4c
27
5b
28
5a
29
5c
30
5b

31
5a
32
4c
33
6a
34
5c

Sektor A2 ←

	Route	Grad	Meter
23	La thermos dei desideri	5b	20
24	Poldo	5a	26
25	Servi della gleba	5a	26
26	Ubi 40	4c	25
27	Bergamici	5b	25
28	Boulder con le formiche	5a	27
29	Testo finito	5c	26
30	Calcio d'angolo	5b	26
31	Corso 97	5a	12
32	Spazzacamino	4c	15
33	11 dicembre	6a	16
34	Giovanna	5c	15

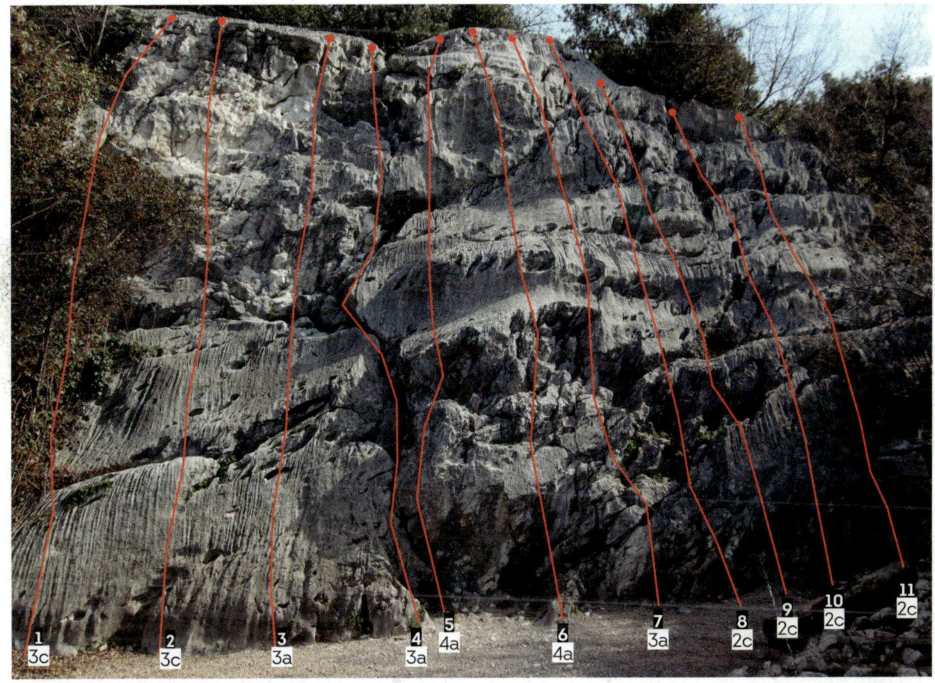

Sektor B - Babywood

	Route	Grad	Meter
1	Cicliegio	3c	8
2	Leccio	3c	8
3	Carpino	3a	8
4	Maggio ciondolo	3a	8
5	Ginepro	4a	10
6	Frassino	4a	10
7	Cipresso	3a	10
8	Olivo	2c	10
9	Corbezzolo	2c	10
10	Noce	2c	9
11	Faggio	2c	9

1.7 L'Orto

★★★★☆

Laghel

350m | 15min | Kalk | P ★★

L'Orto zählt zu den neueren Klettergärten um Arco und liegt oberhalb von Laghel. Die Wand ist nach Nordosten ausgerichtet und ist so auch in den Sommermonaten ein beliebtes und ideales Ziel. Sowohl Anfänger als auch ambitionierte Kletterer finden interessante Routen in einer überwiegend plattigen Wand.

Anfahrt

Von Arco Richtung Riva del Garda/Laghel fahren. Noch im Ortskern von Arco biegt man bei einer Kreuzung rechts Richtung Laghel/ Castello di Arco ab. Die Straße führt bei den alten Stadtmauern von Arco vorbei und man passiert die typischen Olivengärten. In Laghel angekommen, kann das Auto vor einer Kapelle auf der rechten Seite geparkt werden.

Zustieg

Vom Parkplatz der ersten Straße auf der linken Seite folgen. Sie führt an mehreren Häusern vorbei und durchquert einige Olivenhaine. Auf dieser Straße bleiben und den Schildern folgen, welche den Weg nach Ceniga weisen. Nach etwa zehn Minuten geht vor einem Haus auf der linken Seite ein Weg ab. Ein Wegweiser gibt das Ziel Monte Casale an (408). Diesem Weg folgen und nach etwa zehn Metern bei einer Weggabelung den linken Pfad nehmen, der in fünf Minuten zu den Felsen führt.

N°
28

3	4	5a	+	5b	+	5c	+	6a	+	6b	+	6c	+	7a	+	7b	+	7c	+	8a	+	8b	+	8c	+	9a	+
0	0	1	0	2	0	4	0	5	3	0	2	2	2	1	0	1	0	0	1	0	1	0	0	0	0	0	0

N E S W

| JAN | FEB | MÄR | APR | MAI | JUN | JUL | AUG | SEP | OKT | NOV | DEZ |

Sektor A1

	Route	Grad	Meter
1	Lucanica	6a+	13
2	Barbabietole	6b+	13
3	Bietole	6c+	13
4	Scarola	6a+	14
5	Sedano	5c	14

	Route	Grad	Meter
6	Piselli	5c	14
7	Rucola	5b	17
8	Zucchine	5b	17
9	Rapa rossa	5c	16
10	Ravanello	5c	14

Sektor A2

	Route	Grad	Meter
11	Lampascioni	5a	10
12	Melanzana	6a	18
13	Zigole	6a	17

	Route	Grad	Meter
14	Spinaci	6a	14
15	Rapa	6a	14
16	Project	N.N.	40

Sektor B →

	Route	Grad	Meter
1	Broccoli	6c	22
2	Nosioi	7b	22
3	Radicchio	7c+	25
4	N.N.	8a+	25
5	Sedanorapa	6c+	23
6	Patate	7a	23

	Route	Grad	Meter
7	Carote	6c	23
8	Project	N.N.	22
9	Project	N.N.	22
10	Coste	6a	13
11	Peperoncino	6b+	18
12	Verza	6a+	17

1
6c
2
7b
3
7c+
4
8a+
5
6c+
6
7a

7
6c
8
–
9
–
10
6a
11
6b+
12
6a+

1.8 Red Point Wall

★★★★☆

Laghel

300-340m | 10min | Kalk | P ★★

Die spektakuläre Wand von Red Point Wall liegt versteckt hinter Laghel. Der äußerst eindrucksvolle Fels verspricht ansprechende Kletterei. Das Potenzial scheint noch nicht ausgeschöpft zu sein, einige Routen sind noch im Entstehen. Der zentrale Sektor ist sicher eine lohnende Wahl. Er bietet Routen in relativ hohen Schwierigkeitsgraden, allerdings fehlen Möglichkeiten zum Aufwärmen. Im Sektor C war hingegen ein wahrer Protagonist am Werke, der an der Wand Hallengriffe montierte.

Anfahrt

Von Arco Richtung Riva di Garda. Im Ortszentrum von Arco biegt man bei der Kreuzung rechts ab in Richtung Laghel/Castello. Die Straße führt an den alten Stadtmauern von Arco und den typischen Olivengärten vorbei. In der Ortschaft Laghel angekommen an der Kapelle vorbeifahren und der flachen Straße folgen. In den Kurven ist Vorsicht geboten, da die Straße recht schmal werden kann. Man erreicht schließlich den Campo G.E.I., fährt daran vorbei und parkt gleich darauf neben der Straße, wo der Wanderweg Laghel-Ceniga verläuft.

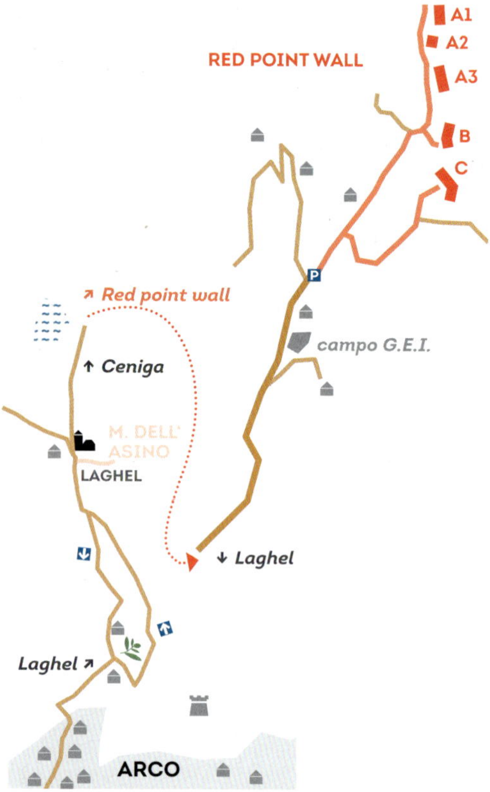

N°
58

3	4	5a	+	5b	+	5c	+	6a	+	6b	+	6c	+	7a	+	7b	+	7c	+	8a	+	8b	+	8c	+	9a	+
0	2	0	0	5	0	1	2	3	1	2	3	1	2	6	1	5	3	5	1	1	0	0	0	0	0	0	0

N E S W

| JAN | FEB | MÄR | APR | MAI | JUN | JUL | AUG | SEP | OKT | NOV | DEZ |

Zustieg

Zu den Sektoren A und B: Dem breiten Wanderweg mit der Beschilderung Laghel- Ceniga für einige Minuten folgen. Nach kurzer Zeit rechts auf einen mit Steinmännchen markierten Weg abzweigen, welcher über ein kleines Geröllfeld zu den bereits sichtbaren Felsen führt. Für den Sektor B folgt man dem Weg nach rechts.

Zum Sektor C: Für einige Meter dem breiten Wanderweg mit Beschilderung Laghel- Ceniga folgen und bei der ersten Abzweigung rechts weitergehen. Auf diesem Weg erreicht man Sektor C.

Sektor A1 - Unterer Sektor

	Route	Grad	Meter
1	Ceometrite articolare	6a	35
2	Pompa e trombilla	4c	26
3	Regolon	5c+	16
4	Squilibration	6b+	23
5	N.N.	7c+	23
6	N.N.	7b	23
7	N.N.	7a+	26
8	N.N.	7a	28

Sektor A2 - Unterer Sektor

	Route	Grad	Meter
9	N.N.	6c	35
10	N.N.	6b	20
11	N.N. (2nd pitch)	6c+	15
12	N.N.	N.N.	28
13	N.N.	N.N.	30
14	N.N.	N.N.	30
15	N.N.	N.N.	32
16	N.N. (2nd pitch)	N.N.	15
17	N.N.	N.N.	35

	Route	Grad	Meter
18	Tamagogi	7c	30
19	Tamagogi (2nd pitch)	N.N.	18
20	N.N.	N.N.	60
21	N.N.	N.N.	60
22	N.N.	N.N.	35
23	N.N.	N.N.	35
24	N.N. (2nd pitch)	N.N.	35

Sektor A3 - Unterer Sektor

	Route	Grad	Meter
25	N.N.	5b	22
26	Faustolo	5b	25
27	N.N.	5b	25
28	Edolo	5c	25
29	N.N.	N.N.	65

Sektor B - Zentralsektor

	Route	Grad	Meter
1	N.N	N.N.	25
2	Didiedro o davandi? Diedro diedro!	6b	25
3	Il riposo del guerriero	8a	30
4	Non fatemi girare i cogliurgiones	6c+	35
5	La danza de la panza	7a	35
6	La donna di cera	7b	35
7	Red Point trip	7b+	35
8	Camillo penso ma non sono sicuro...	7b	30
9	L'ultimo dei suini	7c	30
10	Piccola peste	7b+	30
11	Signorina Swarowski tutta rotta	7c	32

	Route	Grad	Meter
12	Spirito nero	7c	28
13	Il coccodrillo dalle mani di velluto...	7a	30
14	Pippi-Strello dormig-lione	7b	30
15	Felix con gli stivali	7a	30
16	Bandus rialzo	7c	33
17	Io, tu ed Epifanio	7b+	30
18	Gino pilotino	7a	32
19	Ciao bella bambina... puzzi di cozza	7b	30
20	La bistecca dalle orec-chie da mercante	7a	27
21	L'uomo tardo e il ciccia bomba puzzone	6b+	23

Sektor C - Oberer Sektor

	Route	Grad	Meter
1	N.N	6b+	25
2	N.N	4b	13
3	N.N	5c+	13
4	N.N	5b	12

	Route	Grad	Meter
5	N.N	6a	14
6	N.N	5b	26
7	N.N	6a	12
8	N.N	6a+	14

1.9 Bus de la Stria

★★★☆☆

Chiarano

200m | 10min | Kalk | P ★★

Bus de la Stria ist ein Klettergarten, der historische und moderne Sportkletterei verbindet. Der kompakte Felsblock aus Kalk befindet sich oberhalb der Stadt Arco und ist in zwei Bereiche geteilt. Der erste ist der historische Sektor und zeigt deutlich, dass die Erschließer früher vor allem auf der Suche nach glatten Felsen waren (siehe auch Swing Area und Spiaggia delle Lucertole). Der zweite Sektor hingegen ist das genaue Gegenteil und typisch für das moderne Sportklettern. Ein immenser Überhang bietet sehr schwere und athletische Kletterei auf schönen Sintern.

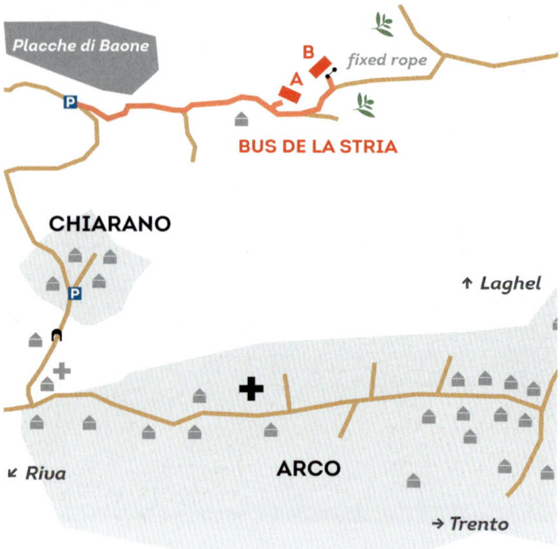

Anfahrt

In Arco zunächst Richtung Riva del Garda fahren und noch im Zentrum rechts in Richtung Laghel abbiegen. Nach rund 200 Metern bei der Abzweigung nach Laghel links den Schildern nach Vigne/Chiarano folgen. Sofort nach dem Kurhaus „Cura dell Eremo" rechts nach Chiarano abzweigen. Im Dorf Chiarano fährt man zwischen den Häusern unter einem Steinbogen durch. Gleich dahinter befindet sich rechts ein Parklatz für Camper und Kleinbusse. Kleinere Autos können nach dem Steinbogen die linke Straße (Via del Monte) nehmen und den Schildern Placche di Baone folgen. So gelangt man zu den Parkplätzen unter den Felsplatten.

N°
20

3	4	5a	+	5b	+	5c	+	6a	+	6b	+	6c	+
0	0	0	0	0	0	0	0	0	0	1	1	0	1

7a	+	7b	+	7c	+	8a	+	8b	+	8c	+	9a	+
1	1	1	0	0	1	1	1	0	0	0	0	0	0

N W E S

| JAN | FEB | MÄR | APR | MAI | JUN | JUL | AUG | SEP | OKT | NOV | DEZ |

Zustieg

Vom Parkplatz aus links die Straße etwas zurückgehen und der gepflasterten Straße durch die Olivenhaine folgen, bis nach einiger Zeit die Straße abflacht und links ein Weg abzweigt. Diesem folgen und zum Sektor A nach wenigen Metern links auf eine Oliventerrasse abbiegen. Um zu Sektor B zu gelangen dem Weg weiter folgen und nach einem großen Steinblock einen Pfad auf der linken Seite nehmen, welcher zu den ersten Routen neben dem großen Überhang führt. Die oberen Routen erreicht man über ein Fixseil.

Sektor A - Pulivapor

	Route	Grad	Meter
1	N.N.	6b	26
2	El temp e i sori	N.N.	17
3	Donkey wall style	N.N.	28
4	N.N.	6b+	28
5	Viaggio a Kalymnos	6c+	28
6	Pulivapor	7a	28
7	Society	N.N.	30
8	Sugar	7a+	26
9	Sugar (2nd pitch)	N.N.	18
10	Diretta degli spagnoli	8a+	24
11	Diretta degli spagnoli (2nd pitch)	N.N.	20

Sektor B - Zentralsektor

	Route	Grad	Meter
1	Queso rallado	7b	28
2	Peccato di vino	8a	35
3	La dolce vita	7c+	35
4	N.N.	N.N.	N.N
5	N.N.	N.N.	35

	Route	Grad	Meter
6	N.N.	N.N.	20
7	N.N.	N.N.	20
8	N.N.	N.N.	20
9	N.N.	N.N.	20

Climbing Guides
for Androids
vertical-life.info
vertical-life
climbing
App Guides
Search
Favourites
my vertical-life
Discover
life
on earth
&
go
climbing!
New Android App Guides
by July 2013 - Google Play Store
vertical-life.info

1.10 Le Piazzole

★★★☆☆ **Padaro**

550m · 25min · Kalk · P ★★

Von der Gemeinde Arco errichtet, ist der Klettergarten Le Piazzole unbedingt zu empfehlen. Wer seinen Urlaub in Arco verbringt, sollte sich die äußerst unterhaltsame Kletterei an Sintern bester Qualität nicht entgehen lassen. Im Gegensatz zu vielen anderen Klettergebieten bietet der Fels hier noch reichlich Grip, zudem ist die Aussicht auf den Gardasee einmalig. Einziger Wermutstropfen ist der etwas lange Zustieg.

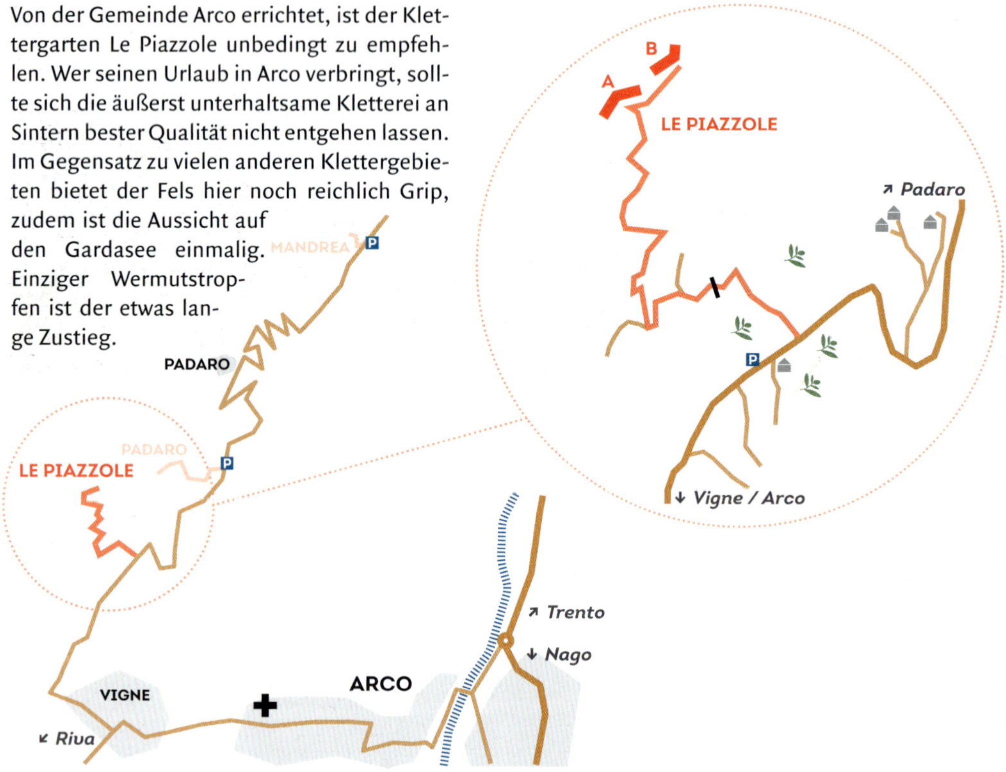

N° 22

3	4	5a	+	5b	+	5c	+	6a	+	6b	+	6c	+	7a	+	7b	+	7c	+	8a	+	8b	+	8c	+	9a	+
0	0	0	0	1	0	4	0	3	3	2	2	2	0	2	1	2	0	0	0	0	0	0	0	0	0	0	0

N W E S

| JAN | FEB | MÄR | APR | MAI | JUN | JUL | AUG | SEP | OKT | NOV | DEZ |

Anfahrt

In Arco die Richtung „Riva del Garda" einschlagen. Noch im Ortskern von Arco zuerst Richtung Krankenhaus und dann Richtung Varignano fahren. Bei einer Abzweigung rechts nach Padaro abbiegen. Anschließend den schmalen Gassen und der Straße aufwärts folgen. Vor dem Dorf Padaro, kurz bevor links eine betonierte Straße hoch führt, liegt auf der linken Seite eine lang gezogene Parkbucht, in der das Auto abgestellt werden kann.

Zustieg

Kurz nach der Parkbucht links eine betonierte Straße hochgehen. Die Straße wird nach einigen Minuten zu einem Weg. An der Schranke vorbeigehen und einem schönen, breiten Weg in den Wald folgen. Bei der ersten Abzweigung geradeaus weiter, bei der zweiten Abzweigung rechts abbiegen (Steinmännchen) und dem Weg bis zum Klettergarten folgen.

Sektor A

	Route	Grad	Meter
1	La prua	6a+	12
2	Arco 2011	6b	20
3	Angy queen of lead	6b+	20
4	Ramon king of lead	6c	20
5	Anna queen of boulder	6a+	20
6	Dmitry king of boulder	6a	16
7	Qixin king of speed	6a+	18
8	Marija queen of speed	6b+	22
9	Il balcone	7a+	12
10	Short track	7b	12
11	The cave	7a	15
12	Avana	7a	14
13	Over the lake	7b	14

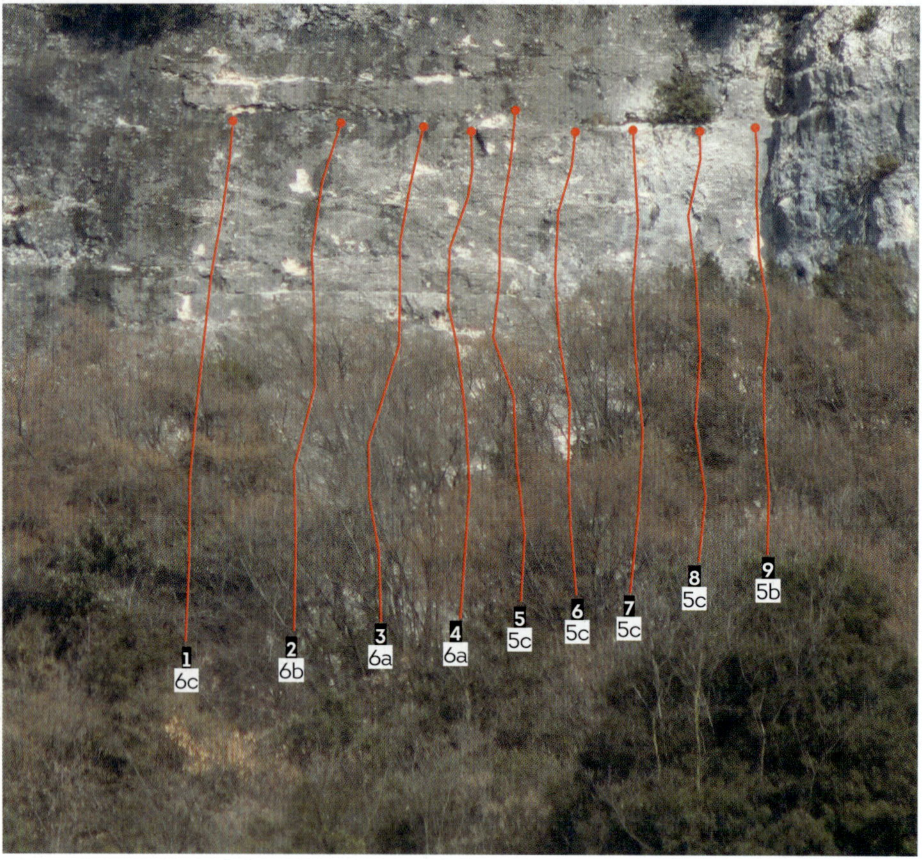

Sektor B

	Route	Grad	Meter
1	Rockmaster team	6c	
2	Gardatrentino	6b	
3	Arco the home of climbing	6a	
4	Old style	6a	

	Route	Grad	Meter
5	Equilibrio	5c	
6	Precisione	5c	
7	In punta di piedi	5c	
8	Blackboard	5c	
9	N.N.	5b	

Blick nach Norden Richtung Riva, Arco und auf den Eingang ins Sarcatal.

Foto: Vertical-Life

1.11 Padaro

★★★★☆ **Padaro**

420m | 15min | Kalk

Der Fels im Klettergarten Padaro besitzt eine ausgezeichnete Qualität und kann mit äußerst schönen Routen aufwarten. Vor allem mit dem kürzlich erschlossenen Sektor C präsentiert sich der Klettergarten in neuem Glanz. Einen besonderen Eindruck hinterlässt außerdem der Sektor B mit seinem großen Überhang, der alles an Kraft und Kondition abverlangt.

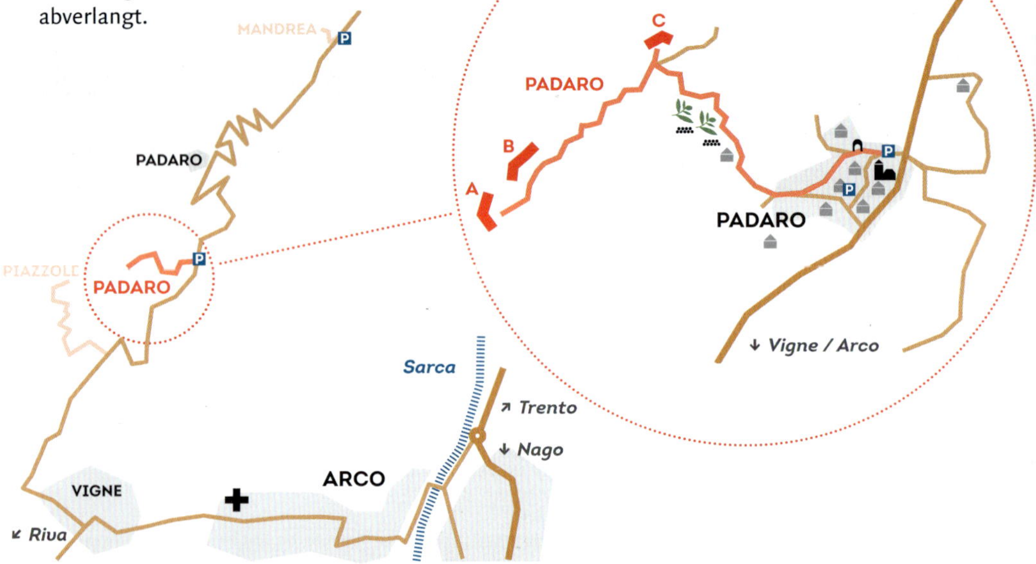

N° 23

3	4	5a	+	5b	+	5c	+	6a	+	6b	+	6c	+	7a	+	7b	+	7c	+	8a	+	8b	+	8c	+	9a	+
0	0	0	0	0	0	0	0	0	0	0	1	1	0	1	1	0	0	0	0	0	0	0	0	0	0	0	0

N W E S

| JAN | FEB | MÄR | APR | MAI | JUN | JUL | AUG | SEP | OKT | NOV | DEZ |

Anfahrt

In Arco die Richtung Riva del Garda einschlagen. Noch im Ortskern von Arco zuerst Richtung Krankenhaus und dann Richtung Varignano fahren. Bei einer Abzweigung rechts nach Padaro abbiegen. Anschließend den schmalen Gassen und der Straße aufwärts folgen. Im Dorf Padaro nach dem letzten Haus links abbiegen und bis vor die Kirche fahren, wo geparkt werden kann.

Zustieg

Vom Parkplatz vor der Kirche der Straße ins Dorf folgen. Unter einem Steinbogen durch und bis zu einem Brunnen gehen. Hier der Straße rechts aufwärts und an einem Gartenhaus vorbei folgen. Die Straße wird nun zu einem Weg und führt durch einen Olivenhain. Bei der obersten Terrasse links abzweigen und zwischen den Olivenbäumen bis zum Ende der Terrasse gehen, wo rechts ein Pfad durch das Geröllfeld aufwärts weist. Im Wald angekommen, gelangt man bald zu einer Abzweigung. Die Sektoren A und B sind geradeaus weiter zu erreichen. Für den Sektor C hier dem rechten Weg folgen (durch Steinmännchen gekennzeichnet), anschließend gleich nach links zum Wandfuß gehen.

Sektor A

	Route	Grad	Meter
1	N.N.	7a+	22
2	N.N.	7a	20
3	N.N.	6b+	20
4	N.N.	6c	17

Sektor B

	Route	Grad	Meter
1	N.N.	N.N.	N.N.
2	N.N.	N.N.	N.N.
3	N.N.	N.N.	N.N.
4	N.N.	N.N.	N.N.
5	Viaggi stellari...nel porno paese	N.N.	N.N.
6	N.N.	N.N.	N.N.
7	Sadomaso	N.N.	N.N.
8	N.N.	N.N.	N.N.
9	N.N.	N.N.	N.N.

Sektor C

	Route	Grad	Meter
1	Que viva Quisqueya	N.N.	N.N.
2	Katherine Keilin	N.N.	N.N.
3	Abril Rocio	N.N.	N.N.
4	N.N.	N.N.	N.N.
5	N.N.	N.N.	N.N.

	Route	Grad	Meter
6	Yuly Merlenny	N.N.	N.N.
7	Cristina Isabel	N.N.	N.N.
8	Marry me	N.N.	N.N.
9	Speed seoul tion	N.N.	N.N.
10	Rut	N.N.	N.N.

1.12 Mandrea

★★★★☆ **Mandrea**

620m | 5min | Kalk | P ★★

Mandrea ist wahrlich ein Klettergarten mit Stil. Vor allem in Anbetracht der Umgebung und der Traditionen. Die Wiese unterhalb des Kletterfelsens ist Schauplatz eines bekannten Festivals im Sommer, Mandstock genannt (eine modernes Woodstock-Festival: www.mandstockfestival.com). Die Kletterei auf Sintern ist relativ schwierig, wer aber gemütliche und ruhige Gebiete liebt, kommt hier auf seine Kosten. Auf der gegenüberliegenden Straßenseite befindet sich ein schönes Haus mit Steinmauern. Kletterer dürfen freundlicherweise die Wiese zum Parken benutzen. Die angrenzende Pension bietet eine gemütliche Herberge nach einem anstrengenden Klettertag (weitere Informationen zu Übernachtungen: +39 348 9999 770).

N° 21

3	4	5a	+	5b	+	5c	+	6a	+	6b	+	6c	+	7a	+	7b	+	7c	+	8a	+	8b	+	8c	+	9a	+
0	0	0	0	0	0	0	0	0	0	1	0	2	3	1	1	3	4	1	2	0	0	0	0	0	0	0	0

N W E S

JAN	FEB	**MÄR**	**APR**	**MAI**	JUN	JUL	AUG	**SEP**	**OKT**	NOV	DEZ

Anfahrt

In Arco die Richtung Riva del Garda einschlagen. Noch im Ortskern von Arco zuerst Richtung Krankenhaus und dann Richtung Varignano fahren. Bei einer Abzweigung rechts nach Padaro abbiegen. Anschließend den schmalen Gassen und der Straße aufwärts folgen. Am Dorf Padaro vorbei und einige Kehren hochfahren. Etwas weiter wird die Straße flacher und auf der linken Seite ist eine große Wiese zu sehen, in deren Mitte sich eine Holzstatue befindet. Das Auto kann in der Wiese auf der linken Seite abgestellt werden. (Bitte nicht direkt in der Wiese parken!)

Zustieg

Vom Parkplatz die Straße eine kurzes Stück zurückgehen, direkt oberhalb des Parkplatzes in der Wiese befindet sich der gut sichtbare Klettergarten Die Kletterer werden gebeten, sich äußerst rücksichtsvoll zu verhalten, da sich der Klettergarten und die Wiese auf Privatgrund befinden.

	Route	Grad	Meter
1	N.N.	7b+	35
2	N.N.	N.N.	24
3	N.N.	N.N.	24
4	N.N.	6c	24
5	Gnomo	6c+	27
6	Hobbit	6c	27
7	Incantatrice	7a+	27
8	Thorn	6b	18
9	Ragno	7b	27
10	Gollem	7c+	25
11	Smigol	7c+	28
12	Bilbo	7a	28
13	Smaug	7b	22
14	Frodo	7b+	25
15	N.N.	N.N.	18
16	Elfo	7c	33
17	Ninfa	7b	28
18	Imperatrice Nigra	6c+	33
19	Gandalf	6c+	33
20	Orco	7b+	33
21	Nano	7b+	33

1.13 Sanderland

★★★★☆ **Tenno**

660m | 25min | Kalk | P ★★★

Der Klettergarten Sanderland punktet schon allein mit seiner Aussicht auf den Tenno-See. Darüber hinaus weist der Fels eine optimale Qualität auf. Die Routen sind zum Teil sehr lang und reichen bis zu 40 Meter in die Höhe. Einzig der Bereich am Wandfuß kann sich beim Sichern als etwas unbequem erweisen.

Anfahrt

Zunächst von Arco Richtung Riva del Garda fahren. Beim Kreisverkehr nach dem Poli- Supermarkt Richtung Valle di Ledro/Tenno abbiegen. Der Straße folgen, wobei man einige Kehren hinter sich lässt und am Dorf Tenno vorbei fährt. Schließlich erreicht man das Dorf Villa del Monte. Hier fährt man noch etwas weiter bis zum Club-Hotel „Lago di Tenno", wo ein großer Parkplatz ist.

Zustieg

Rechts vom Hotel „Lago di Tenno" die Treppen zum See hinabsteigen. Ein breiter Weg führt um das Gewässer, hier nach rechts bis man zu einem Picknickplatz gelangt. Anschließend der darüber liegenden Straße bis zur zweiten Kehre folgen, wo man bereits unter dem Klettergarten steht.

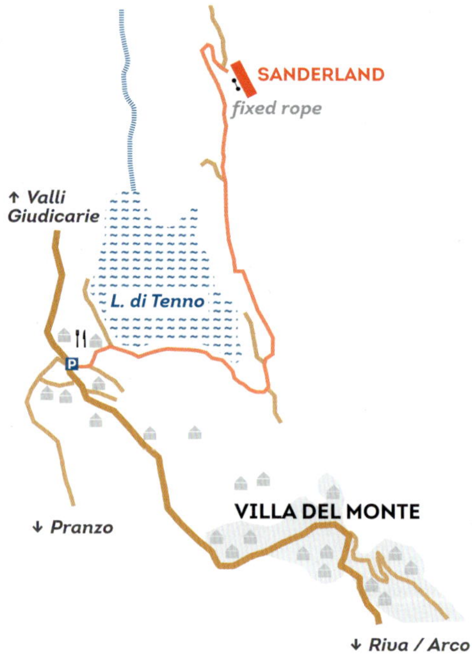

N° 21

3	4	5a	+	5b	+	5c	+	6a	+	6b	+	6c	+	7a	+	7b	+	7c	+	8a	+	8b	+	8c	+	9a	+
0	0	0	0	0	0	0	0	0	0	0	0	1	1	0	2	0	6	1	2	2	2	0	0	0	0	0	0

N W E S

| JAN | FEB | MÄR | APR | MAI | JUN | JUL | AUG | SEP | OKT | NOV | DEZ |

	Route	Grad	Meter
1	Il grande fardello	7c	40
2	Il grande fardello (Variante)	N.N.	40
3	N.N.	7b+	25
4	N.N.	7b+	30
5	Pettirosso	6c	20
6	Decisione critica	7c+	30
7	Decisione critica plus	8a+	9
8	Gran ciclone	7b+	27
9	Gran ciclone plus	7c+	7
10	Infame	7b+	22

	Route	Grad	Meter
11	Braccino corto	8a	20
12	Cristal planet	N.N.	27
13	Macropalo	7a+	31
14	Frenulo rotto	7b+	23
15	Il dubbio	N.N.	39
16	Dur che'l dura	7b+	38
17	Alcol test	8a+	36
18	L'artista	7a+	35
19	Sesta misura	6c+	33
20	Fotomodella per hobby	8a	36
21	Pezzo grosso	N.N.	31

Nicht ohne Grund „Regina del Lago“:
Der Ausblick der Königin über den See

Foto: Vertical-Life

1.14 Regina del Lago

Pregasina

★★★★☆

470m 20-25min Kalk

P ★★★

Gäbe es hier keinen Klettergarten, würde sich der Zustieg schon allein wegen der Aussicht lohnen. Zwischen den Sektoren D und E eröffnet sich ein wunderbares Panorama. Die Kletterei findet ausschließlich auf Platten statt, wobei sich unter den Routen auch einige leichte Mehrseillängen befinden.

Anfahrt

Von Arco Richtung Riva del Garda/Val di Ledro. In Riva del Garda immer den Schildern mit der Aufschrift Val di Ledro folgen bis zu einem Tunnel, der mehrere Kilometer lang ist. Kurz nach dem Tunnel an der Abzweigung links nach Pregasina vorbeifahren und kurz darauf, auf der linken Seite auf einem großen Parkplatz das Auto abstellen.

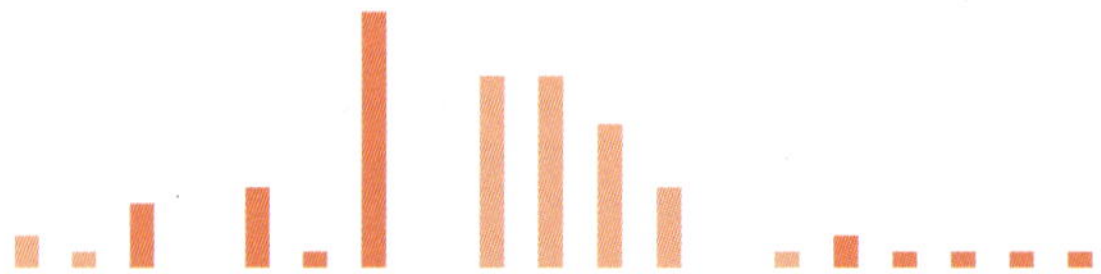

N° 74

3	4	5a	+	5b	+	5c	+	6a	+	6b	+	6c	+	7a	+	7b	+	7c	+	8a	+	8b	+	8c	+	9a	+
2	1	4	0	5	1	16	0	12	12	9	5	0	1	2	1	1	1	1	0	0	0	0	0	0	0	0	0

N W E S

| JAN | FEB | MÄR | APR | MAI | JUN | JUL | AUG | SEP | OKT | NOV | DEZ |

Zustieg

Vom Parkplatz der Straße entlang etwas zurückgehen bis zum Eingang des Tunnels. Hier verläuft rechts die alte Straße nach Val di Ledro. Diesem Weg, der durch einen kleinen Tunnel führt, folgen. Noch etwas weiter gehen, bis zum Ende der Steinmauer, wo auf der linken Seite ein Weg nach links abzweigt. Bei der folgenden Wegkreuzung geradeaus weiter (Holztafel: Palestra), bei der zweiten Abzweigung links hinauf und gleich danach wieder nach rechts (Aufschrift auf Stein: Palestra). Man kommt an einer etwas ausgesetzten Stelle vorbei, etwas danach führt auf der linken Seite ein Weg zum Sektor A (Achtung, nach einigen Minuten, bevor der Weg abflacht, links einem mit Steinmännchen markierten Pfad folgen). Für die weiteren Sektoren geradeaus weiter, bis auf der linken Seite kurze Steige zur Wand führen.

Sektor A

	Route	Grad	Meter
1	Due sfere	6c+	18
2	Illusione	6a+	20
3	Sotto zero	5b	20
4	Without name	5c	32
5	Gaudí	6a	30
6	Tachicardia	6b+	30
7	Antibiotico	5c	25
8	Tannino	6b	15
9	Pettirosso	6a	28
10	Biancaneve	6a	25
11	Esmeralda	6b	25
12	Sassi e sesso	6a+	20
13	C.N.S.A.S. Val di Ledro	6b	20
14	9 febbraio	6a	30
15	Nuovi poveri	6b	30
16	2 cinghali	6a	32
17	Gli invisibili	5b+	25
18	N.N.	6a	22
19	Il tempo che passa	6a+	22
20	Geisha	6a	22

Sektor B

	Route	Grad	Meter
1	Sogni proibiti	6a	20
2	La genesi	5c	20
3	Sadiki	6a+	20
4	Philipp Flamm	6b	25
5	Nöel 2003	5c	22
6	Nikita	6b	18
7	L'arrogante	6b	22
8	Flebo	6a+	32

	Route	Grad	Meter
9	Sassicaia	5c	32
10	Sopra	5b	10
11	Sotto	5c	10
12	Ossessione	6a	25
13	El ciga	6a	25
14	Eros	6b+	20
15	A Testa in giu	6a+	22

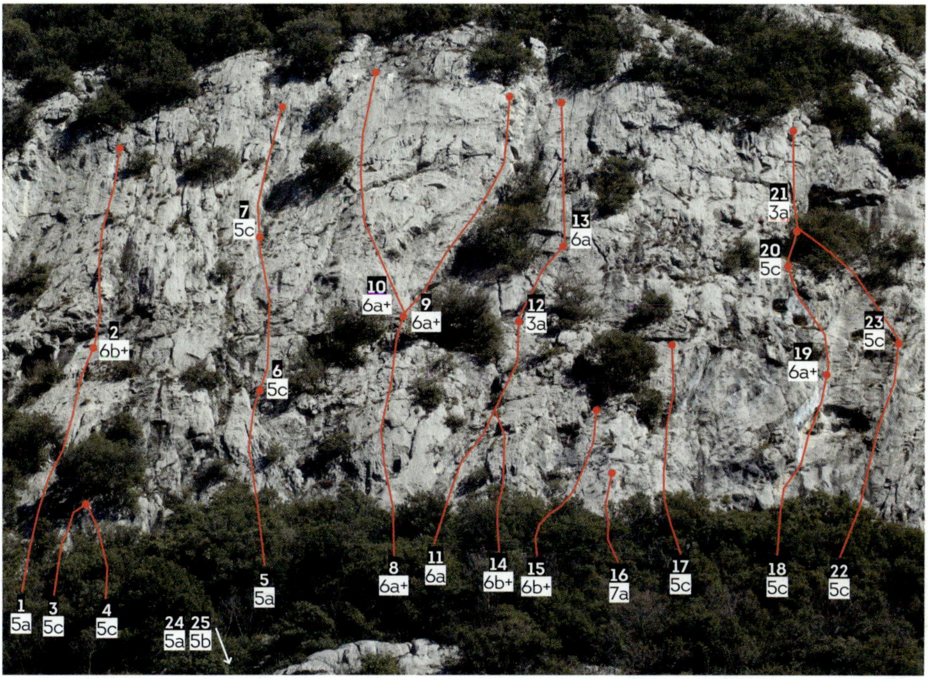

Sektor C1

	Route	Grad	Meter
1	Spirito libero (1st pitch)	5a	30
2	Spirito libero (2nd pitch)	6b+	30
3	Iris	5c	10
4	Casa del falco	5c	10
5	Una per tutti (1st pitch)	5a	27
6	Una per tutti (2nd pitch)	5c	16
7	Una per tutti (3rd pitch)	5c	16
8	Sasso in faccia (1st pitch)	6a+	30
9	Sasso di faccia (2nd pitch)	6a+	30
10	Segni di guerra	6a+	30
11	3 dicembre (1st pitch)	6a	30
12	3 dicembre (2nd pitch)	3a	15
13	3 dicembre (3rd pitch)	6a	30
14	Gecko	6b+	30

	Route	Grad	Meter
15	Ristorante da Gianni	6b+	30
16	Gobbi sport	7a	10
17	La mansarda del trombino	5c	30
18	Regina del Lago (1st pitch)	5c	18
19	Regina del Lago (2nd pitch)	6a+	15
20	Regina del Lago (3rd pitch)	5c	15
21	Regina del Lago (4th pitch)	3a	15
22	Zio Genio (1st pitch)	5c	20
23	Zio Genio (2nd pitch)	5c	20
24	Pappa	5a	15
25	Ciccis	5b	15

Sektor C2

	Route	Grad	Meter
26	N.N.	6a+	20
27	N.N.	5a	18
28	Ernia (1st pitch)	5b	25
29	Ernia (2nd pitch) - (A0)	5c	25
30	Ernia (3rd pitch)	4a	25
31	Ernia (4th pitch)	5b	25

Sektor D ↗

	Route	Grad	Meter
1	Piccolo Budda	7b+	12
2	Gonzalier	7a	12
3	Irpina 80	7a+	18
4	Manuel 2005	7b	18

1
7b+
2
7a
3
7a+
4
7b

Sektor E

	Route	Grad	Meter
1	N.N.	6b	15
2	Braccia tese	6a+	15
3	In bocca al buso	6b	15
4	Upside Down	7c	20

Foto:Vertical-Life

Foto:Vertical-Life

1.15 Spiaggia delle Lucertole

★★★★☆

Torbole

110m | 1min | Kalk

Auf den glatten Platten, die wenige Kilometer nach Torbole in den Gardasee eintauchen, wurde Sportklettergeschichte geschrieben. Dieser Klettergarten ist zwar schon alt, aber er bietet immer noch eine Herausforderung für all jene, die technische Kletterei suchen. Die Bewertung der Schwierigkeitsgrade scheint zwar etwas hart, aber die Kletterei direkt über dem See ist einmalig.

Anfahrt

Von Arco anfangs Richtung Rovereto und dann nach Torbole fahren. Dort orientiert man sich an den Wegweisern Richtung Verona/Malcesine. Gleich hinter dem zweiten Tunnel liegt auf der rechten Seite ein kleiner Parkplatz für zwei Autos, hier parken.

Zustieg

Vom Parkplatz aus sind die grauen Platten bereits gut sichtbar. An einem Fixseil bis zum Wasser absteigen. Ab hier helfen Eisenstufen, um zu den Routen ganz links zu kommen.

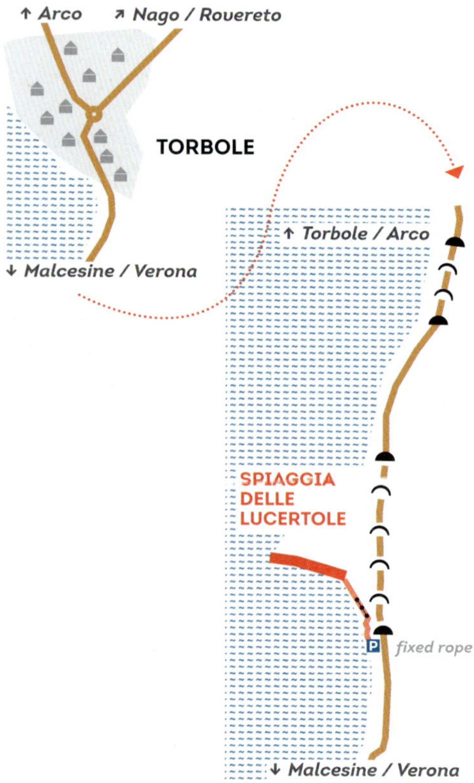

N° 23

3	4	5a	+	5b	+	5c	+	6a	+	6b	+	6c	+	7a	+	7b	+	7c	+	8a	+	8b	+	8c	+	9a	+
0	0	1	0	0	0	0	0	0	1	3	3	1	0	5	1	3	0	5	0	0	0	0	0	0	0	0	0

N W E S

| JAN | FEB | MÄR | APR | MAI | JUN | JUL | AUG | SEP | OKT | NOV | DEZ |

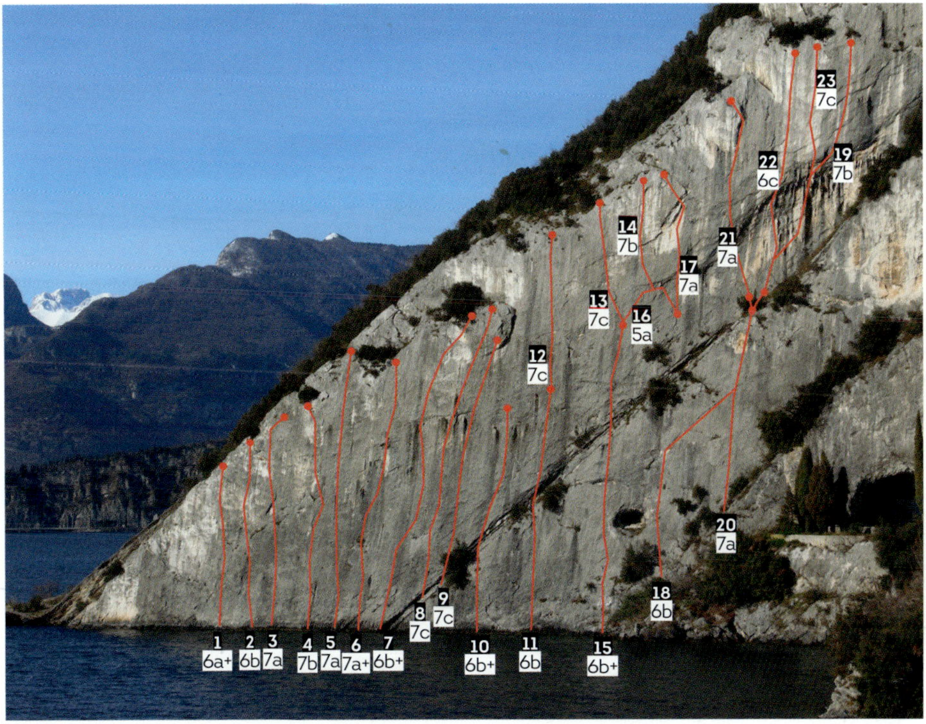

	Route	Grad	Meter
1	Daffy daffy	6a+	20
2	Ventofobia	6b	20
3	N.N.	7a	25
4	Funky ma chic	7b	25
5	Bepi nero	7a	30
6	Piccola dose	7a+	30
7	Honky Tonky	6b+	32
8	Cicala clack	7c	32
9	Peyote al rabarbaro	7c	32
10	Pat und Patachon	6b+	27
11	Albatros	6b	25
12	Albatros (2nd pitch)	7c	20
13	La signora degli appigli	7c	18

	Route	Grad	Meter
14	Non seguitemi mi sono perso	7b	20
15	Luisa violenta	6b+	27
16	Luisa violenta (2nd pitch)	5a	12
17	Luisa violenta (3th pitch)	7a	25
18	Tom Tom club	6b	30
19	Tom Tom club (2nd pitch)	7b	30
20	Sentierissimo	7a	25
21	Laurie	7a	28
22	Trota	6c	30
23	Tom & Jerry	7c	30

Spiaggia delle Lucertole

Foto: Vertical-Life

1.16 Belvedere

★★★★★ **Nago**

210m · 3min · Kalk · P ★★

Der Name Belvedere bedeutet „schöne Aussicht“ und damit ist bereits fast alles gesagt. Die Besonderheit des Klettergartens ist der wunderbare Blick über den Gardasee, einzigartig und oft fotografiert. Das Gebiet ist nur wenige Kilometer von Arco entfernt und über einen einfachen, kurzen Zustieg leicht zugänglich. Der Klettergarten ist anfängerfreundlich (Sektor A), bietet aber auch einige anspruchsvolle Routen im Überhang. Aufgrund dieser Eigenschaften wird der Fels allerdings besonders an den Wochenenden und in der Hochsaison stark besucht.

Anfahrt

Von Arco Richtung Rovereto/Nago fahren. Nach wenigen Minuten kommt man an einer Mülldeponie vorbei, welche durch ein Schild gekennzeichnet ist. Nach etwa 1,5 Kilometern befindet sich auf der rechten Seite ein Aussichtspunkt mit Blick auf den Gardasee. Dort oder auf der gegenüberliegenden Straßenseite kann geparkt werden.

Zustieg

Vom Parkplatz einige Meter der Staatsstraße Richtung Nago folgen (Achtung Straßenverkehr!). Die Straße überqueren und einen gut ersichtlichen Weg einschlagen, der zum Sektor A führt. Den Sektor B erreicht man über denselben sehr gut eingerichteten Weg (Fixseile und Stufen).

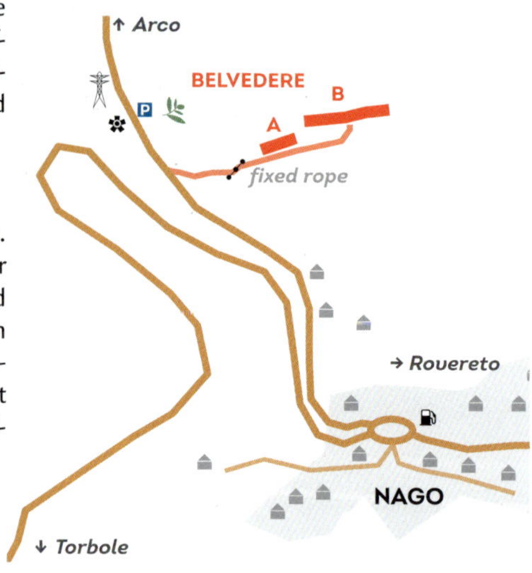

N° 46

3	4	5a	+	5b	+	5c	+	6a	+	6b	+	6c	+	7a	+	7b	+	7c	+	8a	+	8b	+	8c	+	9a	+
3	8	4	0	4	0	3	0	5	1	2	2	2	1	5	3	1	2	0	0	0	0	0	0	0	0	0	0

N · W · E · S

| JAN | FEB | MÄR | APR | MAI | JUN | JUL | AUG | SEP | OKT | NOV | DEZ |

Sektor A

	Route	Grad	Meter
1	La prima	5a	14
2	Senza nome	3b	15
3	Aspiranti 07	3c	15
4	Fessa	5a	15
5	Equilibro	5c	16
6	Alegher	5a	17
7	Dogh fish	6a	18
8	El maister	5b	13
9	Campi elisi	5b	13
10	Quinto	5b	11
11	Storch	5b	10
12	100 teste	5a	11
13	Poer	5c	12
14	Primier	4b	12
15	Fassan	4c	12
16	Tallian	4a	12
17	Primi passi	4a	13
18	Provaci	4a	13
19	Monaco cinese	4a	12
20	Monaco ubbidiente	4b	14
21	Ora	3a	12
22	Peler	4c	8

Sektor B

	Route	Grad	Meter
1	Ponale	6a	22
2	Spettacolo	6a	25
3	Piccola chimera	5c	22
4	Via del biscotto	6a+	23
5	Patatina fritta	6b	24
6	Renato butta la pasta	6b+	24
7	Zucchina trafelata	6a	20
8	Finì flambée	7a+	15
9	Zorro in condotta	6c	13
10	Si badrone	7a	14
11	Nacquimo forti	7a+	16
12	Loro del Reno	6c+	15

	Route	Grad	Meter
13	Bastiamola lì	7a	16
14	Warm up	6b	16
15	Pea Brain	7a	16
16	Apepoker	7a+	16
17	Cave Cannam	7b+	16
18	Last train home	7b	16
19	Povero gatto	7b+	15
20	Urlo del vento	7a	14
21	Val di Non	7a	19
22	Il dolce	6c	18
23	Caffè espresso	6b+	18
24	Balinot	6a	18

Belvedere: Filippo Forti

Foto: The Vertical Eye

1.17 Nago

★★★★☆ **Nago**

350-420m | 5-15min | Kalk | P ★★★

Fast jeder Kletterer, der in Arco war, hat Nago schon einmal besucht. Der Klettergarten zählt zu den größten und bekanntesten der Gegend. Ob leichte oder schwierige Routen, für jeden Geschmack ist etwas dabei. Einige der langen Kletterrouten sind überaus interessant und einen Versuch absolut wert. Aufgrund seiner Attraktivität ist der Klettergarten jedoch meist stark besucht, deshalb ist der Fels vielerorts bereits sehr abgegriffen und der große Andrang kann etwas störend sein.

Anfahrt

Von Arco Richtung Rovereto/Nago fahren. In Nago so lange auf der Hauptstraße bleiben, bis auf der rechten Seite ein braunes Schild mit der Aufschrift „Monte Bondone“ zu sehen ist. Hier rechts abbiegen und der Beschilderung folgen. Die Straße führt zunächst zwischen Weinreben durch und dann aufwärts zu einem großen Parkplatz.

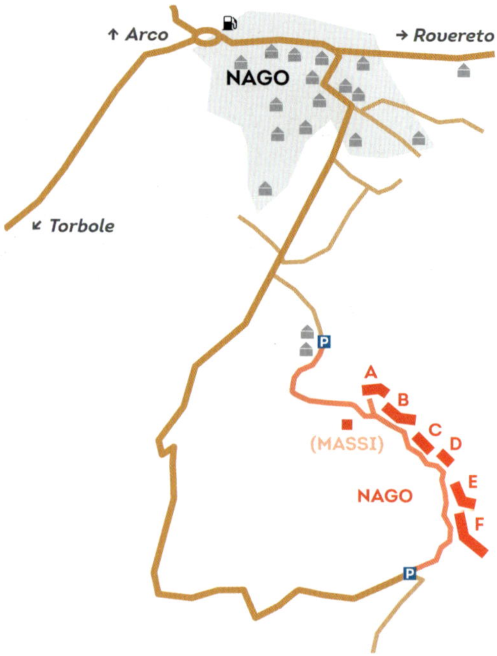

N° 145

3	4	5a	+	5b	+	5c	+	6a	+	6b	+	6c	+	7a	+	7b	+	7c	+	8a	+	8b	+	8c	+	9a	+
2	5	2	0	7	0	16	0	13	10	10	13	10	6	12	9	7	8	6	1	1	0	0	0	3	1	0	0

| JAN | FEB | MÄR | APR | MAI | JUN | JUL | AUG | SEP | OKT | NOV | DEZ |

Zustieg

Vom Parkplatz weiter der Straße folgen bis zu einem Schild, welches den Weg zum Klettergarten weist. In rund fünf Minuten erreicht man Sektor F, für alle weiteren Sektoren dem Weg weiter folgen. Sektor A ist etwa 15 Minuten vom Parkplatz entfernt.

Sektor A1

	Route	Grad	Meter
1	N.N.	6a	20
2	N.N.	6a+	20
3	N.N.	6b	20
4	N.N.	5c	20
5	N.N.	6a+	20
6	N.N.	5c	20
7	N.N.	5c	20
8	Vogue	6a	20
9	Nuvola rossa	6a	22
10	N.N.	6c	22
11	Giochi d'ombra	5c	22
12	Take it easy	5c	22
13	Virgi	5b	15
14	Cibele	5a	15
15	Cobras	5a	15
16	Gino	5c	15

Sektor A2

	Route	Grad	Meter
17	Pota	4c	15
18	Il calabrone	5b	15
19	N.N.	6a	20
20	Ramba	6a	20
21	Phantom	6b+	20
22	Chiedi a Beppo	6b	20
23	Panorama	6b+	20
24	Kira	6c	20
25	Il panettiere	6c+	20
26	Good morning	7b+	20
27	Mario lo sa	7b	20
28	Ruggero lo perfido	6a+	22
29	Fuori orario	6c	15

Sektor A - Massi / Blöcke

	Route	Grad	Meter
1	Flash	7c	7
2	Black tooth Grin	8c	15
3	Mangusta	8c	18
?	Bucking Bronco	8c+	18
5	California 91	7a+	16
?	Ghost Rider	8c	18
7	N.N.	N.N.	18
8	N.N.	N.N.	20

Sektor B

	Route	Grad	Meter
1	Bali	6a	10
2	Visigoti	6a	10
3	Unni	4c	8
4	Zuppa zuppa	3a	12
5	Zuppa zuppa (2nd pitch	6a	15
6	Parampampoli	3a	12
7	Parampampoli (2nd pitch)	6b	15
8	Alcor	5b	12
9	Winkinbongo	5b	12
10	Asdù	5c	10
11	Enzo Molinari	5c	10

	Route	Grad	Meter
12	Il capriccio	7c	20
13	Supermario	7b+	22
14	Gobazio	6a+	25
15	La mandria	6a	25
16	Mario Polenta	6a	25
17	Jeffo	6a+	25
18	Lillila	6a+	25
19	La placca	5c	20
20	La placca (2nd pitch)	6a+	20
21	Cato zulù	6b+	30
22	Lo sconosciuto	6b+	30

Sektor C1

	Route	Grad	Meter
1	Peach pitt	6c	20
2	Torpedo	7a+	20
3	Mammalucco	7a	25
4	Genesi	7a	25
5	Nibbio	6b+	25
6	Astuzio	6b+	12
7	Uccelli di rovo	7b	30
8	Esuli lontani	7a	25
9	La nonna va	6c+	25
10	Tasmania	7a	25

	Route	Grad	Meter
11	Crisalide	6b+	25
12	Coda di porco	6b	25
13	Facile	4c	25
14	Asdo da melch	7c	25
15	Grisù	7a+	25
16	Lucacappiotti	7b+	38
17	Dago	7b+	38
18	Eh Mersh	7b	38
19	Culo dritto	7b	22
20	Uligani Dangereux	7a+	25

Sektor C2

	Route	Grad	Meter
21	Passeggeri del vento	7b+	40
22	Lunatica	7b	18
23	Boulevard	7c	40
24	Per sempre Mary	7b+	40
25	I soliti ignoti	7a	20
26	Sbargek	6b+	20
27	Lupo Alberto	6c+	20
28	Lupo Alberto (2nd pitch)	7a+	20
29	Titanic	7a	35
30	Iceberg	7a+	35
31	Gandalf	6c	25
32	Esodo	6b	25
33	Cohelet	6b+	25
34	Swani il bullo	5c	25

	Route	Grad	Meter
35	Nillo il bello	5c	25
36	Troppo buoni con le donne	5b	15
37	Nevermore	6c+	20
38	Spleen	6b	20
39	Equinox	6a	20
40	Gerico	6a	15
41	Night'fly	5c	20
42	Super Tramp	5c	18
43	Good Bye Stranger	6a	15
44	Cif	5b	15
45	Ragionier Filini	5c	15
46	Mega Direttore	5c	15

Sektor D

	Route	Grad	Meter
1	Alvarez	6b+	15
2	Aquilante	6b	15
3	Il generale	6c	15
4	Firminik	6a+	20
5	Il fachiro	6b+	20
6	Patti Sassi	5b	18

Sektor E

	Route	Grad	Meter
1	King Lear	7a	25
2	Cassio	6c+	18
3	Iago	6c	18
4	Rosencrantz	7a+	15
5	Guildenstern	6b+	30
6	Medea	6a+	20

	Route	Grad	Meter
7	Agave	7b	20
8	Elena	6b+	15
9	Gonnerilla	7a	15
10	Regana	6b	18
11	Cordelia	6b	18

Sektor F

	Route	Grad	Meter
1	Albatros	7a	25
2	Little Crack	5c	10
3	Idich	6b	24
4	Franz und Andrea	7a	27
5	N.N.	6c	27
6	Das Glassperlenspiegel	6c	25
7	Patience dans l'azur	6c+	20
8	Cyclops	7a	28
9	Odyssey	7b+	35
10	Nausica	7b	35
11	Prometeus	7a+	18
12	Prometeus (2nd pitch)	7a	20

	Route	Grad	Meter
13	Stenghel Manica (Alpine Style)	V+	50
14	La tana dei Ciclopi	7a+	20
15	Lotus	7b+	18
16	Lotus (2nd pitch)	8a	16
17	Heracles	7c	18
18	Heracles (2nd pitch)	7c+	12
19	Mac Becht	7c	10
20	Marino il malandrino	4b	15
21	Ugo Paciugo	4b	15
22	Pio albergo	6c	18
23	C'è qualcosa che non va	6a+	15

1.18 Massone

★★★★☆ **Massone**

150-220m | 3min | Kalk | P ★★

Massone, auch Policromuro genannt, ist einer der größten Klettergärten rund um Arco. Hier wurde italienische Sportklettergeschichte geschrieben, als die Route „Underground", die erste 9a Italiens, eingebohrt wurde. Am Fuße der ersten Sektoren liegt ein wunderschöner Olivengarten, wo früher noch gezeltet und gecampt wurde, was heute aber strikt untersagt ist. Die Olivenbäume bieten auf jeden Fall immer noch ein angenehmes Ambiente. Der Klettergarten ist ideal für Familien: ein kurzer Zustieg, viel Platz für Kinder und ein kompakter Fels, sodass kaum Steinschlaggefahr besteht. Einen negativen Aspekt bringt allerdings der teilweise sehr hohe Besucherandrang mit sich. Viele Griffe und Tritte sind bereits sichtlich abgenutzt und „abgespeckt", deshalb ist auch bei leichteren Routen Vorsicht geboten.

Anfahrt

Von Arco Richtung Trient/Sarche fahren. Am ersten großen Kreisverkehr nach der Sarcabrücke weniger als 100 Meter weiterfahren und dann rechts in Richtung Massone abbiegen. Von hier den Schildern „Falesia Policromuro" (so wird der Klettergarten auch genannt) folgen. Auf den engen Straßen in Massone ist etwas Vorsicht geboten. Die Straße führt durch einen Olivenhain bis zu den Parkplätzen von Massone. Es ist ratsam, beim ersten Abstellplatz zwischen den Olivenbäumen zu parken. Der zweite Parkplatz, der direkt am Fuße der Sektoren A – D liegt, befindet sich bei der ersten Kehre. Weitere Parkmöglichkeiten findet man in den darauffolgenden Kehren.
Um den Sektor F zu erreichen, der Straße weiter bis nach der vierten Kehre folgen. Auf der linken Seite befindet sich eine kleine Parkbucht.

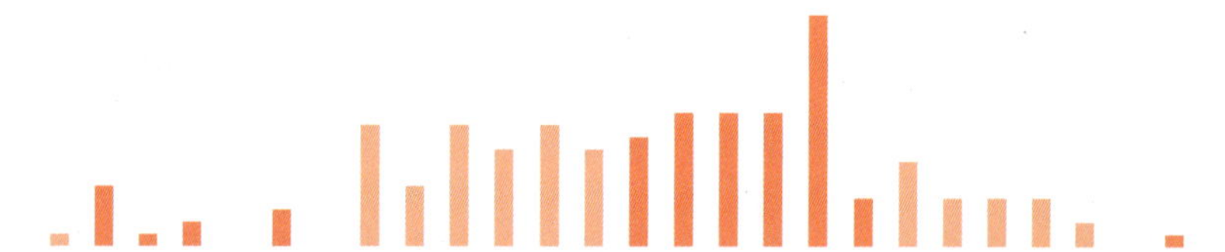

N° 151

3	4	5a	+	5b	+	5c	+	6a	+	6b	+	6c	+	7a	+	7b	+	7c	+	8a	+	8b	+	8c	+	9a	+
0	1	5	1	2	0	3	0	10	5	10	8	10	8	9	11	11	11	19	4	7	4	4	4	2	0	1	0

N W E S

| JAN | FEB | MÄR | APR | MAI | JUN | JUL | AUG | SEP | OKT | NOV | DEZ |

Helli Kotter probiert Underground (9a) im Sektor Pueblo, Massone

Foto: Vertical-Life

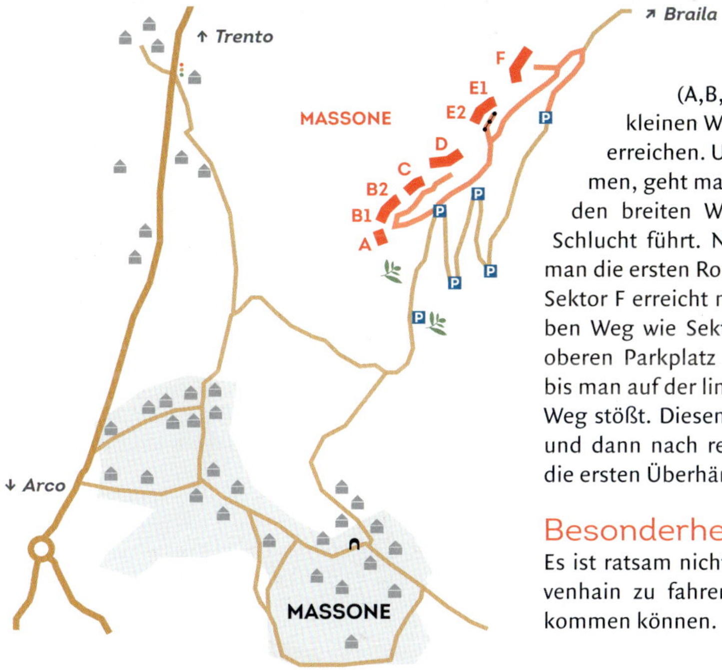

Zustieg

Die ersten Sektoren (A,B,C,D) sind über über einen kleinen Weg in etwa zwei Minuten zu erreichen. Um zu dem Sektor E zu kommen, geht man von demselben Parkplatz den breiten Weg entlang, der Richtung Schlucht führt. Nach fünf Minuten erreicht man die ersten Routen (Holztafel).
Sektor F erreicht man entweder über denselben Weg wie Sektor E, oder man geht vom oberen Parkplatz noch einige Meter weiter, bis man auf der linken Seite auf einen breiten Weg stößt. Diesem noch etwas weiter folgen und dann nach rechts abbiegen, wo bereits die ersten Überhänge zu sehen sind.

Besonderheiten

Es ist ratsam nicht zu schnell durch den Olivenhain zu fahren, da Radfahrer entgegen kommen können.

Sektor A

	Route	Grad	Meter
1	Piccola Luna	4a	15
2	Formica Lodovica	5a	16
3	Giacca gialla	5b	16
4	Banane fisch	5a+	17
5	Lara Croft	5c	18
6	Gelateria Tarifa	6a+	10
7	Easy Rider	6c	10
8	Alce volante	6a	12

	Route	Grad	Meter
9	Boiacca	5c	12
10	Giuditta	6a	18
11	Pesce d'aprile	6a	20
12	Skoda	6b	20
13	Gocce d'ansia	6b	20
14	Pegasus	6a+	20
15	Zac	5a	18
16	Tac	5a	18

Sektor B1

	Route	Grad	Meter
1	Tivoli	6b	25
2	Fra fra	6b	20
3	Für eine Hand	6a+	18
4	Dottor Plantier	6a	15
5	Zlù	6a	20
6	Nino	6a	20
7	Tangram	6a+	22
8	La bamba	7a+	10
9	The mirror	6c	20
10	Spectrum	6b+	20
11	Red Point	7a+	20
12	Mirta del pineto	7a+	20
13	Marsabit	7c	15
14	Stressami	7c	15
15	Desiree	7b	15
16	Loacher	7b+	15
17	Not normal	7a	15
18	Vite minori	6c	25
19	Let me life	7b	23
20	Il ladro di saponette	8a	23
21	C'è qualcuno che non sa	7c	25
22	Deasy	6c	25
23	Tis sa arc	6b+	25
24	Cannonau	7a	25

Sektor B2

	Route	Grad	Meter
25	Crisi	7a	25
26	Via le man	7a	25
27	Marlene	7b	25
28	Greta	7a	25
29	Varna	N.N.	25
30	Sulla pancia	7c+	25
31	Mantide Atea	6c+	25
32	Variante diretta	7b+	10
33	I buoni cattivi	7c	25
34	Sangit	7a+	25
35	Panico sopra l'orlo	7c	25
36	Profumo di invisibile	8a	25
37	Soviet supremo	7b	25
38	Berverly Hills	7b+	25
39	Kabul	6b	25
40	I like Gorba	6c	27
41	Killer event	7b+	20
42	Action direct	6c+	25
43	Incantesimo	8a	20
44	Ricky bike	8a	20

Sektor C

	Route	Grad	Meter
1	Musetto e Big Gim	6b+	22
2	Super Golia	6c+	25
3	Heliotrop	7b	25
4	Berny	7c+	25
5	Ictus	6c+	25
6	Destinazione Arena	7c+	25
7	N.N.	5a	15
8	Sabato turistico	6c	24
9	Prime impressioni	6a	24
10	Tullio e l'amore	6a+	23

	Route	Grad	Meter
11	Hurgada	6b	18
12	Over Booking	6a	18
13	Raper	5c	18
14	Settima luna	6c+	16
15	Ektoplasma	6b	18
16	Odio la polvere	6b	18
17	L'unicorno	6a	15
18	Stattento	6a	15
19	Impetrite's	5b	15
20	Marina's	5a	15

Sektor D

	Route	Grad	Meter
1	Rettoscopie	6b+	22
2	Il culto dell'ostrica blu	6b	20
3	Fata Morgana	7a+	20
4	Il ritorno di Aly	6b+	20
5	Ulla lo strapiombo che mi trastulla	6c	20

	Route	Grad	Meter
6	Un bacio di Karin	7a+	20
7	Halloween	7a	18
8	Ottopromille e piú	6c+	18
9	Ottopromille	6c+	17
10	Briciola	6c	18

Sektor E1 - Abissi

	Route	Grad	Meter
1	La chiave	7b+	25
2	Softi	7a+	25
3	Utopia	6b+	25
4	Zelda	7c	20
5	Red rocks	8a	20
6	Alpen liebe	6c+	28
7	Il calabrese	7c	28
8	Open area	8a+	30
9	M.S.	7c	30
10	Beach boys	7b	30
11	Bauer Plus	8a+	25
12	Disneland	7b+	25
13	Efrem de Sisco (1st pitch)	7a+	25
14	Efrem de Sisco (2nd pitch)	7b	10

	Route	Grad	Meter
15	Rubagotti (1st pitch)	7c	25
16	Rubagotti (2nd pitch)	7c	12
17	Epilogo	7b	35
18	Bonsai	7c	35
19	Abissi	7c	38
20	Pilotwings	7c	35
21	Cannabis	7b+	30
22	Only locals	7b+	30
23	Gameboy	7b	25
24	Gameboy plus	8a	10
25	Ultimo dubbio	7a+	25
26	Il vizzietto	7c	30
27	La cucina dell'inferno	8a	25

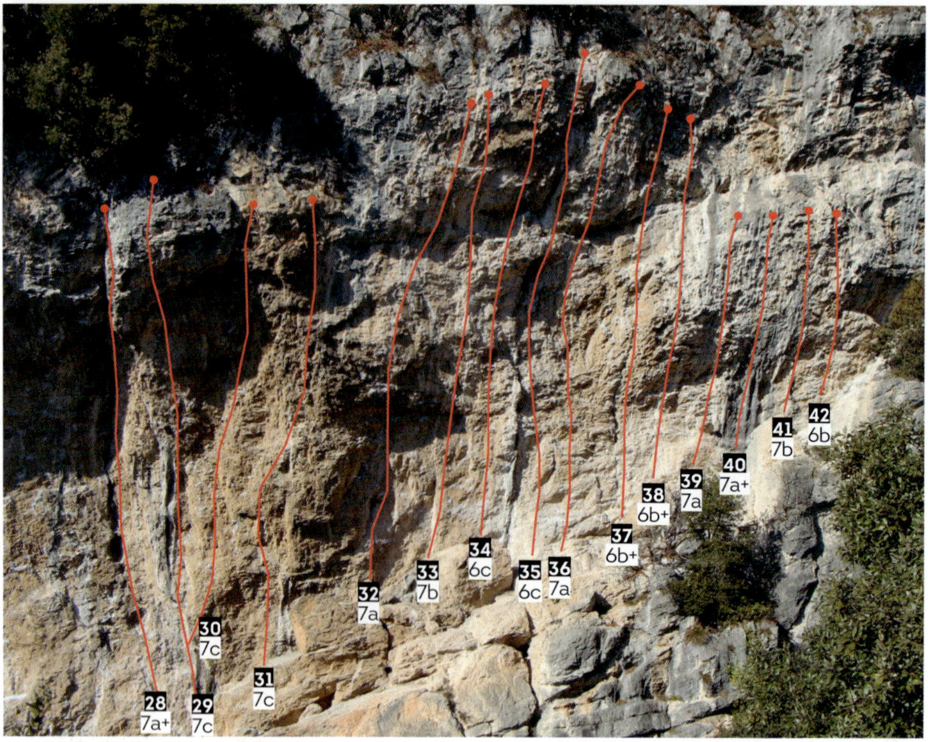

Sektor E2 - Abissi

	Route	Grad	Meter
28	La Fessura porta alla paura	7a+	27
29	Il cattivo ist überall	7c	25
30	Meglio un giallo che un gallo	7c	25
31	Ramses	7c	25
32	Ludness	7a	25
33	Warner broz	7b	23
34	Il ballatoio	6c	23

	Route	Grad	Meter
35	La cura della fessura	6c	23
36	Mangia cacca	7a	22
37	Gino e la sfiga	6b+	20
38	Lo scolaro	6b+	20
39	Aladin	7a	12
40	Adelante	7a+	12
41	Duracell	7b	12
42	Confetti	6b	12

Sektor F1 - Pueblo

	Route	Grad	Meter
1	Blondkopf	7b+	25
2	Troppo leicht	7b+	25
3	Troppo schwar	8b	25
4	Super attico	7c+	25

	Route	Grad	Meter
5	Haleboop	8b+	25
6	Grado dipendenti	7c	28
7	Taifun	8b+	27
8	Big spender	7b+	25

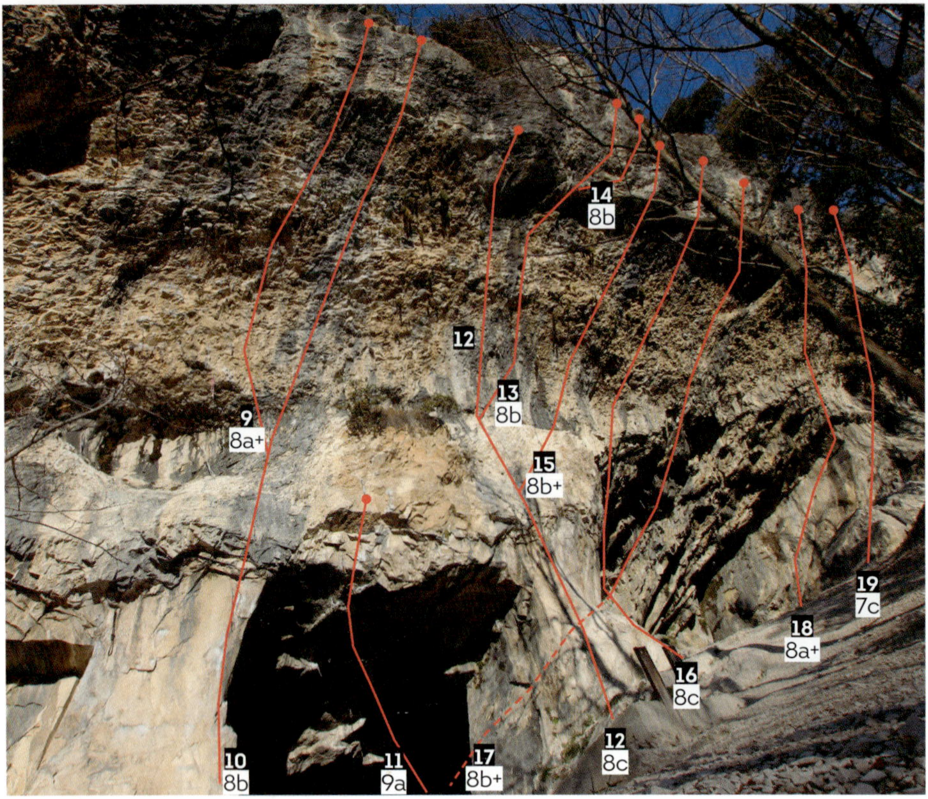

Sektor F2 - Pueblo

	Route	Grad	Meter
9	Randa	8a+	25
10	Fuego	8b	25
11	Underground	9a	22
12	X-large	8c	25
13	Super Maratona	8b	25
14	Maratona	8b	25

	Route	Grad	Meter
15	Athena	8b+	25
16	Reini Vibe's	8c	25
17	La Pietra murata	8b+	45
18	Muratore	8a+	26
19	Shaved beaver	7c	25

Foto: The Vertical Eye

Terra Promessa: Luca Gasperi in Pic Nic (6a+)

1.19 Terra Promessa

★★★☆☆ **Massone**

430m | 5min | Kalk | P ★★

Der Klettergarten liegt nur wenige Kilometer vom bekannten Klettergarten Massone entfernt. Terra Promessa bedeutet „Versprochenes Land“ und damit hat dieses Gebiet einen sehr einladenden Namen. Viele Routen sind erst in der Entstehung, was den Eindruck erweckt, dass noch einiges an Arbeit aussteht. Trotzdem gibt es schon viele Linien, unter denen einige äußerst lohnenswert sind. Der Klettergarten ist sehr ruhig gelegen und vom Sektor B hat man an klaren, sonnigen Tagen sogar einen schönen Ausblick bis auf den Gardasee. Der Sektor A dagegen eignet sich für Familien mit Kindern.

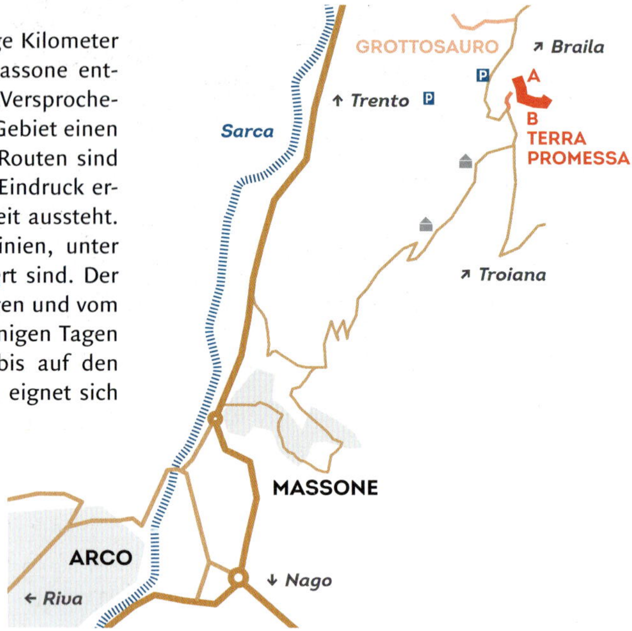

Anfahrt

Von Arco Richtung Trient/Sarche. Am ersten großen Kreisverkehr nach der Sarcabrücke noch weniger als 100 Meter weiterfahren und dann rechts in Richtung Massone abbiegen. Von hier den Schildern zur Falesia Poliromuro (Klettergarten Massone) folgen (Vorsicht in den engen Straßen von Massone). Dann durch einen Olivenhain, vorbei an den Parkplätzen von Massone und weiter hinauf fahren, bis man die Kehren hinter sich gelassen hat. Immer weiter bis man kurz hinter einem Kastanienwald, die Abzweigung in Richtung Braila wählt. Nach einigen hundert Metern kommt man zum Parkplatz, der sich in einer Linkskurve am rechten Straßenrand befindet.

N° 39

3	4	5a	+	5b	+	5c	+	6a	+	6b	+	6c	+	7a	+	7b	+	7c	+	8a	+	8b	+	8c	+	9a	+
0	0	0	0	0	0	0	0	1	4	3	0	0	3	1	1	5	1	3	3	3	1	3	1	1	0	0	0

N W E S

| JAN | FEB | MÄR | APR | MAI | JUN | JUL | AUG | SEP | OKT | NOV | DEZ |

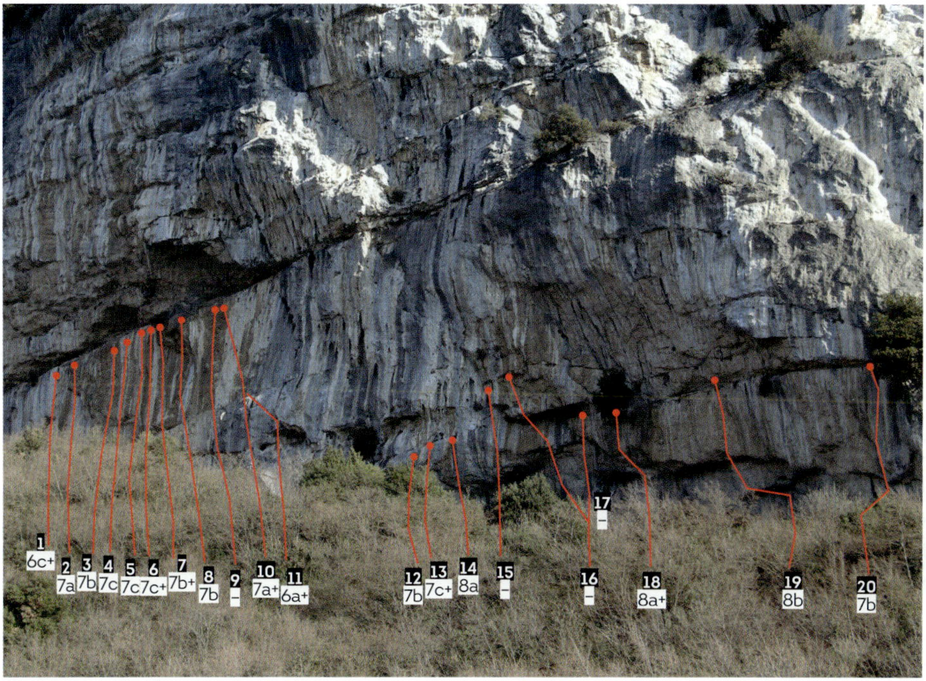

Zustieg

Vom Parkplatz führt ein Weg in etwa fünf Minuten direkt zum Klettergarten.

Sektor A

	Route	Grad	Meter
1	Cinema Paradiso (2 following pitches: project)	6c+	30
2	Carnevale	7a	30
3	Nice price	7b	30
4	Elefant	7c	30
5	Orange juice	7c	30
6	Brown sugar	7c+	30
7	Brall	7b+	30
8	Ef eu tanz	7b	33
9	N.N.	N.N.	N.N.
10	Blow job	7a+	30
11	Pic nic	6a+	20
12	Canna Cannon	7b	15
13	Red Points	7c+	15
14	Lo hobbit	8a	18
15	Reini B+	N.N.	30
16	N.N.	N.N.	N.N.
17	N.N.	N.N.	N.N.
18	Mama Africa	8a+	28
19	Tipo Gerardo	8b	20
20	Tula	7b	25

Sektor B

	Route	Grad	Meter
1	Nanuk	6a+	12
2	Us Open	6a+	12
3	Rere	6a	12
4	Vertical Sport	6b	12
5	Lorenzo	6a+	12
6	Chris Croco	6b	13
7	Kaktus	6b	10
8	Lochness (Erster Stand nach 12m; 6a)	6c+	20
9	Luca Joint	6c+	18

	Route	Grad	Meter
10	Weiss wurscht	7b	20
11	O Pio mio	7c+	25
12	Progetto Tribout	8b	25
13	Progetto Caty	7c	25
14	Solimano	8a	25
15	Marco gelato	8b	25
16	Claudio cafè	8c	27
17	Aerodrome	8b+	28
18	N.N.	N.N.	28
19	Hydra	8a	28

Foto:Vertical-Life

Chilling in Arco!
Café Conti d'Arco
Caffè Conti d'Arco

1.20 Grottosauro

★★★★☆ **Braila**

380m | 15min | Kalk

Dieser eindrucksvolle Felsriegel aus Kalk wirkt beim ersten Anblick aufgrund seiner mächtigen Überhänge äußerst respekteinflößend. Er bietet vor allem athletische Kletterei, wie etwa im Klassiker „The Winner“. Der Fels selbst weist eine der besten Qualitäten auf. Für Anfänger ist der Klettergarten nicht geeignet, da es nur eine Route im sechsten französischen Schwierigkeitsgrad gibt. Die leichteren Routen (Bereich 7a) befinden sich im linken Wandteil.

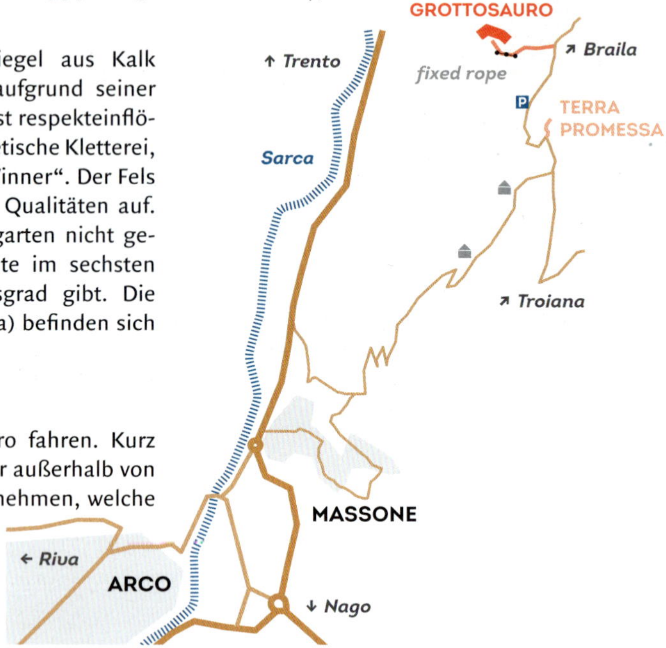

Anfahrt

Von Arco Richtung Trient/Dro fahren. Kurz nach dem ersten Kreisverkehr außerhalb von Arco die Straße nach rechts nehmen, welche nach Massone führt. Ab hier den Schildern in Richtung Policromuro (Klettergarten Massone) folgen. Bei den Parkplätzen von Policromuro vorbei und über einige Kehren weiter der Straße folgen. Nach kurzer Zeit fährt man durch einen Kastanienwald, an dessen Ende eine Straße links nach Braila führt. Dieser folgend, ist kurz nach der Abzweigung in einer Linkskurve der Parkplatz vom Klettergarten „Terra Promessa“ zu sehen. Ab hier noch wenige hundert Meter weiterfahren. Neben der Straße gibt es einige kleine Parkbuchten, wo man das Auto abstellen kann.

N° 17

3	4	5a	+	5b	+	5c	+	6a	+	6b	+	6c	+	7a	+	7b	+	7c	+	8a	+	8b	+	8c	+	9a	+
0	0	0	0	0	0	0	0	0	0	0	1	1	0	1	3	0	2	3	3	1	0	1	0	1	0	0	0

N W E S

| JAN | FEB | MÄR | APR | MAI | JUN | JUL | AUG | SEP | OKT | NOV | DEZ |

Mooslandschaften am Weg zum Grottosauro

Zustieg

Vom Parkplatz kurz auf der Straße entlang gehen bis zu einem Wegweiser, der den Weg „Sentiero della maestra“ anzeigt. (Auch während der Anfahrt kommt man an einigen Wegweisern vorbei, diese aber nicht beachten.) Kurz nachdem man den Weg nach links unten eingeschlagen hat, gelangt man zur ersten Abzweigung. Bei dieser links in einen „Kanal“ weiter abwärts gehen. Nach einiger Zeit trifft man auf die ersten Fixseile, welche zum Klettergarten führen.

	Route	Grad	Meter
1	Ibbog Trops	7a+	22
2	Baby e Mirtillo	6b+	25
3	El vecio alpin	6c	23
4	Bonito	7a	24
5	El loco	7a+	26
6	Athena la belena	7a+	27

	Route	Grad	Meter
7	Gregocula proculor	7c+	27
8	Long Jump	7b+	25
9	Hurricane	7c	31
10	Tunderstorm	7c+	30
11	Thor	7c	30
12	Golden Bow	7c+	30

	Route	Grad	Meter
13	Lions Burrow	7c	35
14	The Winner	7b+	35
15	Il Gladiatore	8a	35
16	N.N.	8b	35
17	L'insostenibile debolezza dell'essere	8c	35

1.21 Piccola Dallas

★★★★☆ **Arco**

210m 15-20min Kalk

Piccola Dallas ist ein recht spärlich besuchter Klettergarten, was daran liegt, dass die Anforderungen an die Kletterleistung ziemlich hoch sind. Die Schwierigkeit der Routen beginnt bei 6c. Für jene, die diesen Ansprüchen gewachsen sind, ist der Fels äußerst interessant und weist sehr gute Qualität auf, auch wenn er an gewissen Stellen brüchig erscheint. Der Sektor B bietet außerdem einen schönen Ausblick auf die Klettergärten der gegenüberliegenden Talseite.

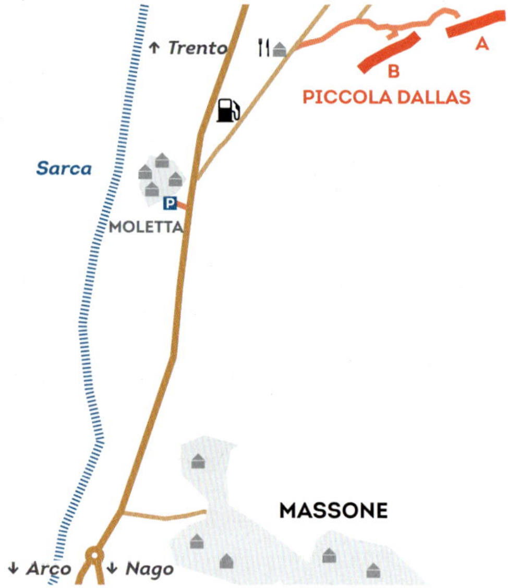

Anfahrt

Von Arco Richtung Trient/Dro. Kurz nach dem großen Kreisverkehr hinter Arco an der Ampel links abbiegen (braunes Schild: pista ciclabile) und gleich danach auf einem kleinen Platz parken.

Zustieg

Vom Parkplatz zurück zur Ampel, die Straße überqueren und den Gehsteig entlang Richtung Norden (Trient) gehen, bis man zu einer Straßengabelung kommt. Hier der rechten Straße (Hinweisschild: Piccola Dallas) bis zu einer weiteren Abzweigung folgen und dort den rechten Weg wählen. Kurz darauf rechts an einem weißen Zaun das Tor passieren (Privatgrund) und dem breiten Weg folgen. Nach einigen Gehminuten erreicht man ein Steinmännchen, das auf einen kleinen Pfad auf der rechten Seite hinweist, der zu Sektor B führt. Um zu Sektor A zu gelangen, auf dem breiten Weg bleiben und einige Minuten weitergehen.

N° 26

3	4	5a	+	5b	+	5c	+	6a	+	6b	+	6c	+	7a	+	7b	+	7c	+	8a	+	8b	+	8c	+	9a	+
0	0	0	0	0	0	0	0	0	0	0	0	1	2	3	1	0	9	6	2	1	1	0	0	0	0	0	0

| JAN | FEB | MÄR | APR | MAI | JUN | JUL | AUG | SEP | OKT | NOV | DEZ |

Sektor A

	Route	Grad	Meter
1	Circus	7b+	18
2	Warm up	7a	20
3	Mala Rubia	7b+	22
4	De puta madre	7b+	20
5	Brave heart	7c	20

	Route	Grad	Meter
6	Loskot	7b+	25
7	Le freack	7b+	20
8	Cest chic	7b+	22
9	New Entry	7a	25
10	Supernova	7a+	30

Sektor B

	Route	Grad	Meter
1	Project	7c+	30
2	Trinciapolli	8a+	25
3	Hot Mail	7b+	28
4	AleAle	7c+	20
5	Piccola Dallas	8a	20
6	Sbirulino castiga tutti	7c	15
7	Mr. Method	7b+	17
8	JR	7c	18

	Route	Grad	Meter
9	La Classica	7c	18
10	Ballo in stallo	7c	18
11	Fatima Plus	7c	18
12	Fatima	7b+	18
13	L'anologo	7a	18
14	Il Banfone Rosso	6c	20
15	Die Hard	6c+	20
16	Due a Coppe	6c+	20

HOTEL SOLE HOLIDAY
BED & BREAKFAST - ARCO
Apartments
Hotel Al Sole
Family-run
Boulder Room
Sauna
Bike Garage
Buffet Breakfast 7-12
Quiet zone
Apartments 2-6 people
www.soleholiday.com - info@soleholiday.com - tel. +39 0464 516676

1.22 La Pizzeria

★★★★★ **Oltrá**

210m | 15min | Kalk | P ★★★

Der unglaublich senkrechte Fels von La Pizzeria ist ein Muss für diejenigen, die eine Vorliebe für Ausdauerrouten haben. Der Klettergarten befindet sich oberhalb der Ortschaft Dro und bietet neben einem herrlichen Panorama auch eine hervorragende Felsqualität.

Anfahrt

Von Arco auf der Staatsstraße Richtung Trient/Dro fahren. Kurz vor der Ortschaft Dro rechts Richtung Zentrum abbiegen und weiter auf einer Überführung bis zu einem Kreisverkehr. Hier die zweite Ausfahrt nehmen und der Straße Via Mazzini folgen. Nach wenigen Metern erscheint auf der rechten Seite eine Kirche (Piazza della Repubblica). Dort erneut rechts abbiegen und immer weiter Richtung Sportzentrum (centro sportivo) fahren. Dieses befindet sich in der Ortschaft Oltrá, wo eine Straße schließlich zum Sportplatz führt, wo geparkt werden kann.

N° 14

3	4	5a	+	5b	+	5c	+	6a	+	6b	+	6c	+	7a	+	7b	+	7c	+	8a	+	8b	+	8c	+	9a	+
0	0	0	0	0	0	0	0	0	0	0	0	0	1	1	1	1	5	3	2	0	0	0	0	0	0	0	0

N W E S

| JAN | FEB | MÄR | APR | MAI | JUN | JUL | AUG | SEP | OKT | NOV | DEZ |

Zustieg

Vom Parkplatz der Forststraße folgen (Pineta Dro/Percorso alle cavre). Einige Meter darauf nach links abbiegen und dem Wanderweg Percorso alle cavre folgen. Kurz darauf trifft man auf ein Kapitell, auf dessen rechter Seite ein kleiner Weg hinaufführt. Nach wenigen Minuten zweigt ein mit Steinmännchen gekennzeichneter Pfad nach links ab. Diesem leider relativ schlecht ersichtlichen Pfad Richtung Süden folgen bis man auf die Fixseile trifft, die steil empor zu den Felsen führen.

	Route	Grad	Meter
1	Patatona	7b	25
2	Spinaci e ricotta	7b+	25
3	Calzone	7b+	28
4	Quattro stagioni	7b+	28
5	Calabrese	7c+	32
6	Diavola	7c+	32
7	Margherita	7a	34
8	Pioggia	7b+	15
9	Marinara	6c+	34
10	Salamino piccante	7a+	32
11	Rucolissima	7b+	32
12	Prosciutto e funghi	7c	32
13	Capricciosa	7c	32
14	Zingara	7c	30

Hanging around in Belvedere...

Foto: Vertical-Life

Aperitif bei Pio und Andrea

Lang und berühmt ist sie, die Geschichte der Bar Conti d'Arco, der Bar für Kletterer par excellence. Kaum einer verbringt ein Wochenende oder seinen Urlaub in Arco, ohne auf dem Platz hier ein Frühstück verputzt oder ein Aperitif gekostet zu haben. So haben wir uns dafür entschieden, diejenigen zu treffen, die diese Bar bei den Kletterern so beliebt gemacht haben.

Vertical-Life: Seit wie vielen Jahren lebt ihr schon in Arco?

Pio: Ich bin in der Basilicata geboren. Als ich 17 oder 18 Jahre alt war, bin ich nach Riva del Garda gezogen und habe dort eine Zeit lang gearbeitet. Dann habe ich eine andere Bar hier auf dem Platz geführt. Schlussendlich, im Jahr 1997, habe ich zusammen mit einem Kollegen beschlossen, das Conti d'Arco zu übernehmen.

Andrea: Ich bin in Riva geboren, also habe ich schon immer hier gewohnt. Pio und ich haben uns in einer Diskothek kennengelernt. Irgendwann haben wir dann beschlossen, gemeinsam diese Bar zu eröffnen.

Vertical-Life: Wie kommt es, dass ihr euch in erster Linie auf die Kundschaft der Kletterer konzentriert?

Pio: Ich mag das Milieu, die Lebensweise und die Philosophie der Kletterer. Zudem haben sich im Laufe der Jahre Freundschaften mit einigen berühmten Gesichtern der Kletterszеne entwickelt – so mit Jerry Moffat, Ben Moon oder Stefan Glowacz, der uns sogar den Preis, den er vor einigen Jahren beim Rock Master gewonnen hat, hier gelassen hat. Ich bin nie viel geklettert, aber trotzdem bin ich Teil der Familie (er lächelt). Mit unserer Arbeit möchten wir erreichen, dass sich die Kletterer hier wie zu Hause fühlen.

Andrea: Die Kletterer waren immer gut drauf und hatten eine Lebensphilosophie, die uns gefiel. So ist uns auch die Idee mit dem Frühstück und dem Cappuccione gekommen, um ihren Bedürfnissen nachzukommen. Außerdem bin ich gerne unter Leuten und Kletterer gehören ohne Zweifel zu den Menschen, bei denen ich mich wohl fühle.

Vertical-Life: Wie hat sich aus eurer Sicht die Welt des Kletterns von ihren Anfängen bis heute entwickelt?

Pio: Die Menschen haben sich wenig verändert, doch die Stadt schon. Heute gibt es unzählige Geschäfte. Das Klettern ist zu einem wachsenden „Business" geworden.

Andrea: In den ersten Jahren waren die Kletterer rustikaler. Sie schliefen im Zelt in den Feldern und wurden vielfach als Außenseiter gesehen – fast schon als seltsame Gestalten. Heute schlafen Kletterer auch in Hotels und essen in Restaurants. Sagen wir einfach, dass sich die soziale Klasse der Kletterer erweitert hat.

Vertical-Life: Ihr organisiert hier in der Bar viele Feiern, vor allem dann, wenn besondere Ereignisse stattfinden, wie der Rock Master oder die Weltmeisterschaften im Klettern 2011. Erinnert ihr euch an eine davon im Besonderen?

Pio: Naja, alle Partys sind großartig – mit Sportlern, die bis um 5 Uhr morgens auf den Tischen tanzen und feiern, auch wenn sie am nächsten Tag einen Wettkampf haben. *(Er holt ein Fotoalbum heraus und zeigt uns einige Aufnahmen der Feiern, die hier in der Bar stattgefunden haben. Ein Wahnsinn!).* Da ich nun schon seit vielen Jahren hier lebe, habe ich viele Kletterer heranwachsen sehen. Kinder, die mit ihren Eltern nach Arco kamen, haben sich zu den Champions von heute entwickelt. Es war schön, sie heranwachsen zu sehen. Vor allem das österreichische Team ist mir lieb geworden, sie kamen früher jedes Wochenende nach Arco.

Andrea: Die Partys, die wir organisiert haben und die wir auch heute noch organisieren, sind wirklich unterhaltsam. Ich erinnere mich noch an einen Rock Master. Wir hatten den Kickertisch nach draußen gestellt, um in der Bar Platz für eine Band zu schaffen. Irgendwann, in später Nacht, ist der Tisch verschwunden. Also habe ich das Fahrrad genommen, um eine Runde durch Arco zu drehen. Da sah ich doch tatsächlich vier Kletterer, die gründlich gefeiert hatten, und nun dabei waren, den Kickertisch durch die Altstadt von Arco zu tragen. Natürlich habe ich dafür gesorgt, dass sie ihn zurückbrachten. Wir sind im Guten verblieben und noch heute kommen sie zum Aperitif hier vorbei. Eine andere lustige Geschichte ist der „Boulderwettkampf" auf der Kirchmauer da vorn (er zeigt mir die Mauer). Ziel ist es, mit beiden Füßen auf der Mauer zu stehen. Der Sieger bekommt eine Flasche Sekt. Bis heute habe ich nur vier Flaschen v loren.

Vertical-Life: Danke für die Ges für das leckere Aperitif!

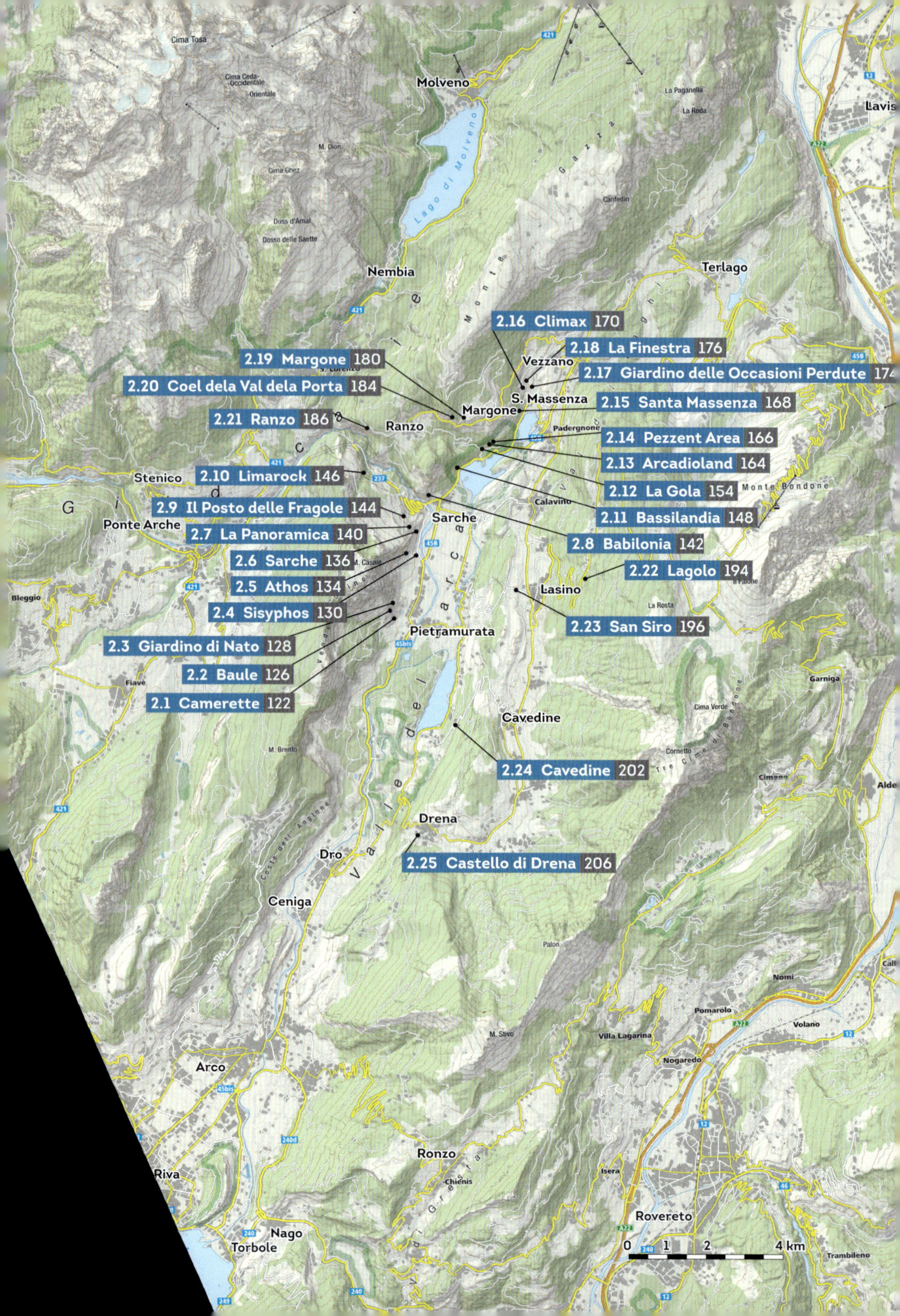
2.1 Camerette 122
2.2 Baule 126
2.3 Giardino di Nato 128
2.4 Sisyphos 130
2.5 Athos 134
2.6 Sarche 136
2.7 La Panoramica 140
2.8 Babilonia 142
2.9 Il Posto delle Fragole 144
2.10 Limarock 146
2.11 Bassilandia 148
2.12 La Gola 154
2.13 Arcadioland 164
2.14 Pezzent Area 166
2.15 Santa Massenza 168
2.16 Climax 170
2.17 Giardino delle Occasioni Perdute 174
2.18 La Finestra 176
2.19 Margone 180
2.20 Coel dela Val dela Porta 184
2.21 Ranzo 186
2.22 Lagolo 194
2.23 San Siro 196
2.24 Cavedine 202
2.25 Castello di Drena 206
Molveno
Lago di Molveno
Nembia
Lavis
Terlago
Vezzano
S. Massenza
Margone
Ranzo
Padergnone
Stenico
Ponte Arche
Sarche
Calavino
Monte Bondone
Lasino
Pietramurata
Cavedine
Drena
Dro
Ceniga
Arco
Riva
Nago
Torbole
Ronzo
Rovereto
Valle del Sarca
0 1 2 4 km

2. Sarche und Umgebung

Es gibt kaum Worte, um das einmalige Sarcatal zu beschreiben. Von der Autobahnausfahrt Trient führt eine Straße durch mehrere Tunnel ins Tal der Seen. Auf Höhe der Ortschaft Sarche bleibt nicht wenigen Kletterern der Mund vor Staunen offen stehen. Grund dafür sind die Unmengen von Felsen aus Kalkgestein, die das Tal säumen. Die Straße führt weiter, am See von Toblino entlang. Von hier aus ist der bekannte Felsgürtel auf der rechten Seite unübersehbar: **Bassilandia**, einer der Klettergärten, die sich keiner entgehen lassen sollte. Während sich die Straße weiter nach Arco hinunter schlängelt, fallen auf der rechten Seite eine Vielzahl von Kletterwänden ins Auge: **Babilonia, La Panoramica, Athos** und viele mehr. Hier reiht sich ein Klettergarten an den nächsten bis hin zur Wand von **Camerette**. Alles Klettergärten erster Klasse, nicht nur dank der hervorragenden Felsqualität sondern auch aufgrund des Panoramas, das sie bieten. Passionierte Kletterer haben zahllose Routen geschraubt. Außerdem gibt es hier einige familienfreundliche Klettergärten, wie beispielsweise **San Siro**, einer der größten Klettergärten des Tales, oder **Cavedine**. Letzterer ist vom Parkplatz aus in nur wenigen Minuten zu erreichen, ein wunderschöner Wald liegt am Wandfuß. Freunde des „roten" Felsens weisen wir nachdrücklich auf den Klettergarten von **Athos** hin, wo sich einige atemberaubende Routen im 7. französischen Grad befinden. Warme Tage lassen sich leicht in **La Gola** aushalten, einem historischen Klettergarten mit Routen auf kleinsten Leisten und „old school" Kletterei. Wem das gefällt, der sollte sich unter keinen Umständen den unglaublich kompakten Fels von **Santa Massenza** entgehen lassen. An sonnigen Wintertagen, sofern es die Schneelage erlaubt, empfiehlt sich ein Ausflug nach **Ranzo**, einem weitläufigen Klettergarten mit vielen Sektoren. Er befindet sich auf einem teilweise ausgesetzten Felsvorsprung. Ein wahres Meisterwerk für Liebhaber ist der Neue Sektor. Dies sind nur einige Beispiele zur Inspiration, denn im Sarcatal gibt es viel zu entdecken und zahlreiche andere Klettergärten sind auf jeden Fall einen Besuch wert.

Das Paradies für Techniker über dem Tobliner See: Bassilandia

Fotos: Ulla Lohmann

2.1 Camerette

★★★★☆

Pietramurata

320m | 15min | Kalk | P ★★★

Der Klettergarten Camerette liegt oberhalb des Dorfes Pietramurata, vom Klettergarten aus bestens ersichtlich. Der kompakte Fels, die wunderbare Aussicht und die ruhige Lage versprechen einen angenehmen Klettertag. Einziger Störfaktor ist der Motorradlärm, der von der nahe gelegenen Motocrossbahn her ab und zu hörbar ist.

Zustieg

Beim Parkplatz dem Weg zwischen Wald und einem Haus bis zu einer Schranke folgen. Links einen breiten Weg nehmen, der wenig später in eine Forststraße mündet. Rechts weiter, bis nach etwa 50 Metern ein Steinmännchen, wieder auf der rechten Seite, einen Pfad in den Wald kennzeichnet. Diesem Weg bis zum Klettergarten folgen.

Anfahrt

Von Arco Richtung Trient/Pietramurata fahren. In Pietramurata liegt auf der linken Straßenseite das „New Entry"–Pub (grünes Gebäude). Hier einbiegen und oberhalb der Bar parken, von wo aus der Klettergarten bereits ersichtlich ist.

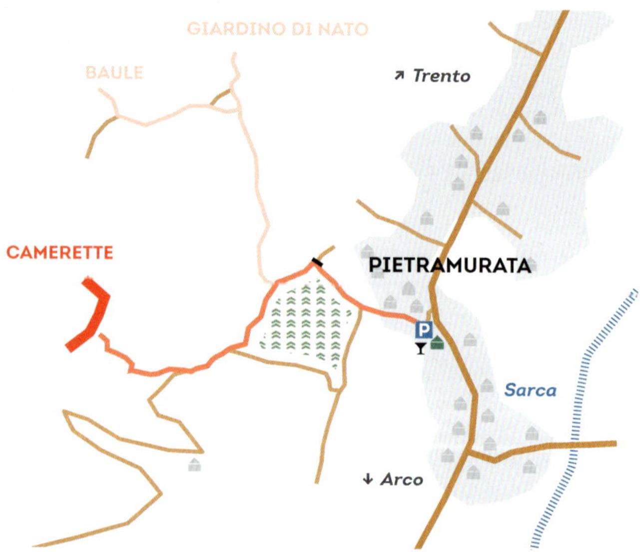

N°
37

3	4	5a	+	5b	+	5c	+	6a	+	6b	+	6c	+	7a	+	7b	+	7c	+	8a	+	8b	+	8c	+	9a	+
0	0	0	0	0	0	2	0	3	0	4	3	2	1	4	2	3	0	2	6	2	0	0	0	0	0	0	0

N W E S

| JAN | FEB | **MÄR** | **APR** | **MAI** | JUN | JUL | AUG | **SEP** | **OKT** | NOV | DEZ |

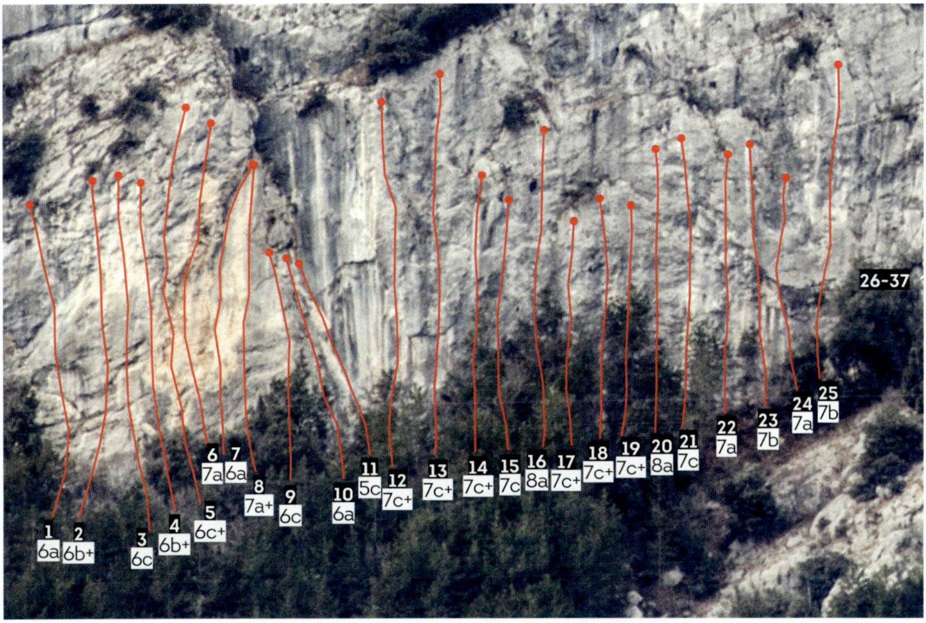

	Route	Grad	Meter
1	Initiator	6a	25
2	La Tampada	6b+	25
3	Sapzio 1999	6c	25
4	Nutella	6b+	25
5	Tutti i giorni	6c+	27
6	Il topo	7a	28
7	Ficcanaso	6a	24
8	Tantum	7a+	24
9	Jack	6c	18
10	Benny	6a	18
11	Austria	5c	18
12	Shit	7c+	28
13	Una Manzana	7c+	28

	Route	Grad	Meter
14	La Bamba	7c+	25
15	La Classica	7c	24
16	Ikebana	8a	27
17	Libia	7c+	23
18	Dx Sx	7c+	23
19	Rastafar	7c+	23
20	Pin & Puk	8a	25
21	El Nino	7c	25
22	Mani di fata	7a	25
23	Rampados	7b	25
24	Scorpion	7a	22
25	Ocio che slimpego	7b	26

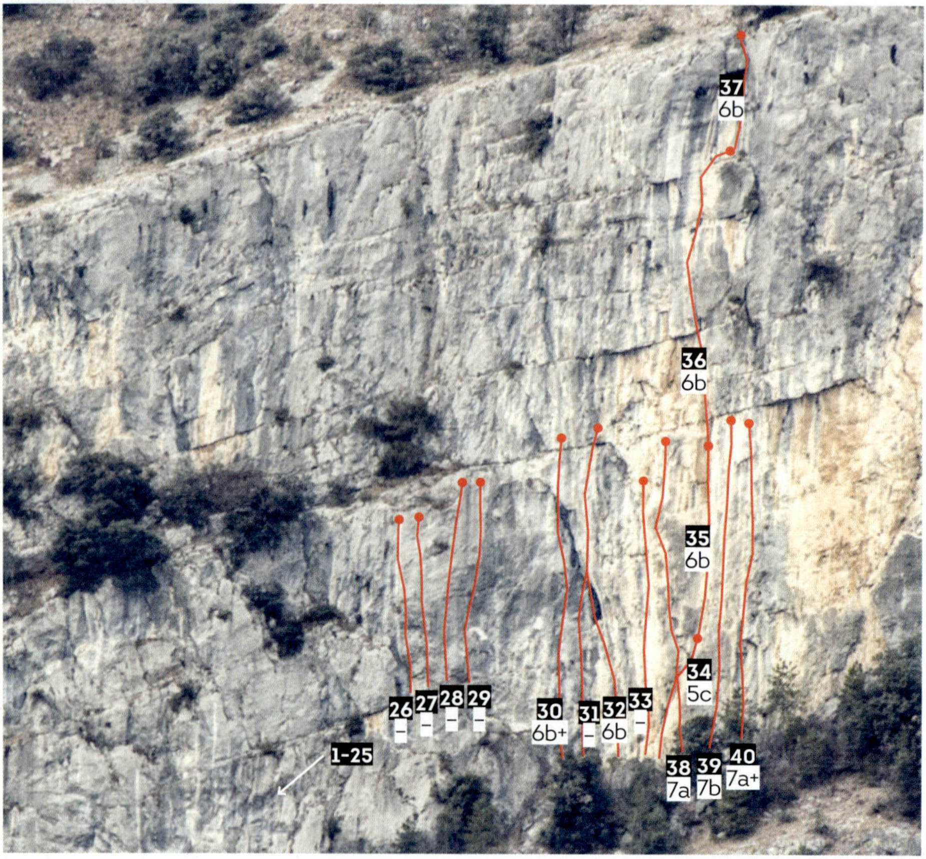

	Route	Grad	Meter
26	La rivincita	N.N.	16
27	Sogno	N.N.	16
28	Tutti pazzi	N.N.	20
29	Tornatene	N.N.	20
30	Ovviamente	6b+	30
31	N.N.	N.N.	18
32	Diedricamente	6b	30
33	N.N.	N.N.	30

	Route	Grad	Meter
34	Nido di falco	5c	15
35	Nido di falco (2nd pitch)	6b	15
36	Nido di falco (3rd pitch)	6b	35
37	Nido di falco (4th pitch)	6b	35
38	Sorella Luna	7a	30
39	Fratello Sole	7b	30
40	Doveri	7a+	30

Basti Hoffmann in San Siro

Foto: Ulla Lohmann

2.2 Baule

★★★☆☆

Pietramurata

400m | 20min | Kalk | P ★★★

Dieser Felsblock liegt etwas oberhalb vom Klettergarten Giardino di Nato und rechts von Camerette. Wegen der geringen Anzahl an Routen und dem etwas längeren Zustieg wird dieser kleine Klettergarten jedoch selten besucht. Die Aussicht ist auf jeden Fall lohnenswert mit einem Panorama, das vom Monte Stivo bis zum Lago di Cavedine reicht.

Zustieg

Beim Parkplatz beginnt ein Weg zwischen dem Wald und einem Haus. Dieser führt zu einer Schranke, bei der man links einem breiten Weg folgt. Nach etwa 100 Metern ist auf der rechte Seite ein Weg mit einem Steinmännchen gekennzeichnet. Dieser führt in den Wald und nach einiger Zeit zu einem Geröllfeld. Gleich anschließend gelangt man an eine Abzweigung. Links weitergehen (rechts: Giardino di Nato), erneut durch Geröllgelände und schließlich steil aufwärts zum Klettergarten.

Anfahrt

Von Arco in Richtung Trient/Pietramurata fahren. In Pietramurata liegt auf der linken Straßenseite die Bar „New Entry“ (grünes Gebäude). Hier einbiegen und hinter der Bar parken, von wo aus der Felsblock bereits ersichtlich ist.

N°
7

3	4	5a	+	5b	+	5c	+	6a	+	6b	+	6c	+	7a	+	7b	+	7c	+	8a	+	8b	+	8c	+	9a	+
0	0	0	0	0	0	0	0	0	0	0	0	0	0	1	2	1	2	0	0	0	0	0	0	0	0	0	0

N W E S

| JAN | FEB | **MÄR** | **APR** | **MAI** | JUN | JUL | AUG | **SEP** | **OKT** | NOV | DEZ |

	Route	Grad	Meter
1	N.N.	N.N.	20
2	Monster	7a+	22
3	Arakne	7b+	22
4	Final Fantasy	7a	25
5	Tekken 4	7a+	24
6	Spyromen	7b+	24
7	Mission XXX	7b	25

2.3 Giardino di Nato

★★★☆☆

Pietramurata

380m | 10min | Kalk | P ★★★

Giardino di Nato ist ein im Wald gelegener Klettergarten, der sich unterhalb des Klettergartens Baule und in der Nähe von Camerette befindet. Die Schwierigkeitsgrade liegen im unteren bis mittleren Bereich. An heißeren Tagen spenden die umliegenden Bäume erfrischenden Schatten.

Anfahrt

Von Arco Richtung Trient/Pietramurata. In Pietramurata liegt auf der linken Straßenseite die Bar „New Entry“ (grünes Gebäude). Hier einbiegen und hinter der Bar parken.

Zustieg

Vom Parkplatz den Weg zwischen dem Wald und einem Haus nehmen. Diesem bis zu einer Schranke und dann links einem breiteren Weg folgen. Nach etwa 100 Metern zweigt auf der rechte Seite ein Weg ab (Steinmännchen). Weiter in den Wald bis zu einem Geröllfeld. Bei der folgenden Weggabelung rechts gehen (links führt nach Baule). In etwa fünf Minuten erreicht man den Klettergarten.

N° 24

3	4	5a	+	5b	+	5c	+	6a	+	6b	+	6c	+	7a	+	7b	+	7c	+	8a	+	8b	+	8c	+	9a	+
0	0	0	0	0	0	2	0	1	1	3	2	2	1	2	1	5	2	0	0	0	0	0	0	0	0	0	0

N W E S

| JAN | FEB | MÄR | APR | MAI | JUN | JUL | AUG | SEP | OKT | NOV | DEZ |

	Route	Grad	Meter
1	Gerry	6a	18
2	Struccalucca	6b	18
3	Mammaluca	6c	18
4	Don Pedro	7a	20
5	Polveron	7b	20
6	Craxi crack	6b	22
7	Mr. Obaloba	7a+	23
8	Zio e la Tibia	6c+	23
9	Bertoli	7b+	23
10	Il Camionista	N.N.	23
11	Non è seicì	7b+	23
12	Il Celvino	7b	25

	Route	Grad	Meter
13	La Sfessura	5c	20
14	Giro d'aria	N.N	10
15	Mr. Castagna	6c	10
16	Gipelosa	5c	20
17	Manicuz e ...	6b+	26
18	Il Giardino di Nato	6a+	25
19	Killer sister	6b+	25
20	Sgeve d'autore	7a	20
21	Ehi Fratello	7b	18
22	B.B.	7b	18
23	Lo slancio	7b	15
24	Diesel	6b	10

2.4 Sisyphos

Sarche

★★★★☆

300m | 15min | Kalk | P ★★★

Der Klettergarten Sisyphos hält etwa 40 Routen im Schwierigkeitsbereich 5a bis 7b+ bereit. Die ersten Routen auf der linken Seite sind eher kurz und weniger lohnenswert. Im zentralen Bereich jedoch befinden sich sehr schöne und lange Routen von mittlerer Schwierigkeit. Hält man sich in der Umgebung von Arco auf, lohnt sich auch der Besuch dieses Klettergartens.

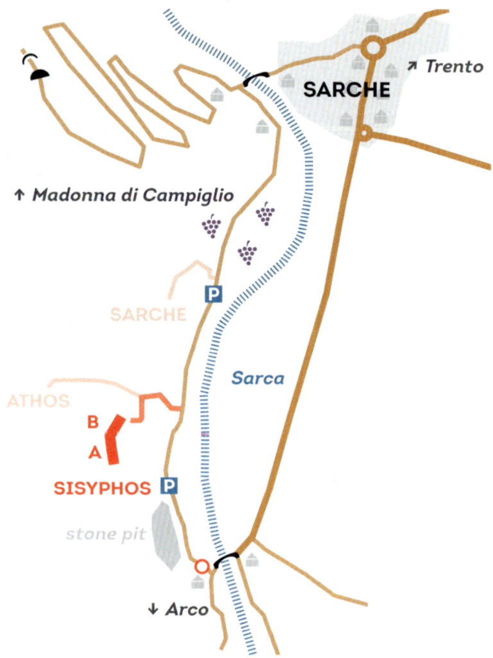

Anfahrt

Von Arco Richtung Trient/Sarche. In Sarche angekommen, wählt man die Straße Richtung Madonna di Campiglio und fährt weiter bis zur Überquerung einer Brücke. Gleich dahinter scharf links in eine Nebenstraße (Via Rauten) einbiegen, die anfangs asphaltiert ist und anschließend auf einer Schotterstraße zwischen Weinreben weiterführt. Nach wenigen 100 Metern nähert sich diese Straße dem Fluss Sarca, wo ein weiterer Weg direkt zum Fluss führt (grüne Schranke). Dort befinden sich einige wenige Parkplätze. Fährt man etwas weiter, kommt man zu einem großen Schotterplatz, der sich allerdings auf dem Privatgelände eines ehemaligen Steinbruchs befindet.

N° 44

3	4	5a	+	5b	+	5c	+	6a	+	6b	+	6c	+	7a	+	7b	+	7c	+	8a	+	8b	+	8c	+	9a	+
0	0	1	0	1	0	2	0	5	0	4	6	1	5	4	4	6	2	1	0	0	0	0	0	0	0	0	0

N E S W

| JAN | FEB | MÄR | APR | MAI | JUN | JUL | AUG | SEP | OKT | NOV | DEZ |

Zustieg

Vom großen Parkplatz wandert man etwa 200 Meter zurück, wo ein mit Steinmännchen gekennzeichneter Weg gerade nach oben führt. Bei den ersten Felsen angekommen den linken Weg einschlagen, um nach einigen Metern den Klettergarten zu erreichen.

Besonderheiten

Da es in der Umgebung mehrere Klettergärten gibt, sind auch entsprechend viele Zustiege vorzufinden. Unbedingt darauf achten, den richtigen Zustieg zu wählen, um nicht in einem anderen Klettergarten zu landen.

Sektor A

	Route	Grad	Meter
1	Sarner Maus	5a	10
2	Don Juan	5b	10
3	Carlos	6a	10
4	Solero	6a	15
5	Cookie snack	6b	15
6	Ice tea	6b+	15
7	Liuk	6b	15
8	Calippo	6a	18
9	Freddolone	6b+	15
10	Cremino	6b	20
11	Camillino	6b+	20
12	Cornetto	6c	23
13	Magnum	7a	23
14	Cucciolone	7b	24
15	project	N.N.	N.N.
16	Bikini	7b	24
17	Blob	7b+	12
18	Winner	7b	24
19	Croccante	5c	20
20	Coppa del nonno	6c+	24
21	Eldorado	6b+	18
22	Lemonissimo	7b+	25
23	Timoty Learly	7b	25
24	Boom	7a+	25

Sektor B

	Route	Grad	Meter
1	Estremi rimedi	6c+	25
2	Goo	7a	25
3	Corriera barallina	7a+	25
4	Ogni limite ha una pazienza	6c+	25
5	Lampo di fulmine	6b+	25
6	Uccidi i tuoi idoli	7c	25
7	By pass	7b	25
8	Ciò l'soffio	7a+	25
9	Severance	7a	23
10	Non mi conta il torno	7b	25

	Route	Grad	Meter
11	Maestro tappo	7a+	20
12	Vita da corridoio	6c+	22
13	Spavaldo	6b+	22
14	Piume di struzzo	6a	23
15	Vaselina	6a	25
16	Il terzo sesso	6b	16
17	La commedia umana	6c+	25
18	Tu mi pungi	5c	13
19	N.N.	N.N.	13
20	Il ruggito del leone	7a	25

Manuel Senettin in Giardino di Nato

Foto: Vertical-Life

2.5 Athos

★★★★☆

Sarche

430m 20min Kalk P ★★★

Dieser recht neue Klettergarten liegt genau oberhalb von Sisyphos. Durch die orange Färbung des Gesteins, wo auch die interessantesten Routen verlaufen, ist der Fels bereits von der Straße aus gut erkennbar. Der Zustieg ist zwar etwas lang und der Wandfuß klein, wer das aber in Kauf nimmt, wird auf jeden Fall belohnt.

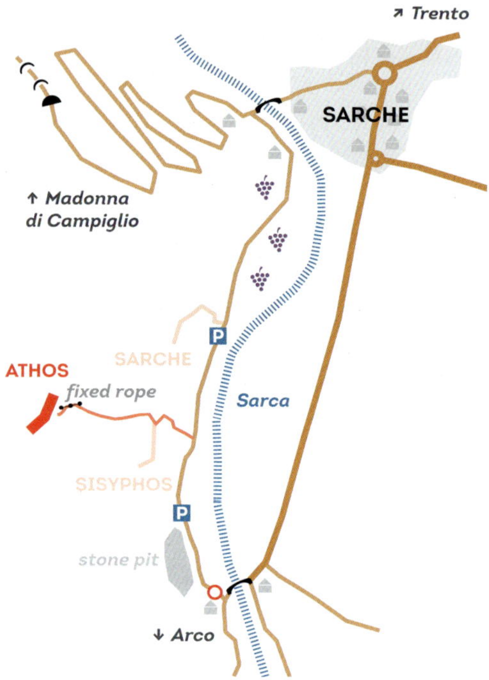

Anfahrt

Von Arco Richtung Trient/Sarche fahren. In Sarche angekommen, biegt man in Richtung Madonna di Campiglio ab und folgt dieser Straße bis zur Überquerung einer Brücke. Gleich danach scharf links abbiegen in eine Nebenstraße (Via Rauten). Die Via Rauten ist anfangs asphaltiert und führt dann auf einer Schotterstraße zwischen Weinreben weiter. Nach wenigen 100 Metern nähert sich die Straße dem Fluss Sarca, wo ein weiterer Weg direkt zum Fluss führt (grüne Schranke). Dort befinden sich einige wenige Parkplätze. Man kann noch etwas weiter fahren und auf einem großen Schotterplatz parken, der sich allerdings auf dem Privatgelände eines ehemaligen Steinbruchs befindet.

N° 21

3	4	5a	+	5b	+	5c	+	6a	+	6b	+	6c	+	7a	+	7b	+	7c	+	8a	+	8b	+	8c	+	9a	+
0	0	0	0	0	0	0	0	0	1	0	2	0	1	2	1	3	2	1	1	0	0	0	0	0	0	0	0

N W E S

| JAN | FEB | **MÄR** | **APR** | **MAI** | JUN | JUL | AUG | **SEP** | **OKT** | NOV | DEZ |

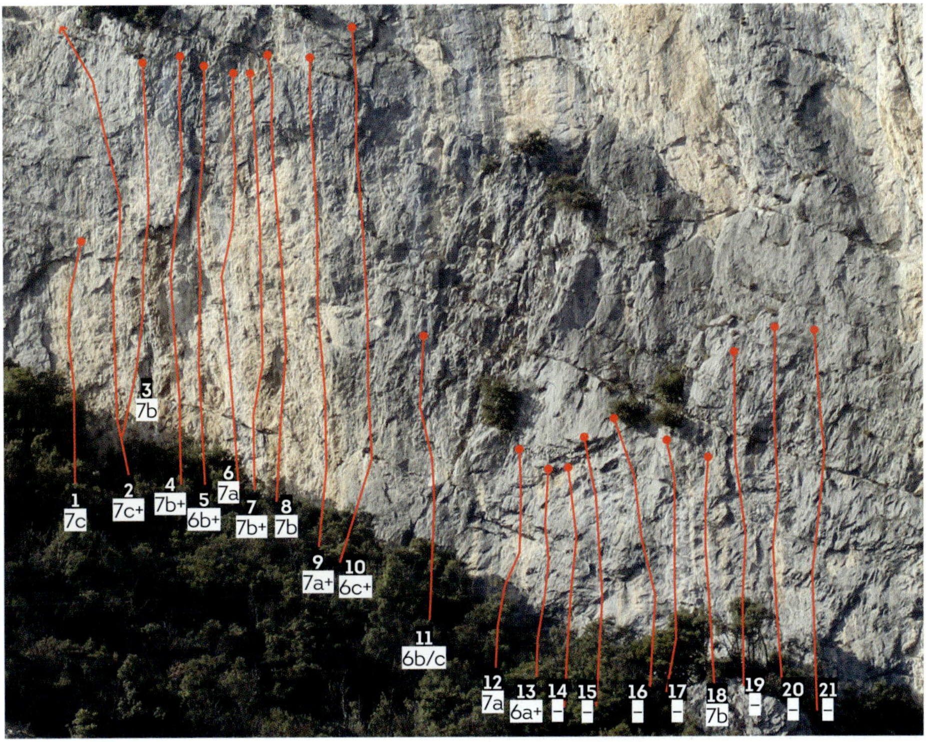

Zustieg

Vom großen Parkplatz auf der Straße wieder etwas zurückgehen. Nach etwa 200 Metern führt ein mit Steinmännchen gekennzeichneter Weg aufwärts. Bei den ersten Felsen angekommen, teilt sich der Weg. Dem rechten Pfad und den rot-weißen Markierungen folgen, wobei man gelegentlich auf Fixseile trifft. Da sich genau darunter der Klettergarten Sisyphos befindet, beim Auf- und Abstieg unbedingt auf Steine achten, die sich am Weg lösen können.

	Route	Grad	Meter
1	Il rancoroso	7c	15 m.
2	Napule	7c+	160 m.
3	L'ultimo volo	7b	30 m.
4	L'uva d'inverno	7b+	30 m.
5	Gabry	6b+	N.N.

	Route	Grad	Meter
6	Il bacio di giuda	7a	32 m.
7	L'ombra che ti segue	7b+	33 m.
8	L'ultimo dei miei cani	7b	33 m.
9	Uomini soli	7a+	33 m.
10	Occhi nella polvere	6c+	33 m.
11	Il mito di Mithra	6b/c	12 m.
12	L'affittacamere	7a	12 m.
13	L'insulto	6a+	12 m.
14	N.N	N.N	12m.
15	Nectar	N.N	12 m.
16	Rosso Toblino	N.N	12 m.
17	N.N	N.N	12 m.
18	I giorni della Merla	7b	12 m.
19	Il dono	N.N	14 m.
20	N.N	N.N	14 m.
21	N.N	N.N	14 m.

2.6 Sarche

★★★☆☆

Sarche

280m | 5min | Kalk | P ★★★

Der Klettergarten Sarche befindet sich etwas oberhalb des Flusses Sarca. Er ist in drei Sektoren aufgeteilt und bietet schöne, leider aber nur wenige Routen. Aus diesem Grund zählt er zu den ruhigeren Klettergärten rund um Arco.

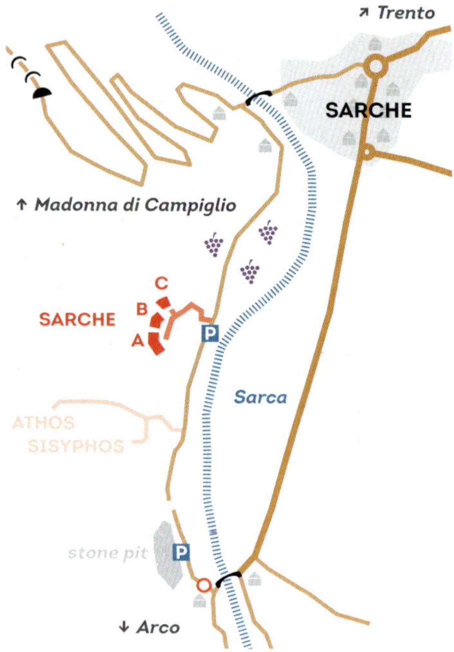

Anfahrt

Von Arco Richtung Trient/Sarche. In Sarche angekommen, Richtung Madonna di Campiglio abbiegen und dieser Straße folgen, bis man eine Brücke überquert. Gleich anschließend scharf links in eine Nebenstraße (Via Rauten) einbiegen. Die Via Rauten ist anfangs asphaltiert und führt dann auf einer Schotterstraße zwischen Weinreben weiter. Nach wenigen 100 Metern nähert sich diese Straße dem Fluss Sarca, wo ein weiterer Weg direkt zum Fluss führt (grüne Schranke). Dort befinden sich einige wenige Parkplätze.
Etwas weiter liegt ein größerer Parkplatz, der sich allerdings auf dem Privatgrund eines ehemaligen Steinbruchs befindet.

Zustieg

Vom ersten Parkplatz etwa 50 Meter zurückgehen bis zu einem kleinen Steinmännchen am linken Straßenrand. Von hier führt ein schmaler Weg in den Wald hoch bis zu den Sektoren.

N° 21

3	4	5a	+	5b	+	5c	+	6a	+	6b	+	6c	+	7a	+	7b	+	7c	+	8a	+	8b	+	8c	+	9a	+
0	0	0	0	0	0	1	0	2	2	3	4	2	0	1	2	1	1	0	0	0	0	0	0	0	0	0	0

N W E S

| JAN | FEB | MÄR | APR | MAI | JUN | JUL | AUG | SEP | OKT | NOV | DEZ |

Sektor A

	Route	Grad	Meter
1	Avvicinamento	5c	18
2	Holiman	6b	18
3	Matrix	6b+	25
4	Bigoli con ceci	?	25
5	Ginetto e Cesarino	7a+	25
6	Pseudomonas	?	25
7	Vacuum	6a+	25

Sektor B

	Route	Grad	Meter
1	Tremendissima mulatta	6c	20
2	Parli come badi	6c	20
3	Faletti in love	7b+	27
4	Collaudatore di Viagra	7a+	30
5	Nuntereggae più	7a	30
6	Spendi Spandi Offendi	6b	18

Sektor C

	Route	Grad	Meter
1	Pedro papà	6a+	20
2	Monkey island	6a	18
3	Zombie Le Chuck	6a	15
4	Totò Camen	6b+	15
5	Cà n'sciun è fess	6b	13
6	Sonstanco	6b+	13
7	Sonstufo	6b+	13
8	Pappa e Ciccia	7b	13

2.7 La Panoramica

Sarche

★★★★★

350m | 10min | Kalk | P ★★★

Der Name des Klettergartens La Panoramica ist Programm: Die Aussicht von hier ist beeindruckend. Zudem ist Kletterei an bestem Fels garantiert und verspricht ein echtes Highlight. Der einzige Nachteil dieser Wand ist der spärliche Platz zum Sichern. Vor allem die Routen auf der rechten Seite sind davon betroffen (Fixseil an der Wand).

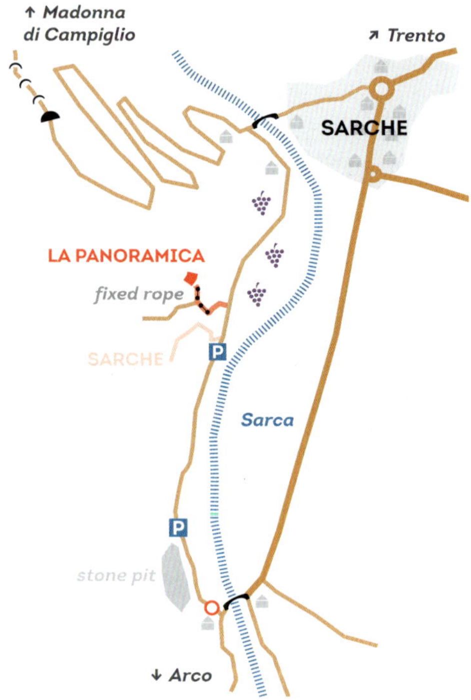

Anfahrt

Von Arco Richtung Trient/Sarche fahren. In Sarche angekommen, biegt man in Richtung Madonna di Campiglio ab und fährt diese Straße weiter bis zur Überquerung einer Brücke. Gleich danach scharf nach links in eine Nebenstraße (Via Rauten) einbiegen. Die Via Rauten ist anfangs asphaltiert und führt dann auf einer Schotterstraße zwischen Weinreben weiter. Nach wenigen 100 Metern nähert sich die Straße dem Fluss Sarca, wo ein weiterer Weg direkt zum Fluss führt (grüne Schranke). Hier befinden sich einige wenige Parkplätze. Man könnte auch noch etwas weiter zu einem größeren Parkplatz fahren, der sich allerdings auf dem Privatgrund eines ehemaligen Steinbruchs befindet.

N° 19

3	4	5a	+	5b	+	5c	+	6a	+	6b	+	6c	+	7a	+	7b	+	7c	+	8a	+	8b	+	8c	+	9a	+
0	0	0	0	0	0	0	0	0	3	1	3	2	2	3	1	2	1	0	0	0	0	0	0	0	0	0	0

N W E S

| JAN | FEB | **MÄR** | **APR** | **MAI** | JUN | JUL | AUG | **SEP** | **OKT** | NOV | DEZ |

Zustieg

Vom ersten Parkplatz etwa hundert Meter die Straße zurückgehen. Auf der linken Seite beginnt ein Pfad (Steinmännchen). Dieser führt steil nach oben bis zu den ersten Felsen, an denen der Weg mit einem Fixseil gesichert ist. Dem Seil bis zum Ende folgen, anschließend einige Meter auf einem gewöhnlichen Steig weiter und schließlich über ein zweites Fixseil direkt zum Klettergarten.

Besonderheiten

Da es in der Umgebung zahlreiche Klettergärten gibt, sind auch entsprechend viele Zustiege vorzufinden. Man sollte unbedingt darauf achten, den richtigen Weg zu wählen, um nicht in einem anderen Klettergarten zu landen.

	Route	Grad	Meter
1	Messa a fuoco	6a+	23
2	Ovetto XA2	6b+	28
3	Fotocolor	6b+	28
4	Diaframma	6b	28
5	Infinito	6b+	30
6	Obiettivo	6c+	30
7	Zoom	7a	34
8	Grandangolo	6c+	34
9	Flash	6c	34
10	Profondità di campo	7b	34
11	Controluce (Project)	N.N.	N.N.
12	Autoscatto	6a+	25
13	Esposimetro	6a+	25
14	Ottiche	6c	18
15	Prisma	7b+	24
16	Filtri	7b	24
17	Fisheye	7a	24
18	Polarizzatore	7a+	24
19	50 mm	7a	28

2.8 Babilonia

★★★★☆

Sarche

340m | 15min | Kalk | P ★★★

Der Klettergarten Babilonia befindet sich etwas oberhalb der Ortschaft Sarche, direkt am Fuße der mächtigen Wand des Piccolo Dain. Die Wand ist vorwiegend senkrecht. Die Routen sind sehr lang, deshalb ist ein siebzig Meter langes Seil zu empfehlen.

Anfahrt

Von Arco Richtung Trient/Sarche fahren. Im Dorf Sarche nach links in Richtung Madonna di Campiglio abbiegen und gleich anschließend nach rechts eine kleine Straße hinauffahren (gegenüber der Tankstelle). Unmittelbar neben dem Gebäude mit einem mit Solarplatten bedeckten Dach (Boccia-Bahn), kann geparkt werden.

N°
19

3	4	5a	+	5b	+	5c	+	6a	+	6b	+	6c	+	7a	+	7b	+	7c	+	8a	+	8b	+	8c	+	9a	+
0	0	0	0	0	0	0	0	0	0	0	1	3	2	4	3	3	2	0	0	0	0	0	0	0	0	0	0

| JAN | FEB | **MÄR** | **APR** | **MAI** | JUN | JUL | AUG | **SEP** | **OKT** | NOV | DEZ |

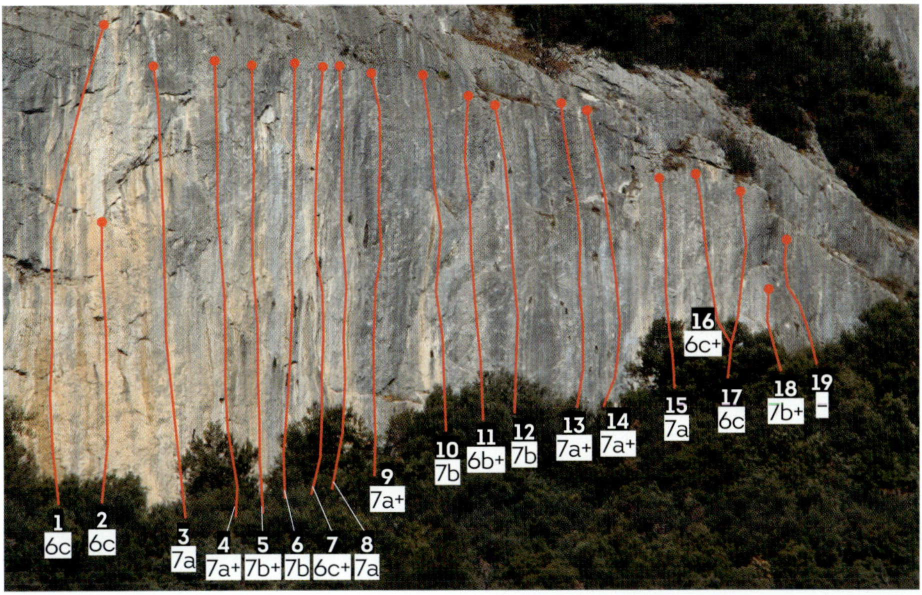

Zustieg

Hinter dem Gebäude einem Weg nach oben folgen, der rechts zu einem Olivenhain führt. Bei den Olivenbäumen befindet sich ein Gartentor, dort links und anschließend rechts hinaufgehen. Anschließend Immer weiter den flachen Weg entlang, bis auf der linken Seite ein kleiner Steig abzweigt (Schild: Sarche/roter Punkt auf Baum). Dem steilen Pfad folgen und auch bei der nächsten Wegkreuzung geradeaus weiter gehen. Nach einiger Zeit weist ein Steinmännchen auf einen Weg zur Linken hin, der direkt zum Klettergarten führt.

Besonderheiten

An Wochenenden und in der Hochsaison wird der oberhalb der Kletterfelsen gelegene Wanderweg häufig begangen, was Steinschlaggefahr mit sich bringt.

	Route	Grad	Meter
1	Lap dance	6c	32
2	Corto metraggio	6c	32
3	Make your self	7a	32
4	Pulp fiction	7a+	32
5	Narnia	7b+	32
6	Legge Fini	7b	32
7	Di qua di e di lá	6c+	32
8	X-men	7a	32
9	Falange armata	7a+	32
10	Traffic	7b	30
11	La iena	6b+	32
12	Atleti del tubo	7b	32
13	Urukai	7a+	25
14	Natural help	7a	25
15	Mister No	7a	23
16	Wolverine	6c+	25
17	La Mattanza	6c	25
18	Prince of Slovenia	7b+	15
19	N.N.	N.N.	20

2.9 Il Posto delle Fragole

★★★★☆

Sarche

480m | 12min | Kalk | P ★★★

Il Posto delle Fragole lockt mit seiner phantastischen Aussicht auf das Sarcatal und mit einem Tiefblick auf den Fluss Sarca. Der ausgesetzte Klettergarten mit vorwiegend leichten Routen liegt direkt oberhalb vom Muro dei Meridiani. Daher ist etwas Vorsicht geboten, um keine Steine loszutreten.

Anfahrt

Von Arco Richtung Trient/Sarche fahren. In Sarche links nach Madonna di Campigilo abbiegen und dieser Straße bis zur Kehre Nr. 1 vor einem Tunnel folgen. Dort befindet sich ein Parkplatz auf der rechten Seite.

Zustieg

Beim Parkplatz in der Kehre zunächst die Straße überqueren und über die Leitplanken steigen. Dort beginnt ein Weg (127), welcher nach Sarche führt (Wegweiser). Diesem folgen und nach etwa 80 Metern rechts auf einen kleinen Steig abzweigen. Viele kleine Steinmännchen markieren den Pfad. Nach einigen Gehminuten kommt man um eine Linkskurve, von der aus der eindrucksvolle Piccolo Dain zu sehen ist. Nach ca. zehn Minuten erreicht man schließlich den höchsten Punkt und steigt mit Hilfe eines Fixseiles zum Klettergarten hinab.

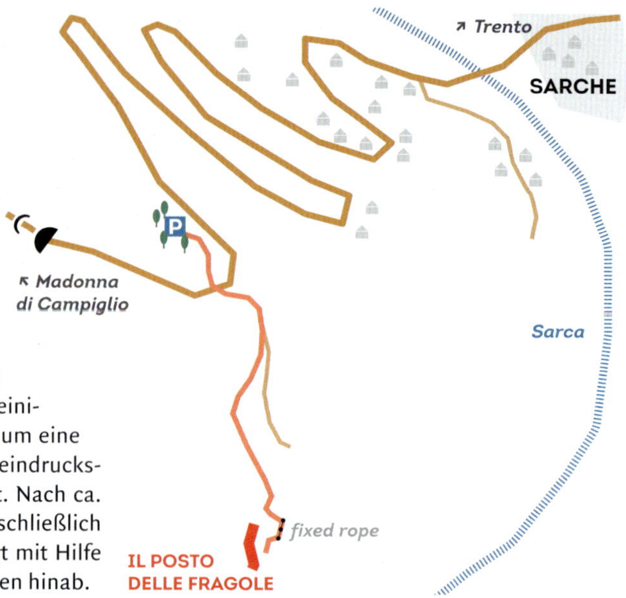

N° 13

3	4	5a	+	5b	+	5c	+	6a	+	6b	+	6c	+	7a	+	7b	+	7c	+	8a	+	8b	+	8c	+	9a	+
0	0	0	0	0	0	0	0	0	2	5	2	1	2	0	0	0	0	0	0	0	0	0	0	0	0	0	0

| JAN | FEB | **MÄR** | **APR** | **MAI** | JUN | JUL | AUG | **SEP** | **OKT** | NOV | DEZ |

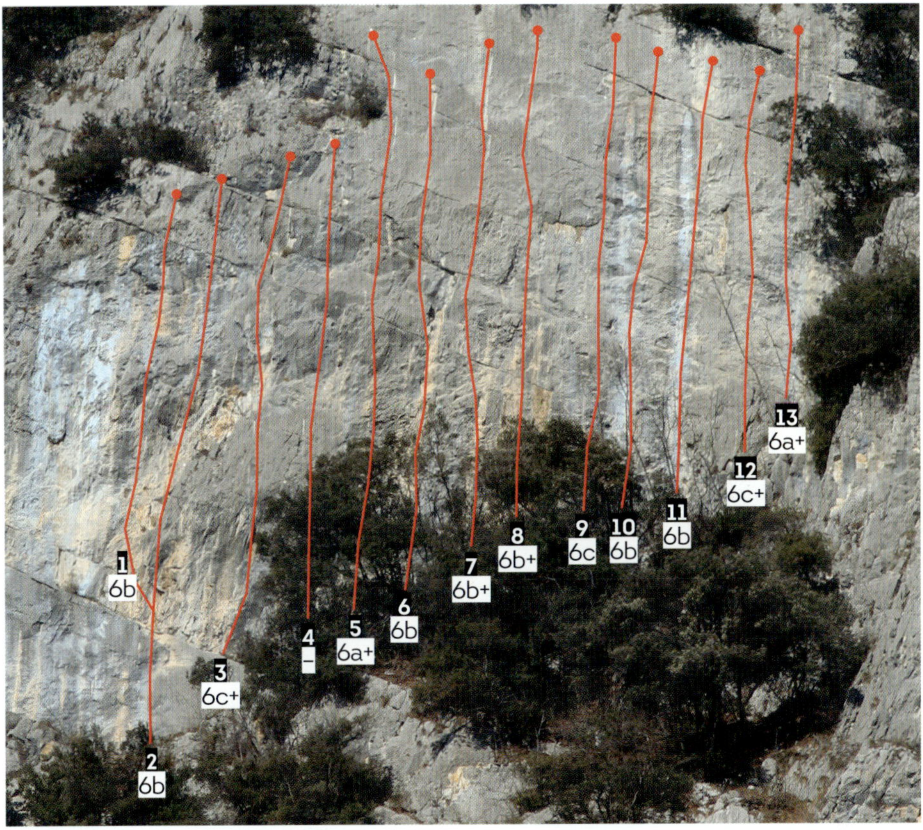

	Route	Grad	Meter
1	Colon ascendente	6b	20
2	Goodbye Lenin	6b	20
3	Art attak	6c+	18
4	Osmosi	N.N.	18
5	Sex for one	6a+	18
6	Agent orange	6b	18
7	Effetto notte	6b+	18
8	Orizzonti perduti	6b+	18
9	Il posto delle fragole	6c	18
10	Anatema	6b	18
11	Funky town	6b	18
12	Gang Bang	6c+	18
13	Cloaca massima	6a+	16

2.10 Limarock

★★★★☆ **Sarche**

450m | 5min | Kalk | P ★★★

Limarock ist ein kleiner Klettergarten, der sich auf der alten Straße in die Judikarien befindet. Heute ist diese Straße ein Fahrradweg. Es handelt sich, im Gegensatz zu den anliegenden Felsen, um eine kompakte Felswand, die Kletterei in bestem Kalk bietet. Es sind nur wenige, meist schwierige Routen vorhanden, aber dank der überaus günstigen Ausrichtung ist es hier auch möglich, an heißen Tagen zu klettern.

Anfahrt

Von Arco Richtung Trient/Sarche fahren. In Sarche links nach Madonna di Campigilo abbiegen. Die Straße über mehrere Kehren hochfahren und die ersten drei Tunnel hinter sich lassen. Kurz nach dem dritten und vor dem vierten Tunnel befindet sich auf der linken Seite ein schöner Platz, wo man parken kann.

Zustieg

Die Straße überqueren und den Fahrradweg auf der linken Seite entlanggehen, bis man gleich danach beim Klettergarten ankommt.

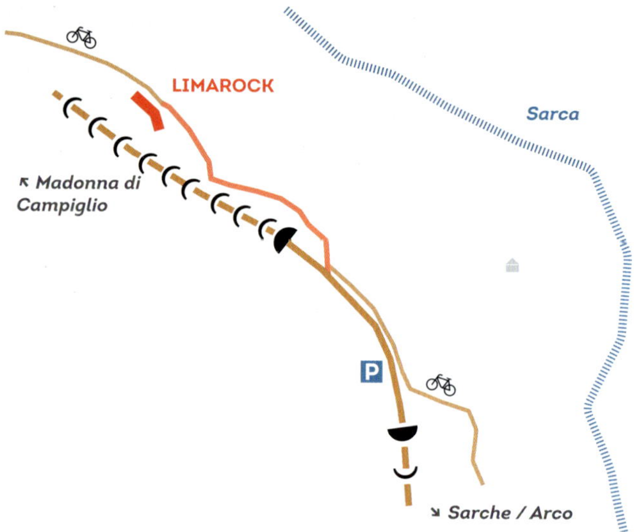

N°
11

3	4	5a	+	5b	+	5c	+	6a	+	6b	+	6c	+	7a	+	7b	+	7c	+	8a	+	8b	+	8c	+	9a	+
0	0	0	0	0	0	0	0	0	1	0	0	0	1	0	1	0	2	1	2	2	0	0	0	0	0	0	0

N W E S

| JAN | FEB | MÄR | **APR** | **MAI** | **JUN** | **JUL** | **AUG** | **SEP** | OKT | NOV | DEZ |

	Route	Grad	Meter
1	N.N.	N.N.	17
2	Attwenger sun	8a	17
3	Cren	7c+	20
4	Gollum	8a	18
5	Omar	6c+	25
6	Pop quiz	7c+	25
7	Bella mossa	7b+	28
8	Acacia	6a+	25
9	Moka	7a+	25
10	Helter skelter	7b+	25
11	Mobbing	7c	20

2.11 Bassilandia

★★★★★ **Sarche**

350m 10min Kalk P ★★

Dieser Klettergarten ist eine echte Perle unter den Klettergebieten rund um Sarche. Er bietet ein atemberaubendes Panorama über den Tobliner See und hinunter ins Tal bis nach Pietramurata. Die Routen bewegen sich im mittleren bis hohen Schwierigkeitsgrad und bieten Kletterei vom Feinsten.

Zustieg

Vom ersten Parkplatz führt ein Weg im Zickzack zwischen den Schutzvorrichtungen aufwärts. Dieser kreuzt nach wenigen Minuten einen flachen Weg, dem man nach rechts folgt (rote Markierungen an Bäumen). Nach etwa 100 Metern links einen etwas schwer ersichtlichen Pfad einschlagen, der direkt zum Klettergarten führt.

Anfahrt

Von Arco Richtung Trient/Sarche fahren. Kurz nach dem Dorf Sarche und gleich nach Beginn des Tobliner Sees befindet sich auf der linken Straßenseite eine Parkbucht mit darüber liegender Schutzvorrichtung gegen Steinschlag. Entweder hier oder in der nächsten, unmittelbar folgenden Parkbucht parken.

N° 59

3	4	5a	+	5b	+	5c	+	6a	+	6b	+	6c	+	7a	+	7b	+	7c	+	8a	+	8b	+	8c	+	9a	+
0	0	0	0	0	0	0	0	1	1	0	3	1	6	8	7	7	2	8	6	4	1	0	1	0	0	0	0

| JAN | FEB | MÄR | APR | MAI | JUN | JUL | AUG | SEP | OKT | NOV | DEZ |

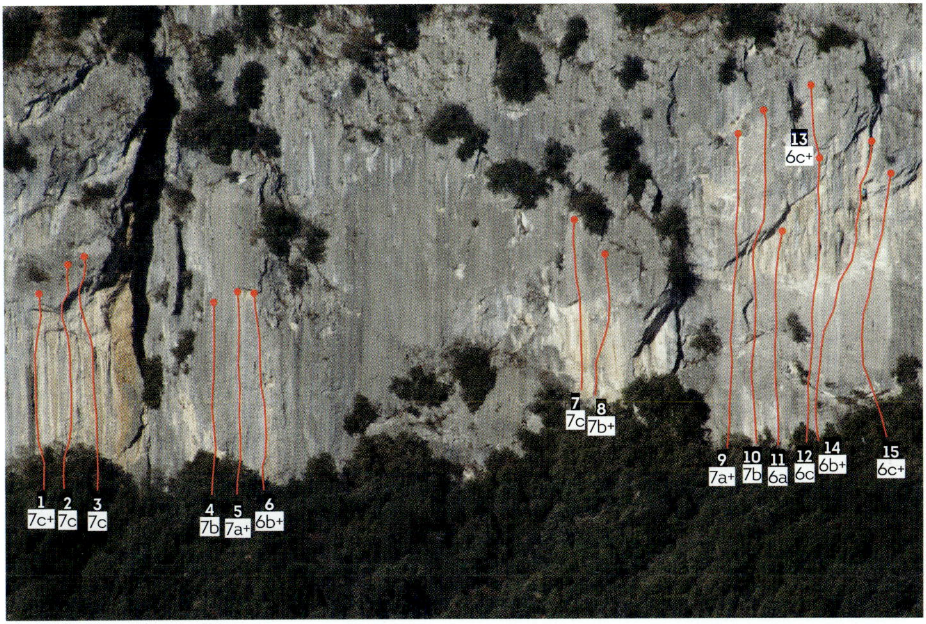

Sektor A

	Route	Grad	Meter
1	El gordo	7c+	22
2	El flaco	7c	22
3	L'abuelito	7c	22
4	Ophelia	7b	20
5	Marcos	7a+	20
6	Nebraska	6b+	20
7	Arancicchia	7c	23
8	Micro Cip	7b+	20

	Route	Grad	Meter
9	Polifemo	7a+	34
10	Occaso	7b	35
11	Fragolina	6a	23
12	Le colonne d'ercole	6c	31
13	Nec plus ultra	6c+	9
14	Machine à grimper	6b+	33
15	Tobia-Rá	6c+	30

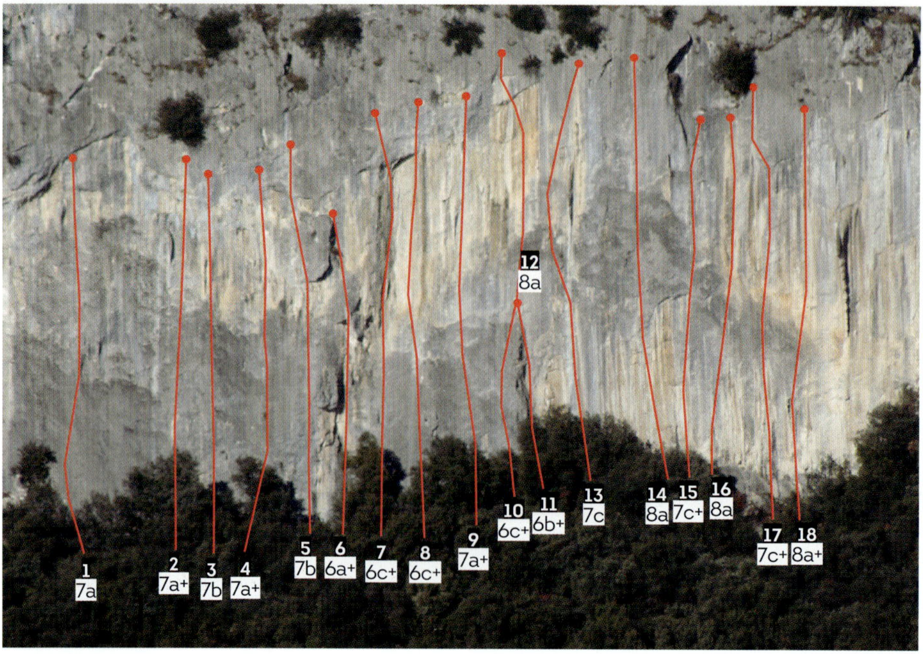

Sektor B

	Route	Grad	Meter
1	Kirkuk	7a	25
2	I Gag men	7a+	25
3	Anathema	7b	25
4	Phoenix	7a+	25
5	X pile	7b	25
6	6 Marzo	6a+	18
7	Adalpina	6c+	25
8	Sapori di lagolo	6c+	25
9	Su e giù	7a+	28

	Route	Grad	Meter
10	Il patto	6c+	15
11	Nix is nicht (1st pitch)	6b+	15
12	Nix is nicht (2nd pitch)	8a	30
13	Frisco	7c	32
14	Cerutti Gino	8a	30
15	Tsunami	7c+	28
16	Mohammed califfa	8a	28
17	E chiove	7c+	28
18	L'andalopiteco	8a+	28

Sektor C

	Route	Grad	Meter
1	Extra terrestre	7a	20
2	Extra terrestre plus	7c+	8
3	Will coyote	6c+	20
4	Da zanca a zanca	7c	27
5	Pkk	8b+	27
6	Bod pa	7c	25
7	Goganga	7c	26
8	Il signor G	7c	26
9	Qui resting	7c+	20
10	Quo vadis	7b	18
11	Sudoku	8a	27
12	Compagnero	8b	27
13	Diedrin voll	7b+	25

	Route	Grad	Meter
14	Messico e nuvole	7a	27
15	Ask the dust	8a	28
16	Guido sul muschio	8a	25
17	Cucciolo d'uomo	7a	25
18	Il mare calmo	7a	27
19	Mad Wadl	7c+	27
20	Trutta bianca blu	7b	27
21	Giamaica	7a+	25
22	Tim	7a+	23
23	Gong-ho	7b	22
24	Brillantina	7a	20
25	Novecento	7a	20
26	Crotalo Wall	7a	20

Hanspeter Eisendle an den Sintern von Bassilandia

Foto: Ulla Lohmann

2.12 La Gola

★★★★☆

Sarche

325m | 15min | Kalk | P ★★★

Die Geschichte von La Gola reicht weit zurück. Bereits vor mehreren Jahrzehnten haben Roberto Bassi und Heinz Mariacher das Potenzial dieser Schlucht erkannt und die ersten Routen eingebohrt. Das Klima vor Ort ist einzigartig: Verschiedenste Pflanzen gedeihen unter optimalen Bedingungen. Durch die günstige Lage in der Schlucht kann hier auch an heißen Tagen geklettert werden. Ein guter Tip, wenn es im nahe gelegenen Klettergarten Bassilandia zu warm ist.

Anfahrt

Von Arco Richtung Trient/Sarche. Kurz nach der Ortschaft Sarche, auf der Höhe des Tobliner Sees, befinden sich links zwei Parkbuchten (Parkplatz für Bassilandia). Große Fahrzeuge am besten in der zweiten abgestellen. Mit kleineren Autos kann man auch noch etwas weiter fahren und gegenüber des Tobliner Schlosses links in eine Allee einbiegen. Nach einigen hundert Metern auf der Schotterstraße sind mehrere kleine Parkplätze.

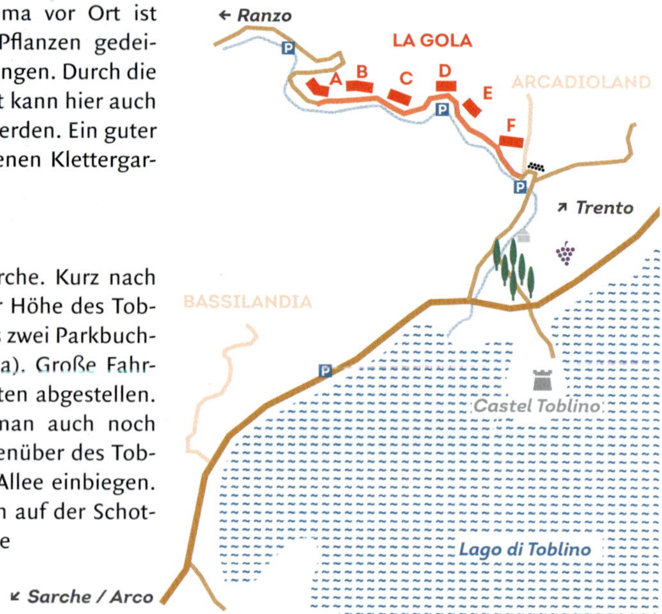

N° 86

3	4	5a	+	5b	+	5c	+	6a	+	6b	+	6c	+	7a	+	7b	+	7c	+	8a	+	8b	+	8c	+	9a	+
0	0	0	0	0	0	3	0	6	1	10	2	3	10	9	6	7	8	5	2	2	4	1	0	0	0	0	0

N W E S

| JAN | FEB | MÄR | **APR** | **MAI** | **JUN** | JUL | AUG | **SEP** | **OKT** | NOV | DEZ |

Zustieg

Vom Parklatz auf der Höhe des Sees die Straße überqueren und einem Weg neben dem See bis zum Tobliner Schloss folgen. Gegenüber vom Schloss führt eine Schotterstraße durch eine Allee, welcher man bis in die Schlucht hinein folgt. Zuerst trifft man auf den Sektor F. Alle weiteren Sektoren folgen unmittelbar danach.

Vom zweiten Parkplatz aus aus sind es nur mehr einige Minuten zu Fuß zum Klettergarten.

Sektor A - Il tornante

	Route	Grad	Meter
1	Diedro Turri	6b	15
2	Shira	7b+	18
3	Bagigi	5c	20
4	Gamba di Legno	6a	20
5	Zio Tibia	6b	20
6	Dilettanti allo Sbaraglio	7a	20
7	Please	6b	20
8	Gianni e pinoli	6a	22
9	Dottor livore	6b+	24
10	Paccoman	6a	25
11	Menefotto	7b	20
12	Globus mundi	6a	24
13	India	7a	24
14	India Plus	7b	24
15	Prajnaparamita	6b	24
16	Om	6b+	24
17	Diedro Armani	5c	25
18	Peppone	6c+	22
19	Don Camillo	7a	23

Sektor B1 - Guard-rail

	Route	Grad	Meter
1	Tursen	7c	25
2	007	7c	25
3	Hollenganda	7a	25
4	Zapata	6c+	25
5	Hello Debby	7a	25
6	Lische di banana	7a+	25

	Route	Grad	Meter
7	Calipso	6a	25
8	Impedita	7c	20
9	Futura	8a+	18
10	Rulette russa	7a	26
11	Ercolino	6c	26

Sektor B2 - Guard-rail

	Route	Grad	Meter
12	Goluase	6c+	26
13	Tintarella di Luna	6b	15
14	Tintarella di luna (2nd pitch)	7b+	20
15	Bijoux	7b	25
16	Gotica	6c+	25
17	Marmellata	7b+	23

	Route	Grad	Meter
18	Supervecchia	7c	23
19	Engram	7b+	22
20	Ichnusa	6c+	21
21	Morbillo	6b	20
22	Coltello selvaggio	6c+	20

Sektor B2 - Guard-rail

	Route	Grad	Meter
23	Entropia	6c	10
24	N.N.	7a	10
25	N.N.	7b+	10

Sektor C - Il castello

	Route	Grad	Meter
1	Rapsody in blue	6a	18
2	Rapsody in blue (2nd pitch)	7a+	20
3	Tendinite	7b	20
4	Dollari e Paperi	6b	20
5	Dollari e Paperi (2nd pitch)	7b	16
6	Capitan Cliff	7b+	20
7	Sex Climb	6c+	18
8	Calamity Jane	7b	20
9	Progetto di Roberto Bassi	N.N.	18
10	Mujado	6a+	15
11	Mujado (2nd pitch)	8b	25
12	N.N.	N.N.	40
13	La Sfinge	6c+	15
14	La Sfinge (2nd pitch)	8a	22
15	N.N.	N.N.	15
16	African Reggae	7a+	15
17	African Reggae (2nd pitch)	8a+	20
18	N.N.	N.N.	15
19	N.N.	N.N.	15

Sektor D - Il giardino

	Route	Grad	Meter
1	La vendetta di Robinson	6c+	15
2	Hinghway to Hell	7a+	18
3	Needless and Pain	6b	20
4	Il Panzone	7a	18
5	Aloha	6b	20
6	Il Nonno Ciclista	6b	20
7	Ciuffetto magico	7a	16
8	Spigolo Pendente	7b+	15
9	Passeggiata nel Giardino di Rosa	6c	15
10	Pedro Assente	5c	15

Sektor E - La casa del piacere

	Route	Grad	Meter
1	Resting direct	7c+	25
2	Resting	7b+	25
3	Rain man	8a+	40
4	Rain man direct	8a+	40
5	Destino Fatale	8a	20
6	Neurotica	7c	20

	Route	Grad	Meter
7	Danza Macabra	7a+	2
8	Hey Joe	7a+	18
9	Night club	7b	18
10	Relax	6c+	18
11	Mister Monkey	7c+	14

Sektor F (kein Topo)

	Route	Grad	Meter
1	N.N.	N.N.	20
2	N.N.	N.N.	20

Bergner

Das Tobliner Schloss

Foto: Vertical-Life

2.13 Arcadioland

★★★☆☆ **Sarche**

350m 15min Kalk P ★★

Der relativ kleine Klettergarten Arcadioland befindet sich in der Nähe von La Gola und liegt direkt neben Pezzent Area. Arcadioland zeichnet sich durch seine ruhige Lage im Wald aus. Das Gebiet eignet sich recht gut für leicht Fortgeschrittene, da es mehrere Routen im Bereich 6a gibt.

Anfahrt

Von Arco Richtung Trient bis nach Sarche fahren. Da es keinen eigens für diesen Klettergarten vorgesehenen Parkplatz gibt, stellt man sein Auto am besten zwischen Sarche und dem Tobliner Schloss am linken Straßenrand ab. Am besten die Parkbucht kurz vor dem Schloss benutzen. Es ist derselbe Stellplatz wie auch für den Klettergarten Bassilandia.

Zustieg

Vom ersten Parkplatz aus die Hauptstraße überqueren und am See entlang bis zum Tobliner Schloss gehen. Genau gegenüber dem Schloss führt eine kleine Schotterstraße durch eine Allee, wobei man erneut die Straße überqueren muss. Dem Weg weiter folgen, an einem großen, alten Haus vorbei bis man zur ersten Kehre kommt. In der folgenden Rechtskurve nach der Kehre beginnt auf der rechten Seite ein steiniger Pfad Richtung Wald. Diesem Pfad bis zum Klettergarten folgen.

N° 19

3	4	5a	+	5b	+	5c	+	6a	+	6b	+	6c	+	7a	+	7b	+	7c	+	8a	+	8b	+	8c	+	9a	+
0	0	0	0	0	0	5	1	3	5	2	1	0	0	0	2	0	0	0	0	0	0	0	0	0	0	0	0

N W E S

| JAN | FEB | MÄR | APR | MAI | JUN | JUL | AUG | SEP | OKT | NOV | DEZ |

Ali in Red Hants (6a) in Arcadioland

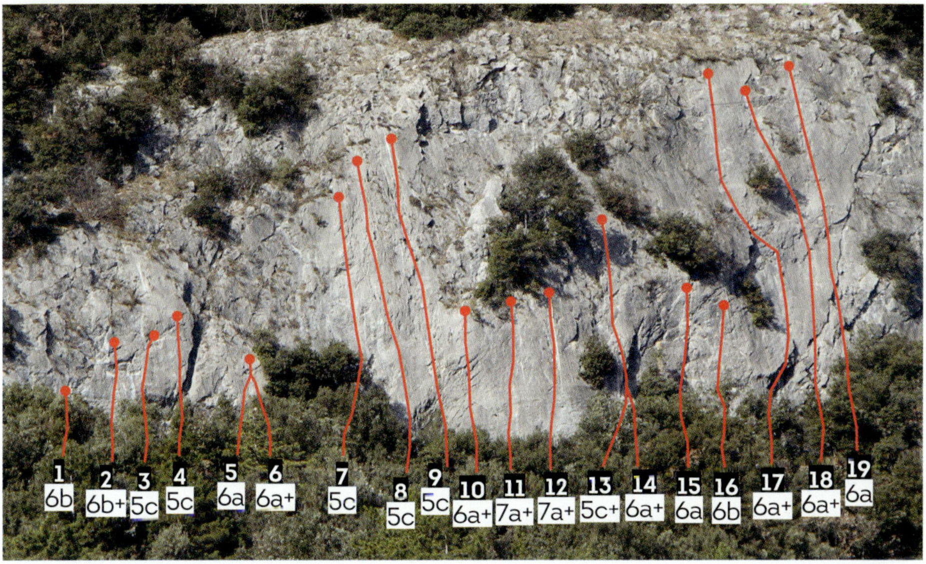

	Route	Grad	Meter
1	Forst Club	6b	8
2	N.N.	6b+	14
3	Send Crag	5c	14
4	Ayutti tutti	5c	16
5	Ladri di grasso	6a	14
6	Pance grosse	6a+	14
7	Una rosa in mezzo al...	5c	28
8	Basloc	5c	30
9	Micla	5c	28
10	Lavast'oviglia	6a+	18

	Route	Grad	Meter
11	Criticatutto	7a+	18
12	L'Africano	7a+	20
13	La variante	5c+	23
14	Brunello Marino	6a+	25
15	Red Hants	6a	20
16	Cellular bog	6b	20
17	Arcadioland	6a+	30
18	Serpenti volanti	6a+	30
19	Votantonio	6a	30

2.14 Pezzent Area

★★★☆☆ **Sarche**

350m | 15min | Kalk | P ★★

Der Klettergarten Pezzent Area befindet sich oberhalb des Tobliner Sees und nur wenige Meter neben Arcadioland. Beide zusammen sind die Nachbarn eines der historischsten Klettergebiete um Arco, La Gola. Jedoch sind sie im Gegensatz zu La Gola deutlich günstiger ausgerichtet und man kann hier auch an kälteren Tagen klettern.

Zustieg

Beim ersten Parkplatz die Hauptstraße überqueren und den See entlang bis zum Tobliner Schloss gehen. Genau gegenüber vom Schloss führt eine kleine Schotterstraße durch eine Allee, wobei erneut die Straße überquert wird. Dort weiter, vorbei an einem großen, alten Haus bis zur ersten Kehre. In der darauffolgenden Rechtskurve nach der Kehre einen steinigen Pfad Richtung Wald auf der rechten Seite einschlagen. Dem Pfad bis zum Klettergarten Arcadioland folgen und von hier aus noch etwa zehn Meter weitergehen.

Anfahrt

Von Arco Richtung Trient bis nach Sarche fahren. Da es keinen eigens für diesen Klettergarten vorgesehenen Parkplatz gibt, wird das Auto zwischen Sarche und dem Tobliner Schloss am linken Straßenrand abgestellt. Am besten kurz vor dem Schloss dieselbe Parkbucht benutzen wie für den Klettergarten Bassilandia.

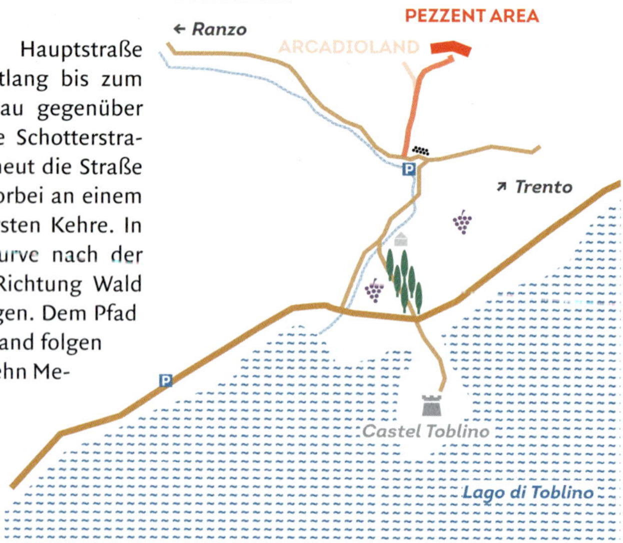

N°
26

3	4	5a	+	5b	+	5c	+	6a	+	6b	+	6c	+	7a	+	7b	+	7c	+	8a	+	8b	+	8c	+	9a	+
0	0	0	0	0	0	0	0	2	0	2	4	2	4	3	3	2	1	0	0	0	0	1	0	0	0	0	0

N W E S

| JAN | FEB | **MÄR** | **APR** | **MAI** | JUN | JUL | AUG | **SEP** | **OKT** | **NOV** | DEZ |

	Route	Grad	Meter
1	Dottor Imbruglia	6b	17
2	Olmo	6b	16
3	Lolita	6b+	15
4	Bumbalino	6a	18
5	Panda	6c+	18
6	Babolin	6b+	18
7	The song remains	7b	20
8	Madame dament	6b+	22
9	Fabius	6c	20
10	Madame doc	8b	20
11	Baby killer	N.N.	20
12	Le ore	7b+	23
13	Minnie Miniproprio	6c+	22

	Route	Grad	Meter
14	Spit terrore	7a+	24
15	0 in amore	7a	22
16	Disco pettomane	6c+	22
17	Lupperman	6a	25
18	Commissario Cervo	6c	25
19	Gun club	7a	24
20	Tris di donne	7a+	24
21	Mano di fato	7a	25
22	Via dei Sumeri	N.N.	26
23	W Messico	7a+	23
24	Dark side of my life	7b	20
25	Quelli che ...	6b+	18
26	... non strapiombano	6c+	20

[redacted].15 Santa Massenza

★★★★☆ **Santa Massenza**

330m | 10min | Kalk | P ★★★

Der Klettergarten Santa Massenza liegt oberhalb des gleichnamigen Dorfes mit schönem Ausblick auf den See. Er bietet anspruchsvolle Kletterei an senkrechten bis plattigen Wänden an überaus kompaktem Fels. Einige Routen in der Hauptwand sind sehr hoch und deshalb auf zwei Seillängen aufgeteilt.

Anfahrt

Von Arco Richtung Trient, an Sarche vorbei und am Tobliner See entlang fahren. Beim Kreisverkehr vor der Brücke, welche über den See führt, biegt man links in Richtung Santa Massenza ab. Der Straße folgen, bis auf der rechten Seite nach einigen 100 Metern ein großer Parkplatz direkt neben dem See zu sehen ist.

N° 22

3	4	5a	+	5b	+	5c	+	6a	+	6b	+	6c	+	7a	+	7b	+	7c	+	8a	+	8b	+	8c	+	9a	+
0	0	0	0	0	0	0	0	0	1	1	1	2	0	3	4	2	2	4	0	1	0	0	0	0	0	0	0

N W E S

| JAN | FEB | MÄR | APR | MAI | JUN | JUL | AUG | SEP | OKT | NOV | DEZ |

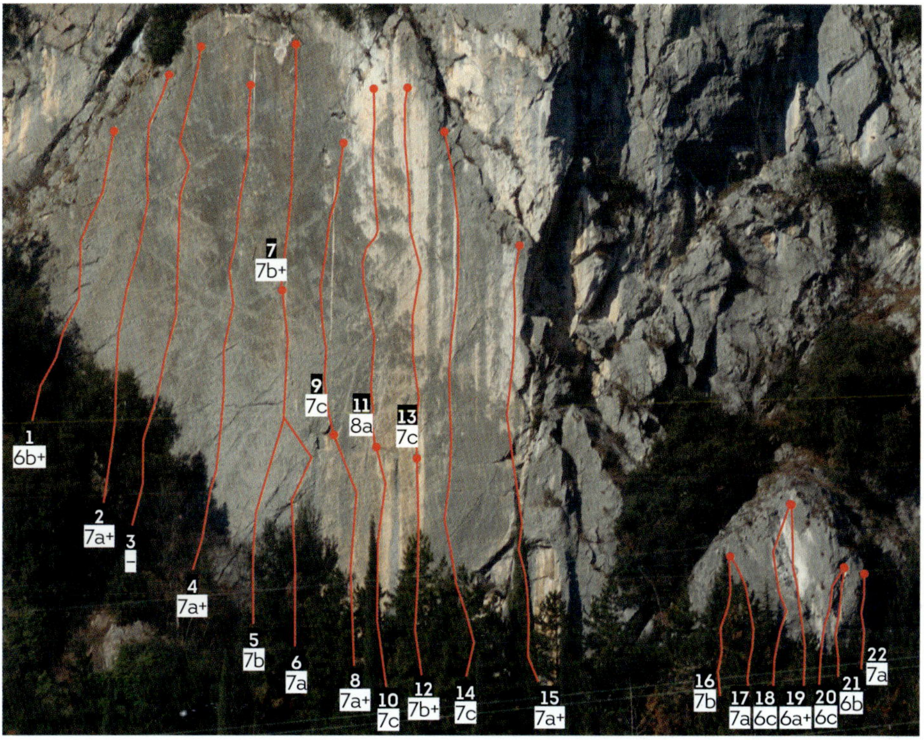

Zustieg

Vom Parkplatz der Straße entlang weiter in Richtung Santa Massenza gehen. Nach etwa 100 Metern zweigt hinter dem ersten Haus auf der linken Seite ein Weg ab. Eine Holztafel zeigt den Wanderweg Madruzziana an. Kurz nach der Holztafel an der ersten Weggabelung den rechten Pfad wählen. Nach 5-minütigem Marsch gelangt man wiederum zu einer Wegkreuzung, bei der man geradeaus weitergeht, um zum Klettergarten zu kommen.

	Route	Grad	Meter
1	Ali	6b+	20
2	Vipera	7a+	25
3	Project	N.N.	25
4	Banda bassotti	7a+	35
5	Sadhana	7b	24
6	Psyche Zenobia	7a	20

	Route	Grad	Meter
7	Psyche Plus	7b+	12
8	Joy	7a+	17
9	Joy Plus	7c	17
10	Lucky strike	7c	20
11	Lucky Strike Plus	8a	18
12	Acid	7b+	20
13	Acid Plus	7c	18
14	Nemico pubblico	7c	32
15	Fakkete	7a+	28
16	Macumba	7b	15
17	Jolly Jumper	7a	15
18	Toro Sedato	6c	16
19	Manolito	6a+	16
20	Riti Triti	6c	14
21	Avvoltoi	6b	14
22	Sharon tate .	7a	12

2.16 Climax

★★★☆☆

Santa Massenza

400m | 15min | Kalk

Climax befindet sich auf einem Felsriegel gleich in der Nähe der Klettergärten La finestra und Giardino delle occasioni perdute. Der Sektor A bietet einige schwierige Routen, wobei sich die wirklich schönen vor allem im rechtenTeil befinden und sich meist über zwei Seillängen hinziehen.

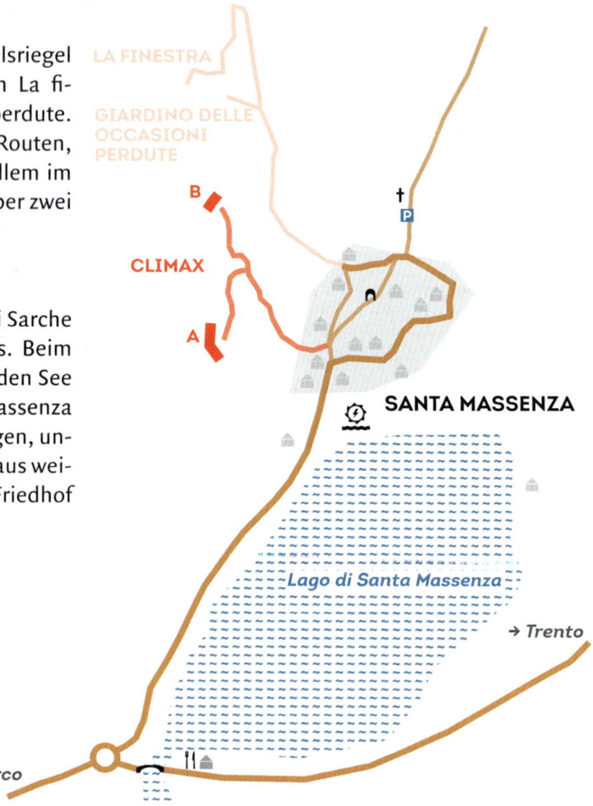

Anfahrt

Von Arco in Richtung Trient fahren. Bei Sarche vorbei und entlang des Tobliner Sees. Beim Kreisverkehr vor der Brücke, die über den See führt, nach links in Richtung Santa Massenza abzweigen. Im Ort stets der Straße folgen, unter einem Torbogen durch und geradeaus weiter bis ans Ende des Dorfes, wo der Friedhof liegt. Dort befindet sich ein Parkplatz.

N°
44

3	4	5a	+	5b	+	5c	+	6a	+	6b	+	6c	+	7a	+	7b	+	7c	+	8a	+	8b	+	8c	+	9a	+
0	0	0	0	0	0	1	0	1	1	1	2	5	9	5	4	3	2	1	1	2	1	1	0	0	0	0	0

N W E S

| JAN | FEB | MÄR | APR | MAI | JUN | JUL | AUG | SEP | OKT | NOV | DEZ |

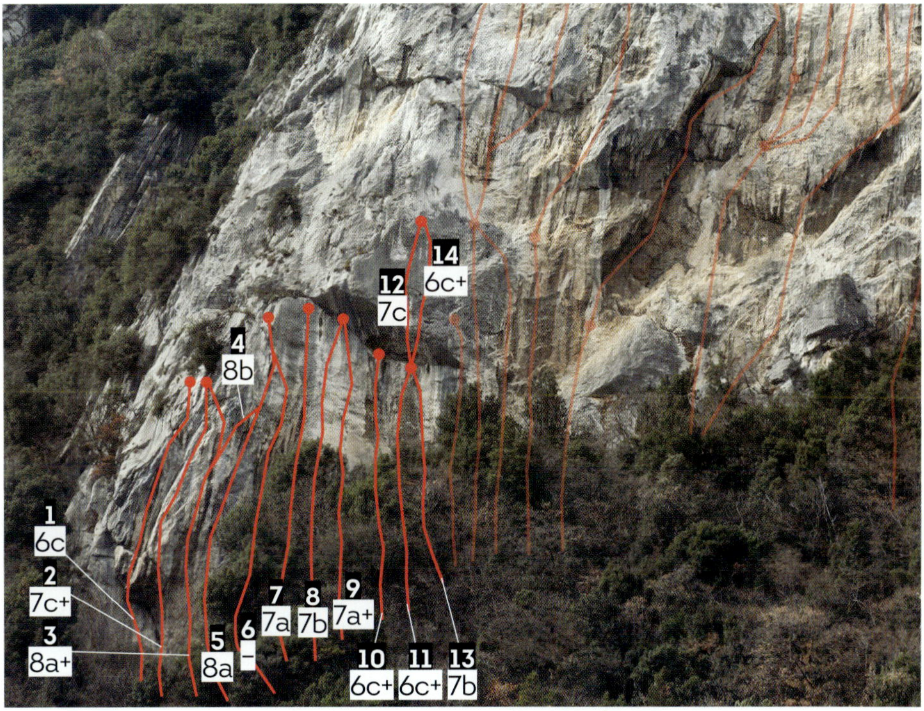

Zustieg

Vom Parkplatz zurück ins Dorf. Wenige Meter nach der Bank führt rechts eine kleine Straße hoch, bald darauf zweigt ein steiler Weg in den Wald ab. Nach einigen Gehminuten flacht der Weg ab und führt um eine Linkskurve. Wenig später erreicht man den Wandfuß, wo rechts ein Pfad zum Sektor B, links einer zum Sektor A weist.

Sektor A1

	Route	Grad	Meter
1	Skega	6c	22
2	Vixen	7c+	22
3	Mama blu	8a+	22
4	Col Blu	8b	25
5	Col Cul	8a	25
6	Project	N.N.	25
7	Trombetta	7a	30
8	Striscia bianca	7b	22
9	Memoria lavabile	7a+	22
10	Fuffigo	6c+	22
11	Amici miei	6c+	20
12	Amici miei allungata	7c	15
13	Via del tubo	7b	15
14	Via del tubo alungata	6c+	20

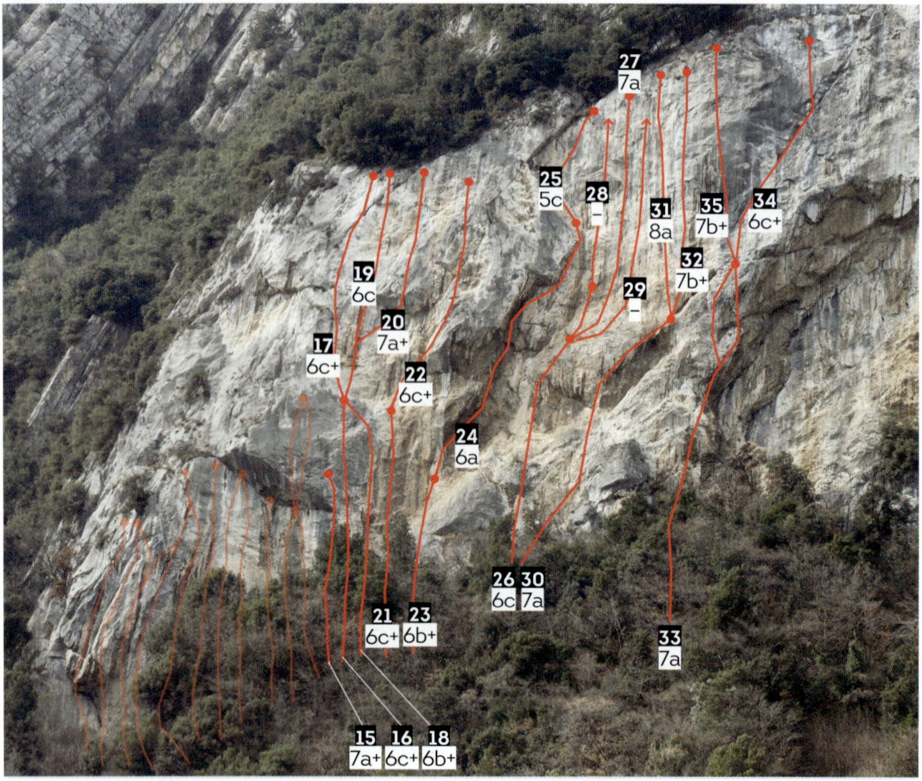

Sektor A2

	Route	Grad	Meter
15	L'arte della fuga	7a+	28
16	Eh (1st pitch)	6c+	25
17	Eh (2nd pitch)	6c+	20
18	Lucchi strac (1st pitch)	6b+	25
19	Lucchi strac (2nd pitch)	6c	20
20	Piranhas	7a+	20
21	Schiava del Luciano (1st pitch)	6c+	25
22	Schiava del Luciano (2nd pitch)	6c+	25
23	Occhi blu (1st pitch)	6b+	20
24	Occhi blu (2nd pitch)	6a	30
25	Occhi blu (3rd pitch)	5c	30

	Route	Grad	Meter
26	La legge dell'ortica (1st pitch)	6c	20
27	La legge dell'ortica (2nd pitch)	7a	25
28	N.N.	N.N.	25
29	N.N.	N.N.	25
30	Savanarola (1st pitch)	7a	25
31	Savanarola (2nd pitch)	8a	20
32	Eclettica	7b+	20
33	Sensibile alle rondini (1st pitch)	7a	25
34	Sensibile alle rondini (2nd pitch)	6c+	25
35	D.B.	7b+	28

Sektor B

	Route	Grad	Meter
1	Vescovo de Martel	6a+	15
2	Principino Giorge	6c	15
3	Merlo da l'ua	6b	15
4	Clone Clooney	7a+	15
5	Ermanno Sbanfa	6c	15

	Route	Grad	Meter
6	N.N.	N.N.	15
7	Renel (1st pitch)	6c+	35
8	Renel (2nd pitch)	7a	35
9	Renel (3rd pitch)	7b	30

2.17 Giardino delle Occasioni Perdute

★★★★☆

Santa Massenza

316m | 15min | Kalk | P ★★

Der Klettergarten Giardino delle Occasioni Perdute liegt oberhalb des Dorfes Santa Massenza und eröffnet einen beeindruckenden Ausblick auf den Santa Massenza-See. Fast alle Routen liegen im unteren bis mittleren Schwierigkeitsgrad und bieten schöne Kletterei in bestem Fels.

Anfahrt

Von Arco Richtung Trient fahren. Bei Sarche vorbei und weiter entlang des Tobliner Sees. Beim Kreisverkehr vor der Brücke, welche über den See führt, biegt man links in Richtung Santa Massenza ab. Der Straße unter einem Torbogen im Dorf hindurch folgen und geradeaus weiter bis ans Ende des Dorfes, wo der Friedhof liegt. Dort befindet sich ein Parkplatz.

N° 20

3	4	5a	+	5b	+	5c	+	6a	+	6b	+	6c	+	7a	+	7b	+	7c	+	8a	+	8b	+	8c	+	9a	+
0	0	0	0	0	0	0	0	2	2	4	1	1	4	1	1	1	0	0	0	0	0	0	0	0	0	0	0

N W E S

| JAN | FEB | **MÄR** | **APR** | **MAI** | JUN | JUL | AUG | **SEP** | **OKT** | NOV | DEZ |

Zustieg

Vom Parkplatz zurück ins Dorf und gleich die erste Straße auf der rechten Seite hoch. An einer Straßenkreuzung rechts den Weg nehmen, welcher an Weinreben vorbei in Richtung Wald verläuft. Nach einigen Minuten trifft man auf einen kleinen Steig auf der linken Seite und folgt diesem, bis man kurz darauf einen breiten Weg kreuzt. Weiter nach rechts. In etwa 20 Metern erreicht man den Klettergarten auf der linken Seite.

	Route	Grad	Meter
1	Linfomane	N.N.	10
2	Top Gun	N.N.	10
3	È meglio usare l'attack	N.N.	6
4	Dulcis in fondo	6a	18
5	La danza immobile	7a	16
6	La pozione di Ma	6b	18

	Route	Grad	Meter
7	Ascelle deliranti	6c+	18
8	Impatto fatale	7a+	18
9	Consapevolezza	6c+	18
10	La febbre del ragno rosso	7b	16
11	Il bosco delle nuvole	6c+	25
12	Papa was a Rolling Stone	6c+	25
13	Il giardino delle occasioni perdute	6b	27
14	Poi spirituosi	6b	24
15	Dead can dance	6c	24
16	Quarantavierzig	6a+	26
17	Ritmi solari	6a+	12
18	Ode ai barbari	6b	15
19	Pocimania	6a	18
20	Ssenza Ma	6b+	18

2.18 La Finestra

★★★★☆ **Santa Massenza**

420m | 20min | Kalk | P ★★

Der Name dieses Klettergartens (la finestra: das Fenster) stammt von einem fensterartigen Loch im Felsen. La Finestra bietet wunderschöne Routen in bestem Fels, die allerdings erst ab dem Schwierigkeitsgrad 6c beginnen. Zum Aufwärmen eignet sich der gleich darunter liegende Klettergarten Giardino delle Occasioni Perdute.

Anfahrt

Von Arco Richtung Trient. Bei Sarche vorbei und entlang des Tobliner Sees weiterfahren. Beim Kreisverkehr vor der Brücke, die über den See führt, biegt man links in Richtung Santa Massenza ein. Der Straße folgen, unter einem Torbogen im Dorf hindurch und geradeaus weiter bis ans Ende des Dorfes, wo der Friedhof liegt. Dort befindet sich ein Parkplatz.

N° 14

3	4	5a	+	5b	+	5c	+	6a	+	6b	+	6c	+	7a	+	7b	+	7c	+	8a	+	8b	+	8c	+	9a	+
0	0	0	0	0	0	0	0	0	0	0	0	0	2	2	1	2	2	2	1	1	0	0	0	0	0	0	0

N W E S

| JAN | FEB | MÄR | APR | MAI | JUN | JUL | AUG | SEP | OKT | NOV | DEZ |

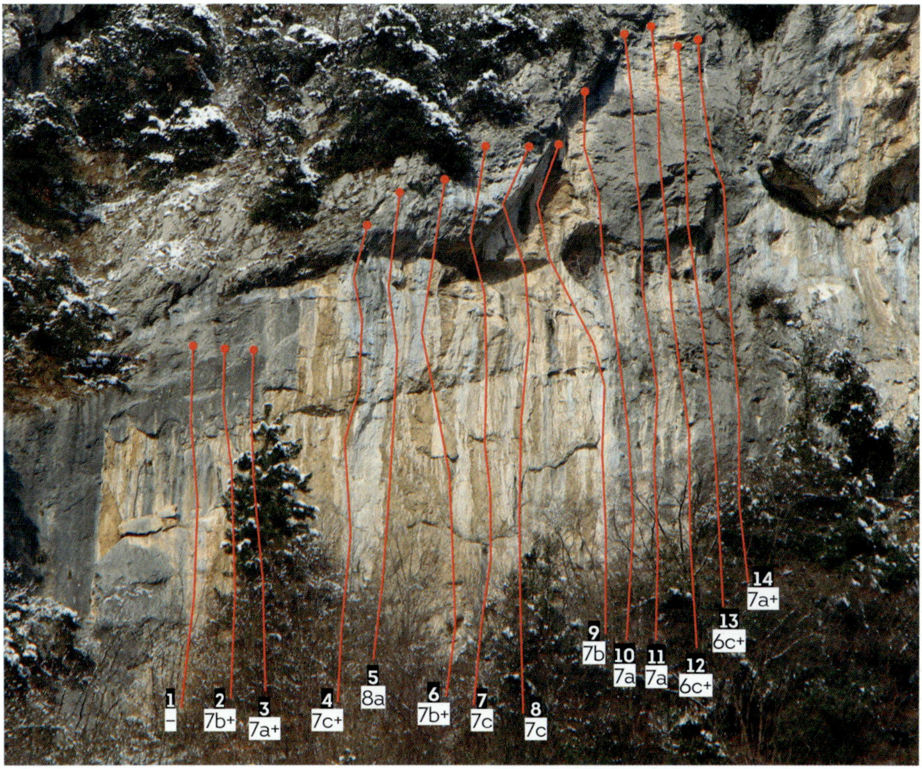

Zustieg

Vom Parkplatz zurück ins Dorf und gleich die erste Straße auf der rechten Seite hochgehen. Man gelangt zu einer Straßenkreuzung, dort den Weg nach rechts wählen, der an Weinreben vorbei in Richtung Wald verläuft. Nach einigen Minuten zweigt auf der linken Seite ein kleiner Pfad ab, der zum Klettergarten Giardino delle occasioni perdute führt. Für La Finestra aber auf dem breiten Weg bleiben und weiter über ein Geröllfeld gehen, bis ein Weg links abbiegt (gelbe Schrift auf einem Stein: Schal Margone). Bei der darauffolgenden Abzweigung den linken Steig wählen. Kurz darauf erreicht man den Klettergarten.

	Route	Grad	Meter
1	N.N	N.N.	15
2	Verde sgrondo	7b+	15
3	Ulan Bator	7b	15
4	Touch and go	7c+	20
5	Egomaniac kid	8a	22
6	Un attimo	7b+	25
7	Super barrio	7c	25
8	Marziano ti amo	7c	25
9	Potato crispies	7b	30
10	Trasloco forzato	7a	30
11	Dalla terra alla luna	7a	30
12	Tra 0 e 8000	6c+	30
13	Conquistatori dell'inutile	6c+	30
14	È buio sul ghiacciaio	7a+	30

Luca Forti in Touch and Go (7c+), La Finestra

Foto: The Vertical Eye

2.19 Margone

★★★☆☆ **Margone**

810m · 10min · Kalk

Der Klettergarten Margone hat zwei Sektoren. Im Sektor A sind einige leichtere, im Sektor B eher schwierige Routen zu finden. Bemerkenswert ist die herrliche Aussicht auf den Tobliner See und das Schloss während des Zustiegs. Die Ausrichtung der Wand nach Süden ermöglicht auch an kühlen Tagen ein angenehmes Klettern.

Anfahrt

Von Arco Richtung Trient/Sarche. Nach Sarche der Straße Richtung Trient folgen. In der Ortschaft Vezzano nach rechts ins Dorfzentrum abbiegen, im Zentrum dann links in die Via Dante (Schild Margone/Ranzo). Immer weiter Richtung Margone/Ranzo, eine spektakuläre Straße entlang der Seen des Tales. Mit etwas Glück kann man sogar den Gardasee sehen. Bei der Abzweigung nach Margone vorbei und weiter Richtung Ranzo. Einige hundert Meter nach der Abzweigung auf der linken Straßenseite in einer Parkbucht parken. Gegenüber hängt ein Sterbebild. Hier beginnt der Weg zum Klettergarten (Wegweiser).

Zustieg

Beim Parkplatz die Straße überqueren und dem beschilderten Weg folgen. Bei der ersten Abzweigung rechts abbiegen. Dieser Weg führt nun direkt zum Klettergarten.

N° 33

3	4	5a	+	5b	+	5c	+	6a	+	6b	+	6c	+	7a	+	7b	+	7c	+	8a	+	8b	+	8c	+	9a	+
0	0	0	0	0	0	0	0	0	1	0	2	6	4	3	4	0	3	5	1	2	0	0	0	0	0	0	0

N W E S

| JAN | **FEB** | **MÄR** | **APR** | MAI | JUN | JUL | AUG | **SEP** | **OKT** | **NOV** | DEZ |

Sektor A1

	Route	Grad	Meter
1	Bambino nel tombino	6c	18
2	Bambino nel tombino (2nd pitch)	6a+	20
3	Colombre	6b+	22
4	Stimolicchio	7a	22
5	Freno il treno	6b+	24

	Route	Grad	Meter
6	Perchè tanto odio	6c+	25
7	Rigotti brothers	6c	25
8	Guardia del porco	6c	25
9	Project	N.N.	25
10	Venus	6c	23

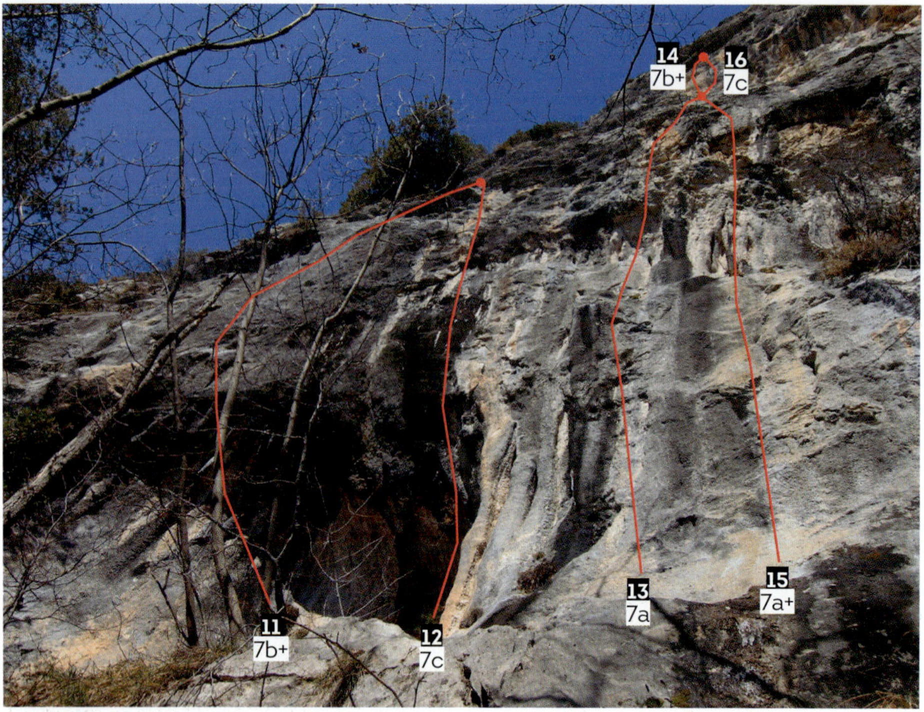

Sektor A2

	Route	Grad	Meter
11	Rinco tv	7b+	15
12	Berluscoioni	7c	15
13	Panoramix	7a	20
14	Panoramix (2nd pitch)	7b+	12
15	Adesso	7a+	20
16	Adesso (2nd pitch)	7c	12

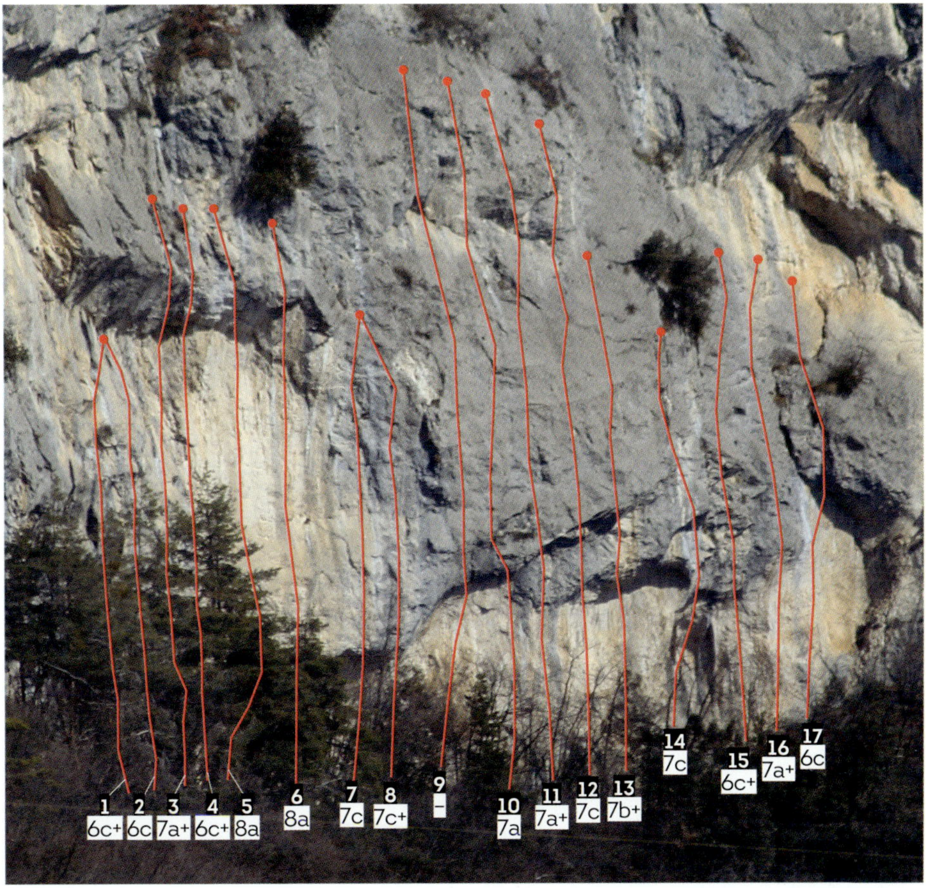

Sektor B

	Route	Grad	Meter
1	Via del pesce	6c+	20
2	Frego mene	6c	20
3	Bel mona	7a+	25
4	One	6c+	25
5	Casa aperta	8a	25
6	Dopo	8a	25
7	Belzebù	7c	22
8	E le teste	7c+	22
9	Halp pipe	N.N.	30

	Route	Grad	Meter
10	Zio cane	7a	30
11	Rock e Rock	7a+	30
12	Bar Parisi	7c	30
13	Famiglia	7b+	24
14	Strani giorni	7c	20
15	La strana coppia	6c+	26
16	Valsugana	7a+	26
17	Manco una lira	6c	26

2.20 Coel dela Val dela Porta

★★★★☆

Margone

800m | 10min | Kalk

Der Fels von Coel dela Val dela Porta ist unglaublich kompakt und bietet wunderbare Kletterei mit einigen Sintern und schönem grauen und gelben Kalk. Die dunkle Grotte rechts vom ersten Sektor verleiht diesem Ort zusätzlich die Atmosphäre von Wildnis und Abgeschiedenheit.

Zustieg

Vom Parkplatz die Straße für einige hundert Meter weitergehen, wobei die Felswand von Coel dela Val dela Porta bereits nach einigen Metern sichtbar ist. Dann einen Weg auf der rechten Seite einschlagen, welcher zwischen Steinschutzvorrichtungen hindurch führt. Diesem folgen, über eine Rinne und dann über das Fixseil zur Wand hochsteigen.

Anfahrt

Von Arco Richtung Trient/Sarche. Nach Sarche der Straße Richtung Trient folgen. In der Ortschaft Vezzano nach rechts ins Dorfzentrum abbiegen, im Zentrum dann links in die Via Dante (Schild Margone/Ranzo). Immer weiter Richtung Margone/Ranzo, eine spektakuläre Straße entlang der Seen des Tales. Mit etwas Glück kann man sogar den Gardasee sehen. Bei der Abzweigung nach Margone vorbei und weiter Richtung Ranzo. Einige hundert Meter nach der Abzweigung auf der linken Straßenseite in einer Parkbucht parken. Gegenüber hängt ein Sterbebild. Hier beginnt der Weg zum Klettergarten (Wegweiser).

N°
22

3	4	5a	+	5b	+	5c	+	6a	+	6b	+	6c	+	7a	+	7b	+	7c	+	8a	+	8b	+	8c	+	9a	+
0	0	0	0	0	0	0	0	0	1	0	0	0	1	1	4	1	1	3	1	2	3	1	2	0	0	0	0

N W E S

| JAN | **FEB** | **MÄR** | **APR** | MAI | JUN | JUL | AUG | **SEP** | **OKT** | NOV | DEZ |

Sektor A

	Route	Grad	Meter
1	Calypso	7a	28
2	Helios	7a+	30
3	Amen	8b	35
4	Patagonia	8b+	38
5	Sampei (1st pitch)	7b+	20
6	Sampei (2nd pitch)	7c	18
7	Usher	8a+	38
8	Cavalca il serpente	7c	30
9	Lucas	7c	30
10	Canna bianca	8a	30
11	Cannaculo	7a+	30
12	Biculo	7b	25

Sektor B (kein Topo)

	Route	Grad	Meter
1	N.N	N.N.	N.N
2	Circolare vai a cagare	8a+	33
3	Insetto scoppiettante	6a+	20
4	Insetto scoppietante turbo	7a+	33
5	Mio cuggino è cane-to-po	6c+	18
6	Der Herr Spalman	7a+	18
7	Carpe diem	8a+	32
8	Mio fratello è figlio unico	7c+	31
9	Taglierino malandrino	8a	31
10	Adidas	8b+	31

2.21 Ranzo

★★★★☆ **Ranzo**

850m | 15min | Kalk | P ★★

Schon von der Straße, die von Sarche in die Judikarien führt, ist der lang gezogene Felsriegel des Klettergebiets Ranzo sichtbar. Die acht Sektoren bieten abwechslungsreiche Kletterei in den mittleren bis schwierigen Graden, wobei die Felsqualität unterschiedlich beschaffen ist. Die Ausgesetztheit des Klettergartens macht ihn zu einem speziellen Ort, der allerdings für Familien ungeeignet ist.

Anfahrt

Von Arco Richtung Trient/Sarche. Nach Sarche der Straße Richtung Trient folgen. In der Ortschaft Vezzano nach rechts ins Dorfzentrum abbiegen, im Zentrum dann links in die Via Dante (Schild Margone/Ranzo). Immer weiter Richtung Margone/Ranzo, eine spektakuläre Straße entlang der Seen des Tales. Mit etwas Glück kann man sogar den Gardasee sehen. Bei der Abzweigung nach Margone vorbei und weiter bis nach Ranzo. Das kleine Dorf passieren gerade weiter fahren. Die Straße wird zuerst steiler und nach einer Kehre zu einer Schotterstraße. Auf der Schotterstraße weiterfahren, durch einen in den Fels gesprengten Tunnel hindurchfahren. Nach einem großen Felsblock auf der linken Seite das Auto am Straßenrand parken.

N°
69

3	4	5a	+	5b	+	5c	+	6a	+	6b	+	6c	+	7a	+	7b	+	7c	+	8a	+	8b	+	8c	+	9a	+
0	0	0	0	0	0	0	0	0	0	1	2	1	3	3	9	4	8	6	10	6	3	1	0	0	0	0	0

N W E S

| JAN | **FEB** | **MÄR** | **APR** | MAI | JUN | JUL | AUG | **SEP** | **OKT** | **NOV** | DEZ |

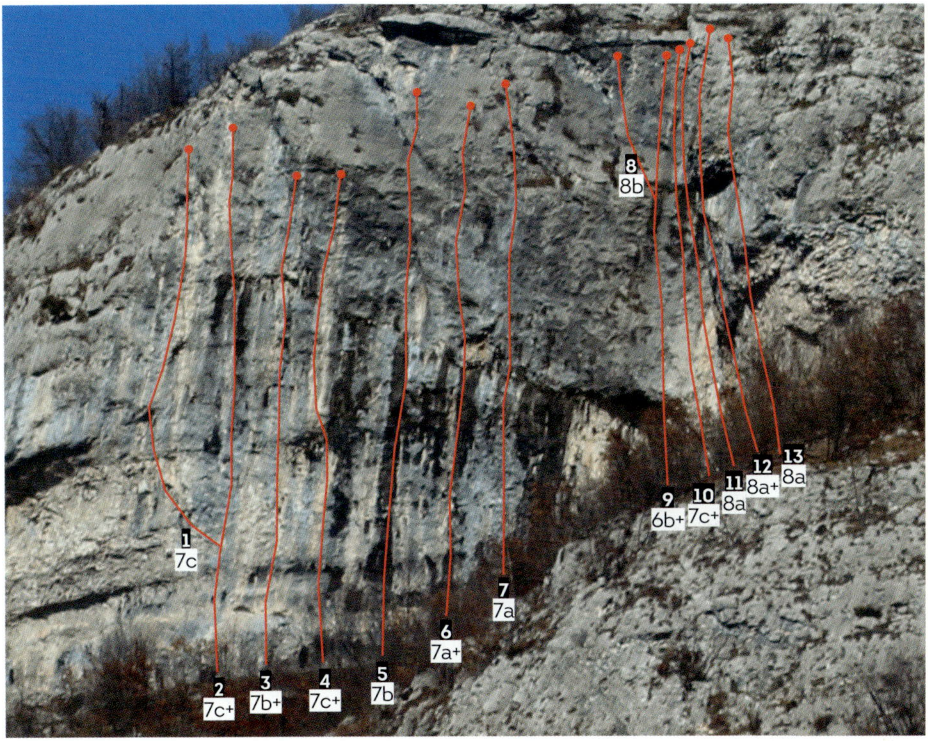

Zustieg

Gegenüber dem Parkplatz über die Leitplanken steigen und eine leichte Felspassage hinunterklettern, bis man zum Beginn eines Weges kommt, welcher zu den Sektoren führt. Zuerst trifft man auf den oberen Sektor, dann geht man ein kleines Stück weiter und biegt nach rechts ab wo man die weiteren Sektoren erreicht (Der Weg führt entlang des Wandfußes bis zum Sektor Patchanka). Für den Neuen Sektor nicht abzweigen sondern auf dem Weg bleiben und weiter hinunter bis zu den Felsen steigen.

Sektor A - Patchanka

	Route	Grad	Meter
1	Superciuk	7c	20
2	La minaccia alcolica	7c+	30
3	Riposo forzato	7b+	25
4	Il duca delle prugne	7c+	30
5	Radio sodomiti	7b	32
6	Isolitudine	7a+	28
7	Meta oscura	7a	28
8	Uccel di bosco	8b	15
9	La befana	6b+	30
10	Patchanka	7c+	30
11	Ergonomica	8a	30
12	Puerco escondino	8a+	30
13	La dura legge del gol	8a	30

Sektor B - La Fontana

	Route	Grad	Meter
1	Cabron	7a+	15
2	Ippopaccio	7a+	15
3	Moaniglia	7c	15
4	N.N.	N.N.	15
5	Mala vida	7a+	15
6	Dolce miseria	8a	15
7	N.N.	N.N.	15

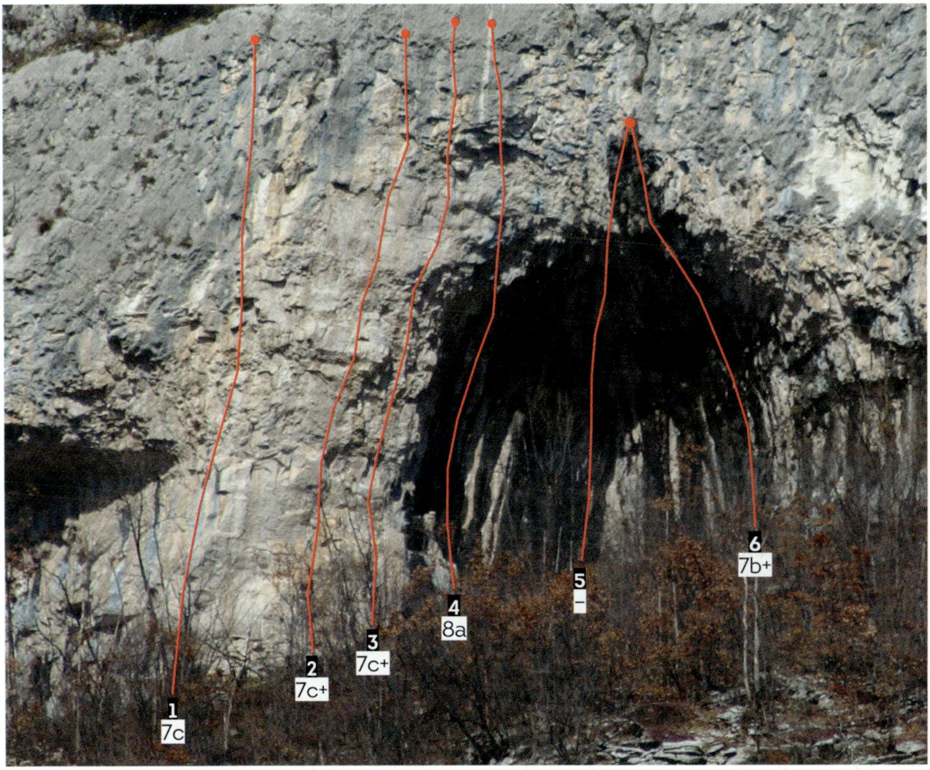

Sektor C - Coel Negher

	Route	Grad	Meter
1	Zuc Tirol	7c	25
2	Cindy	7c+	25
3	Stile libero	7c+	25
4	Medusa	8a	25
5	L'autista	N.N.	20
6	Tzara	7b+	20

Sektor D - La Playa

	Route	Grad	Meter
1	La bistecca	7c	25
2	L'allungata	7b+	30
3	La gara	6c	18
4	La gara (2nd pitch)	7b+	10
5	Peter Punk	7a+	30

	Route	Grad	Meter
6	L'artista del c.	7b+	30
7	Pedro	7c+	20
8	Ciccio	N.N.	20
9	N.N.	N.N.	20

Sektor E - La Pontera

	Route	Grad	Meter
1	Tsunami	7a+	25
2	Vergine stolto	7a+	25
3	Nivis	7b+	20
4	Pontera	N.N.	20
5	Vento del nord	6c+	26
6	Via il cormorano	N.N.	30
7	Linea blu	7a+	29
8	No angel	7a	29

Sektor F - Islam

	Route	Grad	Meter
9	Jihad	7c	25
10	Ali agca	8a+	25
11	L`alba del pianeta	7c+	25
12	Dogmatica	8a	25
13	N.N.	N.N.	20
14	Cane sciolto	7c+	20

Sektor G - Oberer Sektor

(kein Foto, rechts hinter der Kante von Sektor F)

	Route	Grad	Meter
1	Barbagianni	6b+	20
2	Isa di ghisa	6b	25
3	Bassicchio	N.N.	N.N.

Sektor H - Neuer Sektor

	Route	Grad	Meter
1	Perma loso	7b+	15
2	N.N.	N.N.	N.N.
3	N.N.	N.N.	N.N.
4	Ciao fucio	7a	30
5	Mucca pollo	7c+	28
6	Manifesto	8a	28
7	Gandhi	7c	28
8	L`intestino	6c+	28
9	Hot Belay- la sosta che scotta	8a+	35
10	Livanos	7b	40
11	Tu menti	7b+	25
12	N.N.	N.N.	6
13	Sindrome da singolo	7c+	35
14	Un posto al sole	7a+	30
15	Neoclassica	7b	30
16	Soggetti Smarriti	7b	30
17	Paperino	6c+	30

Die Straße nach Margone, Coel dela Val dela Porta und Ranzo

Foto: Vertical-Life

2.22 Lagolo

★★★★☆ **Lagolo**

950m | 5min | Kalk

Diese sehr kompakte, überhängende graue Wand erfordert technische Kletterei vom Feinsten. Es sind nur wenige, vorwiegend schwere Routen vorzufinden. Wer sich der Herausforderung stellt, wird belohnt. Die Aussicht auf die Brentagruppe und die gemütliche Lage sind phantastisch.

Anfahrt

Von Arco Richtung Trient/Dro fahren. Bei der Ortschaft Dro rechts Richtung Valle di Cavedine abbiegen. Einige Kilometer weiter und beim Dorf Cavedine vorbeifahren bis zur Abzweigung rechts, welche nach Monte Bondone/Lagolo führt. Der Straße folgen, vorbei beim Schloss Madruzzo und weiter bis kurz vor die Ortstafel Lagolo. Links davon befindet sich ein kleiner Parkplatz.

Zustieg

Vom Parkplatz die Straße etwa 100 Meter zurückgehen und links hinauf zum bereits sichtbaren Felsen.

N°
10

3	4	5a	+	5b	+	5c	+	6a	+	6b	+	6c	+	7a	+	7b	+	7c	+	8a	+	8b	+	8c	+	9a	+
0	0	0	0	0	0	0	0	0	0	0	0	0	0	1	1	1	1	0	1	1	1	0	0	0	0	0	0

N W E S

| JAN | FEB | MÄR | APR | MAI | JUN | JUL | AUG | SEP | OKT | NOV | DEZ |

	Route	Grad	Meter
1	N.N.	N.N.	N.N.
2	Trash	8a	25
3	Perelà	8a+	20
4	N.N.	N.N.	N.N.
5	Io la tengo	7c+	20

	Route	Grad	Meter
6	Vibram	7b+	17
7	Ines	7a	15
8	Ora et labora	7a+	15
9	Granchio	7b	15
10	N.N.	N.N.	N.N.

2.23 San Siro

★★★★☆ **Lasino**

440m | 5min | Kalk | P ★★★

Der Klettergarten San Siro zählt zu den größten rund um Arco. Die Routen sind auf drei Sektoren aufgeteilt. Familien finden hier ideale Bedingungen vor, denn es gibt ausreichend Platz für Kinder und die Steinschlaggefahr ist äußerst gering. Bei einigen Routen wurden die Spitplättchen entfernt, sie sind daher nicht mehr kletterbar.

Anfahrt

Von Arco Richtung Trient/Dro. Kurz vor dem Dorf Dro rechts in Richtung Valle di Cavedine abbiegen. Von hier weiter, vorbei beim Dorf Stravino und bis nach Lasino. Von Lasino aus kann man bereits auf der linken Seite eine kleine Kirche auf einem Hügel sehen. Auf der Höhe eines hellgrünen Hauses von der Hauptstraße abfahren, links einbiegen und der kleinen Straße auf den Hügel folgen. Kurz nach dem höchsten Punkt befindet sich auf der rechten Seite ein Parkplatz.

Zustieg

Von der Straße beim Parkplatz führt auf der rechten Seite ein breiter Weg zu den Sektoren (beginnend bei Sektor C).

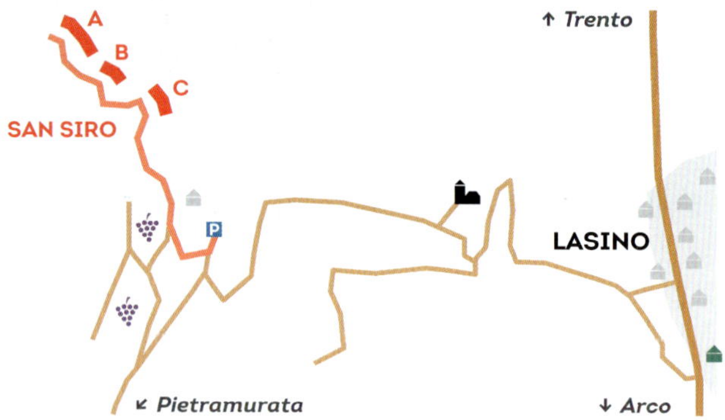

N°
80

3	4	5a	+	5b	+	5c	+	6a	+	6b	+	6c	+	7a	+	7b	+	7c	+	8a	+	8b	+	8c	+	9a	+
0	0	1	0	0	0	2	0	7	4	4	7	4	2	4	7	7	7	6	3	4	4	0	0	0	0	0	0

N W E S

| JAN | FEB | MÄR | APR | MAI | JUN | JUL | AUG | SEP | OKT | NOV | DEZ |

Sektor A1

	Route	Grad	Meter
1	Chiara ma indecisa	7a+	10
2	Latifah	7b	10
3	Vendetta	7b+	10
4	progect	N.N.	N.N.
5	Mafia bianca	7a	15
6	Charlot	7b+	16
7	Luisiana	7b	18

	Route	Grad	Meter
8	Valentina	6a	18
9	Aleph	6a	18
10	Scansati	7a+	20
11	Salay	7a+	20
12	Jeron	7b	20
13	È inutile sognare	8a	20
14	Miss Lolita	7a+	25

Sektor A2

	Route	Grad	Meter
15	Fukushima	N.N.	20
16	Melarinfanfunfinfla	8a+	20
17	Quivi il tempo	7b	25
18	DDT	7c+	25

	Route	Grad	Meter
19	Atlantic city	7c+	25
20	N.N.	7a+	26
21	Regan boia	6b+	25
22	N.N.	6c	25

Sektor B

	Route	Grad	Meter
1	Project	N.N	28
2	Project	N.N	28
3	Haiku	7c	25
4	Zagor	7c	8
5	Ictu oculi	7c+	28
6	Diavolino	8a+	10
7	N.N	N.N	N.N
8	La monella	6c+	20
9	N.N	N.N	12

	Route	Grad	Meter
10	Meninblack	8a	28
11	Memboraccio	6b+	20
12	Blow	7b+	20
13	Xanadu	8a+	20
14	Eletric Budda	8a	28
15	Piani molteplici	7c	28
16	L'eterno presente	7b	28
17	Il vergine	7a+	28
18	Nuvole bianche	7a	30

Sektor B2

	Route	Grad	Meter
19	Dedi	6c	20
20	Bush del cul	6a+	20
21	Magic Biest	5c	20
22	Miro	7b+	20
23	L'essenziale	8a+	23
24	Tempesta nel deserto	8a	25
25	N.N	N.N	N.N
26	Squalo giallo	7c	25

	Route	Grad	Meter
27	Stravento	7c	25
28	Aria	6c	30
29	Tuxedo	6a	25
30	Gedeone	5c	25
31	The Kid	5a	18
32	Pic nic ad Hanging rock	6b+	20
33	Nuovi giorni	6b	18
34	Il risveglio degli eroi	6b	18

Sektor C

	Route	Grad	Meter
1	Houdini	7a	20
2	Nazka	7b+	20
3	Sederini parlanti	7b	20
4	Fred fallo	7a+	27
5	Zio ulcera	7c	28
6	N.N.	7b+	20
7	Mad professor	7b+	20
8	Flipper (1st pitch)	6c+	25
9	Flipper (2nd pitch)	6a+	25
10	Alexander Platz (1st pitch)	7b	25
11	Alexander Platz (2nd pitch)	6a	25
12	Zizomat (1st pitch)	6b+	20

	Route	Grad	Meter
13	Zizomat (2nd pitch)	6b+	20
14	Zizomat (3rd pitch)	6a+	20
15	Rock Story (1st pitch)	6b+	20
16	Rock Story (2nd pitch)	6a	25
17	Rock Story (3rd pitch)	6b	18
18	Fiesta	7a	15
19	Viva Messico	6c	15
20	Il fagiano	6a+	15
21	Una foolta	6a	18
22	Castaglia	6a	20
23	Magico Alberman	6b+	20
24	Thyco B.	6b	20

2.24 Cavedine

★★★★☆ **Cavedine**

500m | 5min | Kalk

Der Klettergarten liegt über dem Lago di Cavedine und bietet vorwiegend technische und delikate Kletterei. Dank seiner Ausrichtung nach Westen kann hier auch an heißeren Tagen geklettert werden, vorausgesetzt man kommt bereits am Vormittag zum Klettern

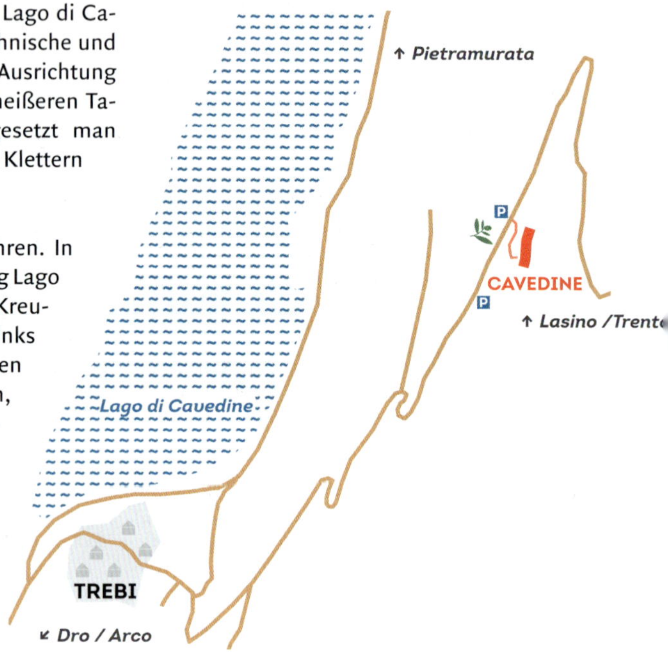

Anfahrt

Von Arco Richtung Trient/Dro fahren. In Dro angekommen, rechts Richtung Lago di Cavedine abbiegen. Bei der Kreuzung in einer Kehre die Straße links nach Lago di Cavedine einschlagen und bis kurz vor den See fahren, dort rechts zur Ortschaft Trebi abzweigen. Das Dorf durchqueren und einige Kehren nach oben fahren. Der Klettergarten liegt gleich neben der Straße, ist jedoch durch die Bäume etwas schwer ersichtlich. Am besten am Straßenrand kurz nach einer großen Oliventerrasse auf der linken Seite parken.

N° 27

3	4	5a	+	5b	+	5c	+	6a	+	6b	+	6c	+	7a	+	7b	+	7c	+	8a	+	8b	+	8c	+	9a	+
0	0	0	0	0	0	0	0	0	1	0	3	4	2	4	1	4	3	2	0	0	0	0	0	0	0	0	0

N W E S

| JAN | FEB | MÄR | APR | MAI | JUN | JUL | AUG | SEP | OKT | NOV | DEZ |

Zustieg

Die Straße einige Meter zurückgehen und dann links einen Weg zum Klettergarten einschlagen.

Lago di Cavedine

	Route	Grad	Meter
1	Latte piú	6b+	15
2	Sbarbie e Prepuzio	6c	15
3	Popolo bue	6c+	15
4	Oro nero	6c	15
5	Oibò	6b+	15
6	Oibò plus	7c	10
7	Alta tensione	6a+	15
8	Alta tensione plus	7b+	10
9	Gioia e rivoluzione	7a+	18
10	Gioia e rivoluzione plus	7c	8
11	Alibi	7a	25
12	Orgasmatic	7b+	20
13	Palpito tenue	7b+	20
14	Totò d'Arabia	7b	20
15	Ingenue utopie	6c	20
16	Placebo	6c+	20
17	Polvere	7b	20

	Route	Grad	Meter
18	Misery non deve morire	7b	20
19	Terzo mese	7a	20
20	Abe's	7b	10
21	Magma	6c	20
22	Sesso e nutella	6b+	20

	Route	Grad	Meter
23	Vox Populi	7a	20
24	Diaframma	7a	16
25	N.N.	N.N.	15
26	N.N.	N.N.	15
27	N.N.	N.N.	15

2.25 Castello di Drena

★★★☆☆ **Drena**

340m 5min Kalk P ★★★

Der Felsriegel, auf dem das Schloss von Drena steht, wurde mit Spit eingebohrt und es entstand ein kleiner, sehr anspruchsvoller Klettergarten mit Routen im Überhang. Die meisten davon erreichen nur die Hälfte der Wandhöhe und der stark überhängende, obere Teil verspricht noch einiges an Potenzial.

Zustieg

Vom Parkplatz etwas zurückgehen und der Straße links hinunter folgen. Nach wenigen Metern rechts einen Weg einschlagen, der in Richtung Schlucht führt. Nach etwa fünf Minuten erreicht man den Klettergarten.

Anfahrt

Von Arco Richtung Trient/ Dro fahren. In der Ortschaft Dro angekommen, nach rechts Richtung Valle di Cavedine abbiegen. Die Straße weiterfahren bis zum Schloss von Drena. Einige Meter danach entweder auf der rechten Straßenseite oder noch etwas weiter links, wo ein kleiner Parkplatz ist, parken.

N° 11

3	4	5a	+	5b	+	5c	+	6a	+	6b	+	6c	+	7a	+	7b	+	7c	+	8a	+	8b	+	8c	+	9a	+
0	0	0	0	0	0	0	0	0	0	0	0	0	0	0	2	0	1	1	0	1	1	0	0	0	0	0	0

N W E S

| JAN | FEB | MÄR | APR | MAI | JUN | JUL | AUG | SEP | OKT | NOV | DEZ |

	Route	Grad	Meter
1	Braboletta	N.N.	17
2	L'orco Shrek	N.N.	16
3	Atto di forza	N.N.	15
4	Canna bis	7b+	15
5	L'occhio della tigre	8a+	17
6	L'attimo fuggente	7c	15

	Route	Grad	Meter
7	Cat woman	7a+	12
8	Dark side of the moon	N.N.	12
9	L'onda perfetta	8a	12
10	La linea della vita	N.N.	16
11	Dinamite	7a+	12

Where is the climber? Find him!
Foto: Vertical-Life

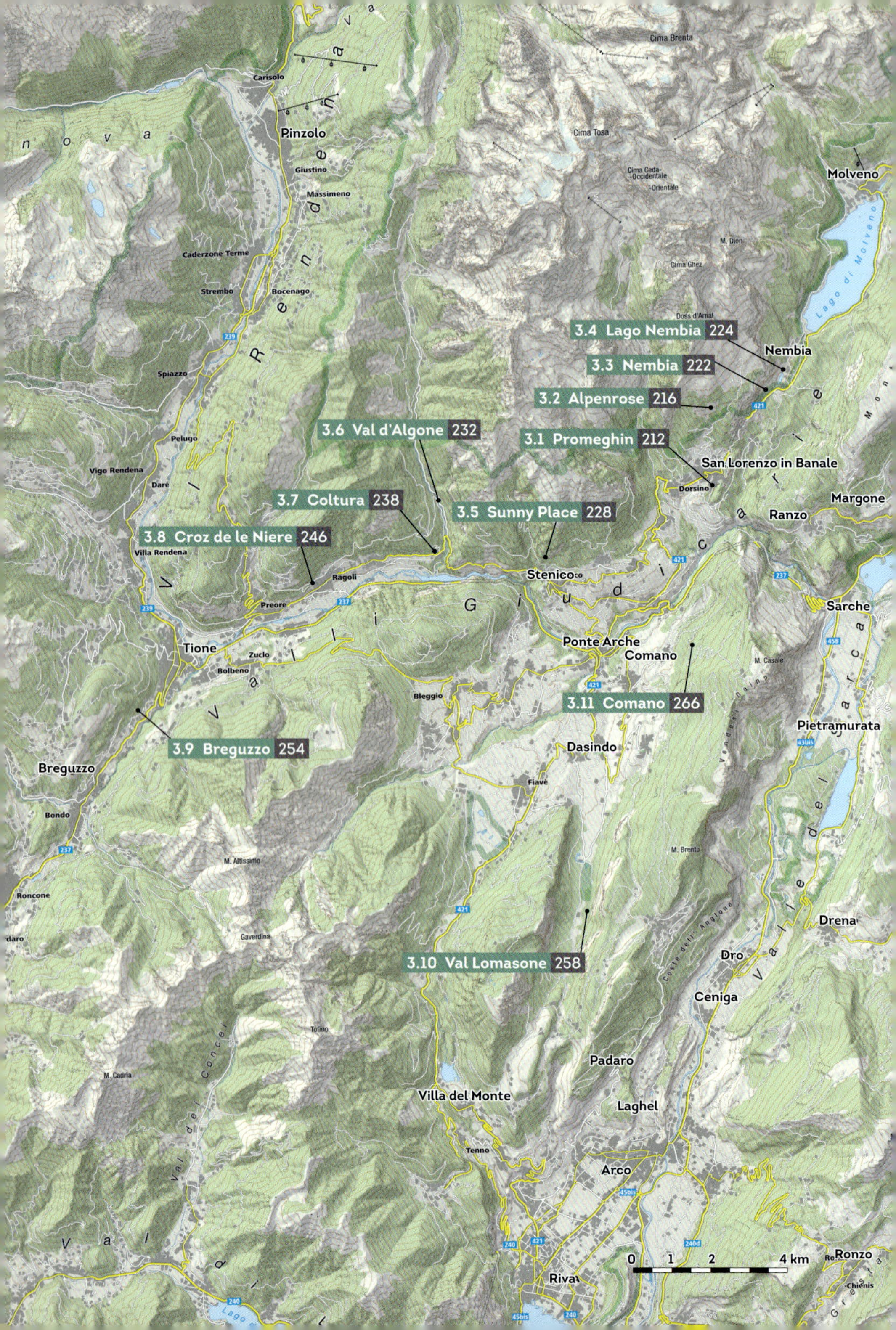
3.1 Promeghin 212
3.2 Alpenrose 216
3.3 Nembia 222
3.4 Lago Nembia 224
3.5 Sunny Place 228
3.6 Val d'Algone 232
3.7 Coltura 238
3.8 Croz de le Niere 246
3.9 Breguzzo 254
3.10 Val Lomasone 258
3.11 Comano 266
Cima Brenta
Cima Tosa
Molveno
Lago di Molveno
Carisolo
Pinzolo
Giustino
Massimeno
Caderzone Terme
Strembo
Bocenago
Spiazzo
Pelugo
Vigo Rendena
Darè
Villa Rendena
Val Rendena
Nembia
San Lorenzo in Banale
Dorsino
Margone
Ranzo
Stenico
Ragoli
Preore
Tione
Zuclo
Bolbeno
Giudicarie
Ponte Arche
Comano
Bleggio
Sarche
Pietramurata
Dasindo
Fiavè
Breguzzo
Bondo
Roncone
Valle del Sarca
Drena
Dro
Ceniga
Padaro
Laghel
Villa del Monte
Tenno
Arco
Riva
Ronzo
0 1 2 4 km

3. Judikarische Täler

Versteckt hinter den hohen Wänden des Sarcatals, in unmittelbarer Nähe der Brentagruppe, liegen die einzigartigen Naturlandschaften der Judikarischen Täler. Von Sarche zweigt die Straße Richtung Madonna di Campiglio ab. Von hier ist die Weite der Täler noch kaum vorstellbar. Der Großteil der Felswände eignet sich besonders zum Klettern im Sommer und auf jeden Fall an heißen Frühlings- und Herbsttagen. In **Val Lomasone** befindet sich ein gut gesicherter Klettergarten mit mehreren Sektoren. Die Kletterei wird fast allen Ansprüchen gerecht und ist insbesondere ideal für Anfänger. Zu den Klettergärten, die für Familien geeignet sind, gehört **Promeghin**: Umgeben von Bäumen, laden die Tische und Bänke unterhalb der Kletterwand zu einem gemütlichen Picknick ein. **Croz de le Nicre** ist ein weiterer familienfreundlicher Klettergarten, vor allem auch wegen der Parkmöglichkeiten nicht unweit der Felswand. Eltern, die Kletterei auf hohem Niveau suchen, werden in **Comano** fündig. Routen auf mittelschwerem Niveau gibt es in **Coltura** und **Sunny Place**. Coltura hat einen sehr kurzen Zustieg, während sich Sunny Place mit seiner Südwand vor allem für sonnige Wintertage eignet. An unerträglich heißen Tagen empfiehlt sich **Val d'Algone**, ein schmales Tal, das den Sonnenstrahlen nur selten Einlass gewährt. Der Kletterfels befindet sich in der Nähe des Flusses und ist umgeben von dichtem Wald.

Der abgelegene Parkplatz von Lomasone

3.1 Promeghin

San Lorenzo in Banale

★★★★☆

700m | 3min | Konglomerat | P ★★★

Im Unterschied zu den meisten Klettergärten um Arco wird in Promeghin nicht auf Kalk, sondern auf Konglomerat geklettert. Der Klettergarten wurde vorbildhaft von öffentlicher Hand eingerichtet. Er liegt direkt neben einer großen Sportanlage und einem Park, ist also bestens für Familien geeignet. Für etwas Verwirrung sorgen kann die Tatsache, dass keine der Routen einen Namen trägt.

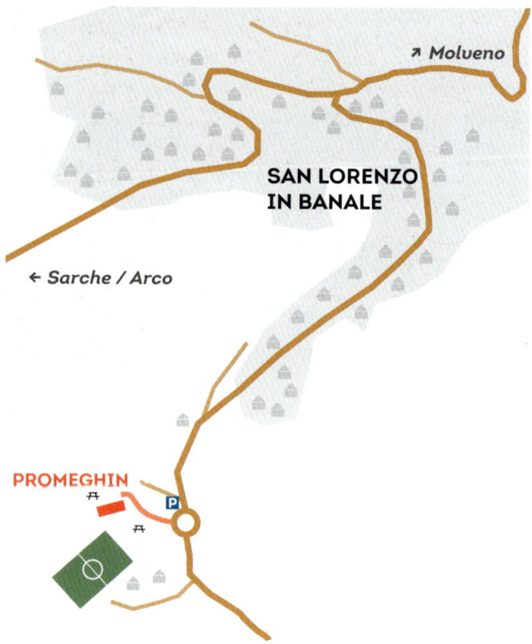

Anfahrt

Von Arco Richtung Trient/Sarche. In Sarche links in Richtung Madonna di Campiglio abzweigen. Einige Kilometer nach Sarche biegt man rechts ab und fährt über eine Brücke nach Molveno. Nach einiger Zeit erreicht man das Dorf San Lorenzo in Banale, wo man im Dorfkern rechts Richtung Sportplatz abzweigt. Vor dem Sportplatz befindet sich beim Rondell auf der rechten Seite ein kleiner Parkplatz.

N° 52

3	4	5a	+	5b	+	5c	+	6a	+	6b	+	6c	+	7a	+	7b	+	7c	+	8a	+	8b	+	8c	+	9a	+
1	2	4	0	2	0	3	0	12	4	9	4	3	3	2	0	2	1	0	0	0	0	0	0	0	0	0	0

N W E S

| JAN | FEB | MÄR | APR | MAI | JUN | JUL | AUG | SEP | OKT | NOV | DEZ |

Zustieg

Vom Parkplatz Richtung Sportplatz gehen, wo bereits ein Schild auf den Klettergarten hinweist. Der Weg verläuft entlang eines Zaunes und führt in etwa drei Minuten zum Fels.

	Route	Grad	Meter
1	N.N.	4a	10
2	N.N.	3c	10
3	N.N. (1st pitch)	5c	7
4	N.N. (2nd pitch)	6a	7
5	N.N.	6b	18
6	N.N. (1st pitch)	5a	10
7	N.N. (2nd pitch)	5c	9
8	N.N.	6a	19
9	N.N. (1st pitch)	6a	10
10	N.N. (2nd pitch)	6a+	10
11	N.N.	6c	17
12	N.N.	7a	14
13	N.N.	6b+	15

14
6b
15
6a
16
5a
17
5a
18
6b
19
6b
20
4a
21
6a
22
5a
23
5b
24
5b

25
6b
26
6b+
27
6c+
28
6c
29
6b+
30
6a+
31
6b
32
6a
33
6a
34
6b
35
5c
36
6a
37
6b
38
6a
39
6a
40
6b+
41
6c+
42
6c
43
6a
44
6a+
45
6a+
46
6c+

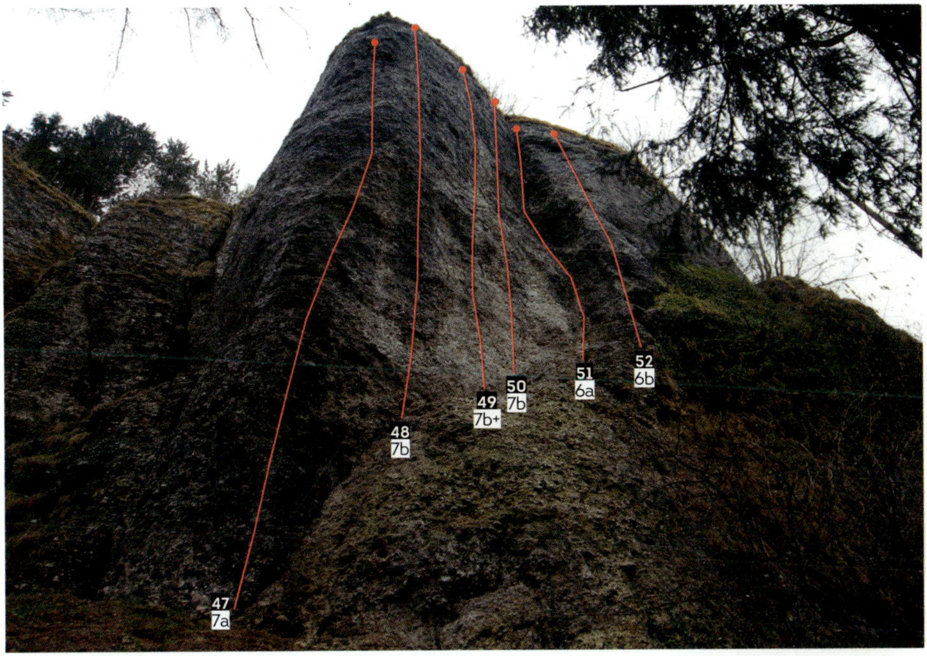

	Route	Grad	Meter
14	N.N.	6b	15
15	N.N.	6a	14
16	N.N.	5a	5
17	N.N.	5a	5
18	N.N.	6b	13
19	N.N.	6b	14
20	N.N.	4a	5
21	N.N.	6a	14
22	N.N.	5a	16
23	N.N.	5b	17
24	N.N.	5b	14
25	N.N.	6b	20
26	N.N.	6b+	20
27	N.N.	6c+	20
28	N.N.	6c	20
29	N.N.	6b+	20
30	N.N.	6a+	20

	Route	Grad	Meter
31	N.N.	6b	20
32	N.N.	6a	15
33	N.N.	6a	19
34	N.N.	6b	20
35	N.N.	5c	20
36	N.N.	6a	20
37	N.N.	6b	20
38	N.N.	6a	20
39	N.N.	6a	18
40	N.N.	6b+	18
41	N.N.	6c+	12
42	N.N.	6c	12
43	N.N.	6a	24
44	N.N.	6a+	24
45	N.N.	6a+	25
46	N.N.	6c+	26
47	N.N.	7a	26

	Route	Grad	Meter
48	N.N.	7b	24
49	N.N.	7b+	23
50	N.N.	7b	21
51	N.N.	6a	15
52	N.N.	6b	15

3.2 Alpenrose

San Lorenzo in Banale

★★★☆☆

1300m | 20min | Kalk | P ★★

Mitten in einem Nadelwald gelegen, ist der Klettergarten Alpenrose auch an heißen Tagen und in den Sommermonaten ideal zum Klettern. Der Fels kann stellenweise mit Flechten bedeckt sein, dafür ist der Standort im Wald äußerst angenehm und weit abgelegen von der Straße. Der Wandfuß bietet ausreichend Platz für Kinder und Familien. Die Routen sind senkrecht bis leicht überhängend.

Anfahrt

Von Arco Richtung Trient/Sarche fahren. In Sarche angekommen links Richtung Madonna di Campiglio abbiegen und die ansteigende Straße hochfahren. Nach einigen Tunnels und einer lang gezogenen Rechtskurve rechts die Brücke nach San Lorenzo in Banale überqueren. Am Dorfende von San Lorenzo in Banale links abzweigen (Schild: Rifugio Alpenrose). Bei der ersten Abzweigung die linke Straße nehmen (Strada panoramica). Einige Fahrminuten später erreicht man den Parkplatz, der 150 Meter vor dem Gasthaus Alpenrose liegt.

Zustieg

Vom Parkplatz der gepflasterten Straße, die am Gasthaus vorbeiführt, folgen. Nach ungefähr 20 Minuten gelangt man zum Sektor A, der auf der linken Seite zwischen einigen Fichten liegt. Der Sektor B befindet sich etwas rechts daneben.

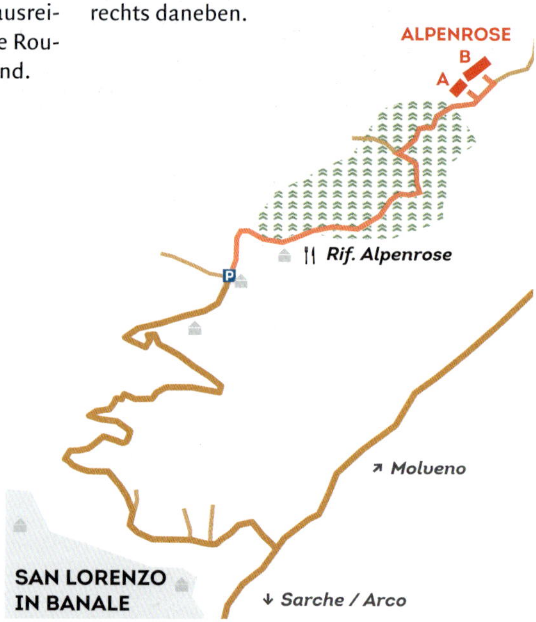

N° 34

3	4	5a	+	5b	+	5c	+	6a	+	6b	+	6c	+	7a	+	7b	+	7c	+	8a	+	8b	+	8c	+	9a	+
0	0	0	0	0	0	0	0	2	2	1	3	1	1	1	0	2	2	2	0	1	0	0	0	0	0	0	0

N W E S

| JAN | FEB | MÄR | APR | MAI | JUN | JUL | AUG | SEP | OKT | NOV | DEZ |

Sektor A1

	Route	Grad	Meter
1	N.N.	N.N.	12
2	N.N.	N.N.	12
3	N.N.	N.N.	14
4	N.N.	N.N.	20
5	N.N.	N.N.	20

	Route	Grad	Meter
6	N.N.	N.N.	18
7	N.N.	N.N.	18
8	N.N.	N.N.	20
9	N.N.	N.N.	20
10	N.N.	N.N.	18

Sektor A1

	Route	Grad	Meter
11	N.N.	N.N.	15
12	N.N.	N.N.	12
13	N.N.	N.N.	12
14	N.N.	N.N.	12
15	N.N.	N.N.	12
16	N.N.	N.N.	12

Sektor B1

	Route	Grad	Meter
1	N.N.	6a+	13
2	N.N.	6a	12
3	Silvestro	6a	12
4	Hai mangiato funghi	6b	12
5	Il grande porco	6c+	14

Sektor B2

	Route	Grad	Meter
6	La macchina office	6b+	16
7	Torquemada	6b+	16
8	Duel	6c	20
9	Re cremisi	7a	20
10	Del mondo	8a	24
11	Blood sugar sex magic	7b	24
12	Chi l'ha visto?	7b+	24

	Route	Grad	Meter
13	Chip Chip	7c	24
14	Ghiro volante	7c	24
15	Nel regno dei ragni	7b+	25
16	Rigor Mortis	7b	25
17	Nido di vespe	6b+	25
18	Il ladro di vie	6a+	25

Lammano, misty morning...

Foto: Verical-life

3.3 Nembia

★★★☆☆

San Lorenzo in Banale

780m | 1min | Kalk | P ★★★

Nembia bietet einige sehr schöne Routen in kompaktem grauen und gelben Kalk. Der Klettergarten ist bequem zu erreichen und liegt praktisch direkt neben der Straße. Außerdem ist er nur einige hundert Meter vom Klettergarten Promeghin entfernt.

Anfahrt

Von Arco Richtung Trient/Sarche. In Sarche nach links in Richtung Madonna di Campiglio fahren. Einige Kilometer nach Sarche rechts abbiegen und über eine Brücke nach Molveno fahren. Nach einiger Zeit erreicht man das Dorf San Lorenzo in Banale. Hier noch etwas weiter fahren, bis nach einem Tunnel auf der rechten Seite einen Parkplatz zu sehen ist, der gegenüber eines Schotterwerkes liegt.

Von San Michele kommend die Richtung nach Madonna di Campiglio und Molveno einschlagen. Bei Molveno vorbei und noch etwas weiter fahren, bis etwa 200 Meter vor einem Tunnel auf der linken Straßenseite gegenüber eines Schotterwerkes ein Parkplatz zu sehen ist.

Zustieg

Vom Parkplatz die Straße überqueren.

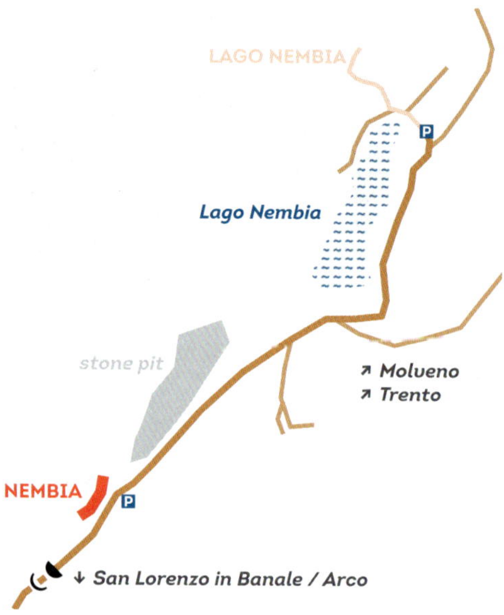

N°
10

3	4	5a	+	5b	+	5c	+	6a	+	6b	+	6c	+	7a	+	7b	+	7c	+	8a	+	8b	+	8c	+	9a	+
0	0	0	0	0	0	0	0	1	0	0	0	0	2	1	0	1	1	0	1	0	0	0	0	0	0	0	0

N W E S

| JAN | FEB | MÄR | APR | MAI | JUN | JUL | AUG | SEP | OKT | NOV | DEZ |

	Route	Grad	Meter
1	Fruehstueck	6a	15
2	Yanghizzati	7a	28
3	Mind Bomb	7b	28
4	N.N.	N.N.	28
5	Scasazza	7b+	28
6	Tofù	7c+	25
7	Cicco d'occhestra	6c+	30
8	Sioccann	6c+	23
9	La guide du monde	N.N.	26
10	L'anima del telemark	N.N.	25

3.4 Lago Nembia

Lago Nembia

★★★★☆

800m | 5min | Kalk | P ★★★

Der Klettergarten Lago Nembia ist durch seine Lage am See inmitten einer wunderschönen Parkanlage eine kleine Besonderheit. So ist es fast ein Muss hier vorbei zu kommen, wenn man sich in der Umgebung von Molveno befindet. Die Reibung am Fels ist hervorragend und die gelbe Wand des Sektors B äußerst spektakulär.

Anfahrt

Von Arco Richtung Trient/Sarche fahren. In Sarche nach links in Richtung Madonna di Campiglio. Einige Kilometer nach Sarche rechts über eine Brücke nach Molveno abzweigen. Nach einiger Zeit erreicht man das Dorf San Lorenzo in Banale. Hier noch wenige Kilometer weiter bis zum Nembia-See fahren. Links einbiegen und entlang des Sees weiterfahren bis vor eine Brücke, wo geparkt werden kann.

Von San Michele Richtung Madonna di Campiglio und Richtung Molveno. Bei den Dörfern Andalo und Molveno vorbei und weiter Richtung San Lorenzo in Banale. Nach Molveno am See vorbei und gleich danach rechts in eine Straße einbiegen, die zum Nembia-See führt. Bis zu einer Brücke weiterfahren, wo man parken kann.

Zustieg

Vom Parkplatz über die Brücke gehen und rechts der Mauer einem kleinen Pfad folgen. Dieser führt nach wenigen Minuten zum Sektor A und etwas weiter zum Sektor B.

N° 19

3	4	5a	+	5b	+	5c	+	6a	+	6b	+	6c	+	7a	+	7b	+	7c	+	8a	+	8b	+	8c	+	9a	+
0	0	0	0	0	0	0	0	1	1	2	1	0	0	1	0	6	0	2	0	1	0	0	0	0	0	0	0

| JAN | FEB | MÄR | APR | MAI | JUN | JUL | AUG | SEP | OKT | NOV | DEZ |

Sektor A

	Route	Grad	Meter
1	Illusioni	7b	21
2	Misticanza	7b	28
3	Panza	7b	29
4	Spigolando	N.N.	28
5	Il fisioterapista	7c	18
6	Colasanti	7b	17

	Route	Grad	Meter
7	La manovra	7b	18
8	L'adattatore	7a	20
9	Angela	6b+	20
10	Megaloman	6b	20
11	Mia moglie è una golf	6a+	15
12	René	6b	15

Sektor B

	Route	Grad	Meter
1	Ritual de lo habitual	8a	110
2	Panoramix	7c	25
3	Asterix	N.N.	25
4	Obelix	N.N.	25
5	Matrix	N.N.	25
6	Variante	6a	25
7	Il solitario	7b	30

3.5 Sunny Place

Stenico

850m 20min Kalk

Sunny Place liegt idyllisch in einem Wald etwas oberhalb von Stenico. Der Klettergarten bietet hervorragende Felsqualität und anspruchsvolle Routen. Nach Regentagen bleibt die Wand zwar für einige Zeit nass, einmal getrocknet ist schöne, interessante Kletterei garantiert. Die Bäume am Wandfuß versprechen an heißen Tagen kühlenden Schatten.

Anfahrt

Von Arco Richtung Trient/Sarche. In Sarche links Richtung Madonna di Campiglio abbiegen, der Straße folgen und einige Tunnel passieren. Nach einer langen Rechtskurve (vor Ponte Arche) befindet sich links eine Brücke, diese überqueren und in Richtung Stenico/Molveno fahren. In Villa Banale links nach Stenico abbiegen. Dort angekommen die Straße nehmen, welche nach Molveno führt. Nach den letzten Häusern bei einer Bushaltestelle auf der linken Seite eine Nebenstraße hochfahren (Via Doss Marin). Am Ende des Anstieges rechts und gleich darauf links auf eine Forstraße abbiegen, um schließlich neben der Straße zu parken.

Zustieg

Vom Parkplatz einer Fortstraße bis zum Ende der Steinmauer folgen. Hier beginnt rechts ein Weg, welcher weiter zur Forstraße führt. Dort links weitergehen bis zu einer Wegkreuzung. Allerdings nicht den ersten auf der rechten Seite (blauen Markierungen) wählen, sondern den nächsten, mit Steinmännchen gekennzeichneten Weg einschlagen. Dieser führt steil in den Wald zum Klettergarten.

N° 29

3	4	5a	+	5b	+	5c	+	6a	+	6b	+	6c	+	7a	+	7b	+	7c	+	8a	+	8b	+	8c	+	9a	+
0	1	1	0	0	0	1	0	2	2	2	1	2	2	4	0	1	2	3	0	2	1	0	0	0	0	0	0

N W E S

| JAN | FEB | MÄR | APR | MAI | JUN | JUL | AUG | SEP | OKT | NOV | DEZ |

Sunny Place wird seinem Namen gerecht und ist deshalb auch im Winter an Sonnentagen ein guter Tip.

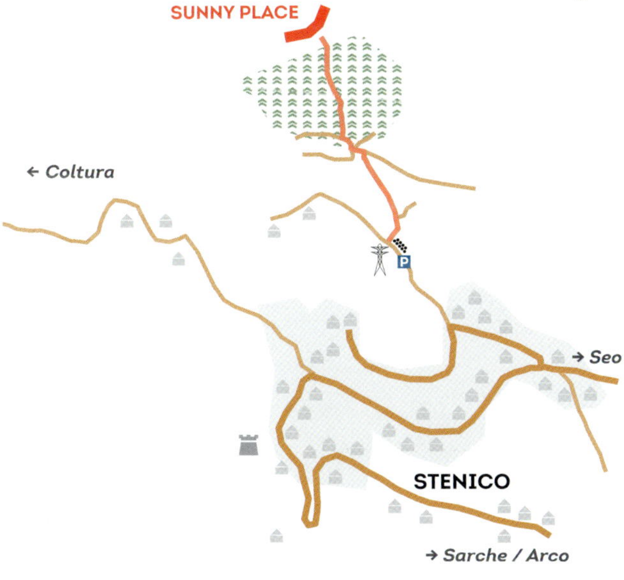

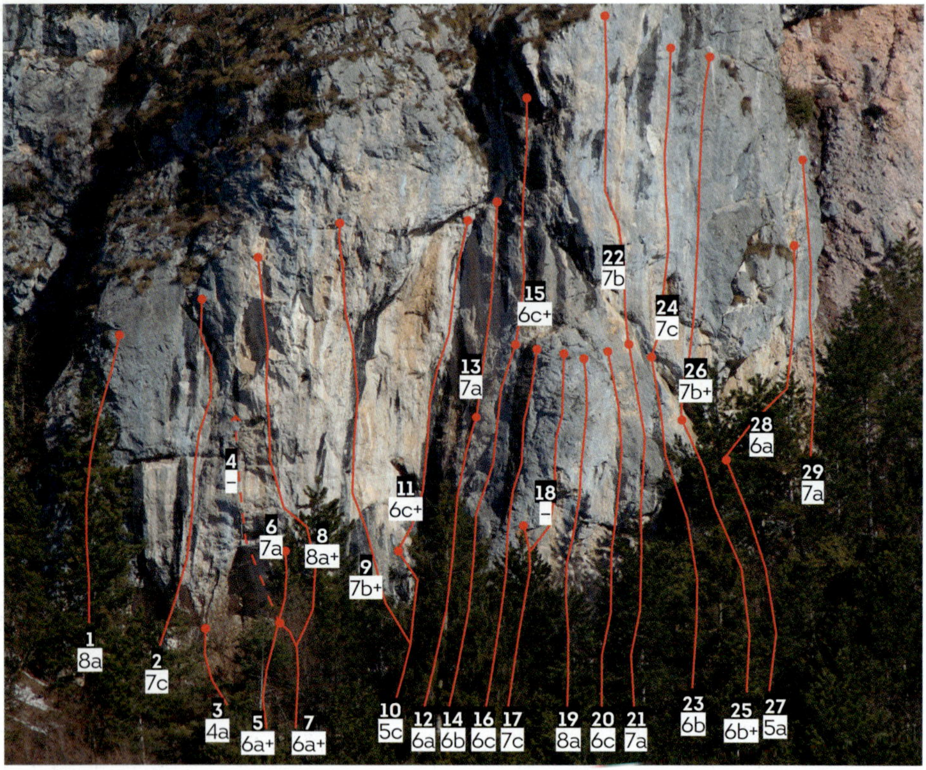

	Route	Grad	Meter
1	Da libberà	8a	20
2	Endemistico	7c	25
3	Les Gardion	4a	12
4	N.N.	N.N.	N.N.
5	Revolution	6a+	12
6	Revolution (2nd pitch)	7a	4
7	Roccando Rollando	6a+	15
8	Roccando Rollando (2nd pitch)	8a+	15
9	La pippanda	7b+	30
10	Anarchia Alpestre	5c	12
11	Anarchia Alpestre (2nd pitch)	6c+	18
12	Il ballo dei babbei	6a	18
13	Moorcheba	7a	12
14	Alfa	6b	18

	Route	Grad	Meter
15	Alfa-Alfa	6c+	15
16	Borobudur	6c	20
17	Kamasutra	7c	13
18	N.N.	N.N.	18
19	N.N.	8a	15
20	Loggia	6c	15
21	Mutanda Stanca	7a	15
22	Solaria	7b	20
23	Vatic ano	6b	15
24	Zoe	7c	20
25	Sandala	6b+	15
26	Shitting money	7b+	15
27	A-cesso	5a	15
28	Pan	6a	20
29	Lum	7a	15

OFFICIAL DEALER
CRAZY idea.it
VERTICAL SPORT
...è la passione che fa la differenza
La miglior selezione di attrezzatura e abbigliamento ai prezzi migliori la trovi da noi
ARCO - TRENTO - PIETRAMURATA - TRANSACQUA - MANTOVA

3.6 Val d'Algone

Stenico

★★★★☆

650m | 2min | Kalk

Val d'Algone ist ein idealer Klettergarten für heiße Tage, an denen es in Arco unerträglich ist. Dank der Ausrichtung und dem Schatten, den die Bäume spenden, kann hier auch in den Sommermonaten geklettert werden. Der kleine Bach am Fuße des Klettergartens macht das Gebiet zu einem idyllischen Plätzchen. Auch für Familien ist der Klettergarten ideal, da der Zustieg sehr kurz und am Wandfuß ausreichend Platz vorhanden ist.

Anfahrt

Von Arco Richtung Trient/Sarche. In Sarche angekommen, nach Madonna di Campiglio abbiegen. Zuerst Richtung Tione und nach einem Tunnel nach Stenico fahren. Dort angekommen, das Dorf durchqueren und weiter Richtung Rigoli fahren. Vor einer Brücke zweigt eine kleine Straße rechts nach Val d'Algone ab. Für einige Kilometer dieser Straße folgen. Die Felswand liegt links von der Straße und ist von der Straße aus gut erkennbar. Geparkt wird neben der Straße.

Zustieg

Den Bach überqueren und direkt zu den Felsen gehen.

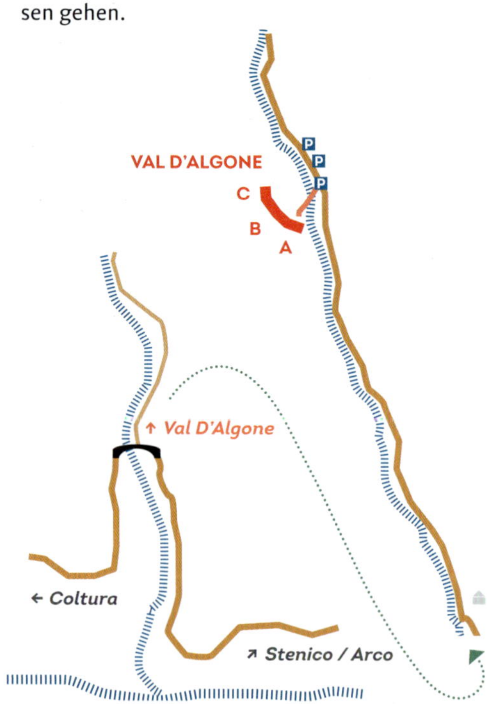

N°
61

3	4	5a	+	5b	+	5c	+	6a	+	6b	+	6c	+	7a	+	7b	+	7c	+	8a	+	8b	+	8c	+	9a	+
0	1	0	0	2	0	1	0	3	7	11	5	8	8	10	3	1	0	1	0	0	0	0	0	0	0	0	0

| JAN | FEB | MÄR | APR | MAI | JUN | JUL | AUG | SEP | OKT | NOV | DEZ |

Sektor A

	Route	Grad	Meter
1	Piccole pesti	4c	10
2	Rien va plus	6c	15
3	Transgenica	7a	20
4	Taln	7b	18
5	L'unico vizio de me fiol	6b	15
6	Tuc tuc	6a	15
7	Il nido del ragno	6b+	25
8	Tolleranza zero	7a	25
9	Nee	6c	25
10	Ayutthaya	6b+	25
11	Snoopy bar bondo	6b	25
12	Damela tomela	6b	20
13	Il faggio	6a+	20
14	Batti il tuo tempo	6a	20
15	Per fottere il potere	6b	20
16	Test	5c	20
17	Arbeit macht strac	5b	20
18	Grosse busen	5b	20
19	Klinker	6a	25
20	N.N.	6a+	25
21	Specchio	6b	25
22	Mosaico	6a+	30
23	Garapata	6b	30
24	Tiromancino	6a+	15
25	Eruzione cutanea	6b+	20

Sektor B1

	Route	Grad	Meter
1	Déjà vu	6b+	20
2	Lo scorpione	6c	20
3	Stir it up	6c	20
4	Bkk	6c+	20
5	Via dei Talebani	6a+	18
6	Dolphinger	7a+	18
7	Nefertiti	7a	18

Sektor B2

	Route	Grad	Meter
8	Jah	6c+	20
9	Raperonzolo	6b	20
10	Diedrolo	6c+	20
11	Luna	6b	20
12	Ray Ley Ray Ley	7a	20
13	Patpong	6c	20

	Route	Grad	Meter
14	Ko nok	7a+	23
15	Algonica	6c	23
16	Goduria	6b+	25
17	Shinga	6b	25
18	Clexydra	6b	28
19	Putrefax	6b	20

Sektor C1

	Route	Grad	Meter
1	Asbalz	7c	15
2	Canna sonante	7a+	15
3	Wat arun	6c+	30
4	Imperversandro	6c+	20
5	Asia	7a	20
6	Nanà	7a	22
7	Alcoolic passenger	6c+	25
8	Psychedelic fly	7a	25
9	Scandalosa Mary	7a	25

Sektor C2

	Route	Grad	Meter
10	Elias	6c+	20
11	Bez Holostj	6c+	22
12	Torquemada	6c	20
13	Turgida	6c	20

	Route	Grad	Meter
14	Orange bat	7a	18
15	The pusher	6a+	20
16	La Lu	6a+	20
17	Last waltz	7a	18

3.7 Coltura

★★★★☆ **Coltura**

590m | 1min | Kalk | P ★★★

Der Felsriegel von Coltura liegt direkt neben der Straße und ist daher für all jene Kletterer bequem, die lange Zustiege scheuen. Im zentralen Bereich wurden einige neue Touren mit bis zu drei Seillängen eingebohrt. Auch in den Sektoren Patagonia und Cengia sind kürzlich neue Routen entstanden.

Anfahrt

Von Arco Richtung Trient/Sarche. In Sarche angekommen, nach Madonna di Campiglio abbiegen. Zuerst Richtung Tione und dann, nach einem Tunnel, nach Stenico fahren. In Stenico das Dorf durchqueren und weiter Richtung Rigoli. Etwas weiter vor einer Brücke zweigt eine kleine Straße rechts nach Val d' Algone ab, wo der gleichnamige Klettergarten liegt. Jedoch nicht diese Straße wählen, sondern weiter über die Brücke der Straße folgen, bis zu einem Parkplatz auf der rechten Seite, der direkt am Fuße des Klettergartens liegt. Hier oder etwas weiter vorne parken.

Zustieg

Der Klettergarten befindet sich direkt neben dem Parkplatz.

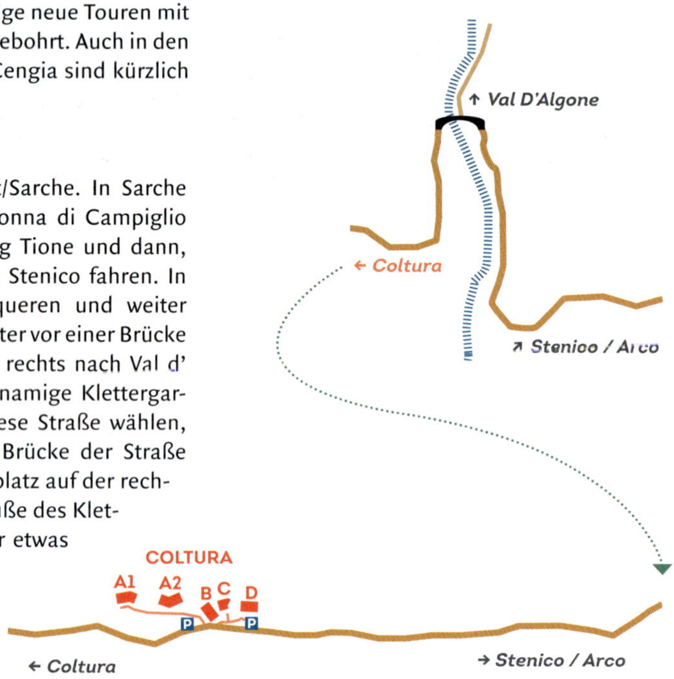

N° 93

3	4	5a	+	5b	+	5c	+	6a	+	6b	+	6c	+	7a	+	7b	+	7c	+	8a	+	8b	+	8c	+	9a	+
0	2	2	0	3	0	2	0	10	8	9	7	4	2	7	2	3	4	3	3	5	1	1	0	0	0	0	0

N W E S

| JAN | FEB | MÄR | APR | MAI | JUN | JUL | AUG | SEP | OKT | NOV | DEZ |

Sektor A

	Route	Grad	Meter
1	N.N.	N.N.	15
2	N.N.	N.N.	15
3	N.N.	N.N.	15
4	N.N.	N.N.	18
5	N.N.	N.N.	18
6	N.N.	N.N.	10

Sektor A

	Route	Grad	Meter
7	N.N.	N.N.	10
8	Falco della notte	6a	15
9	Sentenza	7a	18
10	Il monco	7a+	25
11	Coltura intensiva	7a+	25
12	Cassandra	N.N.	15

	Route	Grad	Meter
13	Mandala	7b+	25
14	Atlantide	6b	25
15	Popolo del sole	7a	25
16	Miraggio	6c+	25
17	Il pellegrino	6a+	20

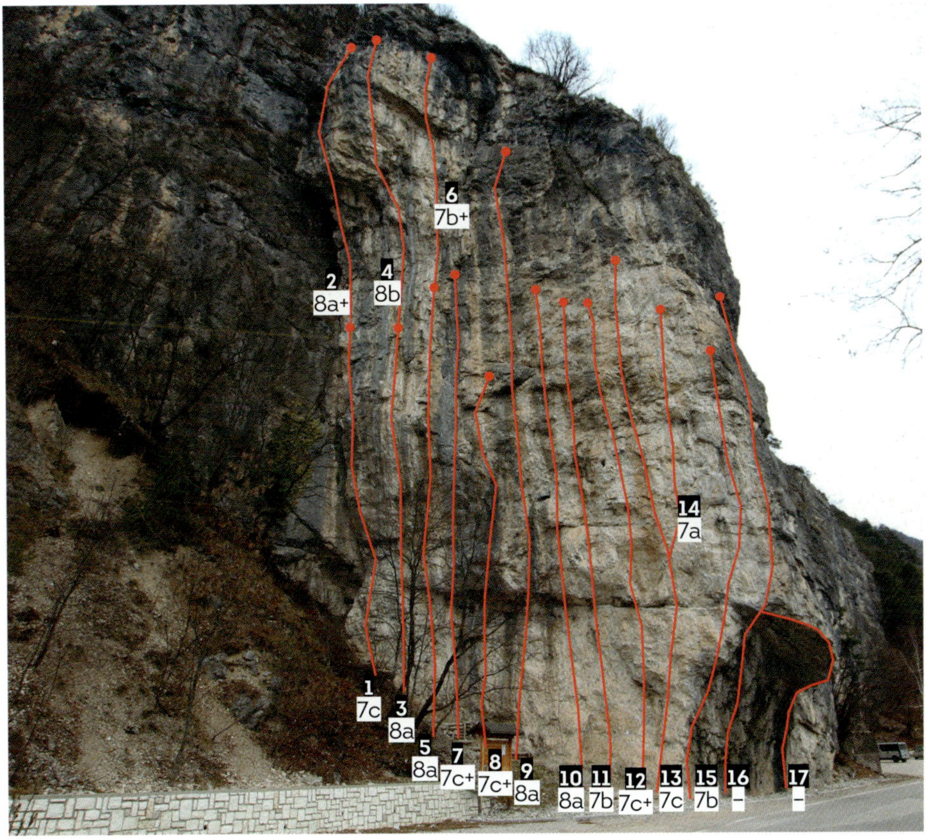

Sektor B - Patagonia

	Route	Grad	Meter
1	Giorni liquidi	7c	20
2	Iron climbing	8a+	20
3	Road to nowhere	8a	20
4	L'allocco	8b	20
5	Odissea	8a	20
6	Odissea Plus	7b+	20
7	La belenottera	7c+	20
8	Lupus Infabula	7c+	20
9	Transculturale	8a	35

	Route	Grad	Meter
10	L'analfabeta	8a	30
11	Mefisto	7b	30
12	Delirio Tremens	7c+	30
13	Attila	7c	30
14	Rockerduc	7a	22
15	Papillon	7b	25
16	Oti spritz	N.N.	30
17	Il re dell'oltre	N.N.	18

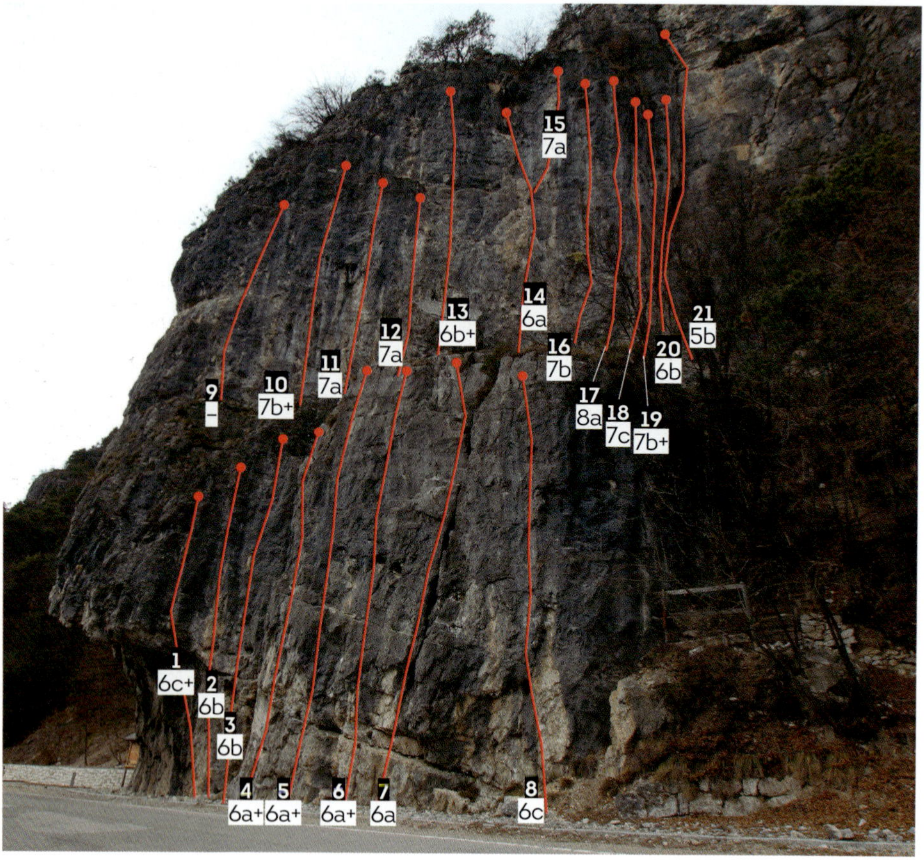

Sektor C

	Route	Grad	Meter
1	Dream	6c+	10
2	N.N.	6b	10
3	Giovanna tutta panna	6b	10
4	Road Runner	6a+	10
5	N.N.	6a+	10
6	Frish Fresh	6a+	10
7	N.N.	6a	12
8	Woodstock	6c	10
9	N.N.	N.N.	12
10	Goblin	7b+	15
11	Tarzan	7a	12

	Route	Grad	Meter
12	N.N.	7a	12
13	Easy way	6b+	25
14	Diedro Ermanno	6a	20
15	Variante	7a	27
16	L'idraulico	7b	26
17	L'uomo azzurro	8a	24
18	Morto che cammina	7c	18
19	Calvario	7b+	20
20	Fessura	6b	22
21	Diedro Didattico	5b	30

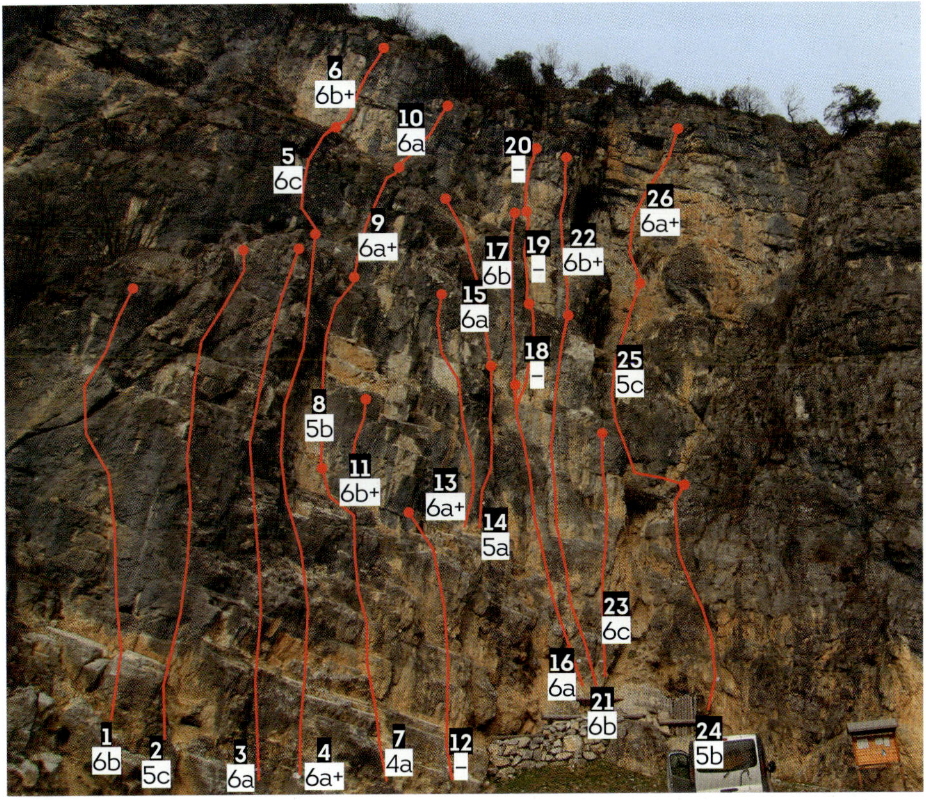

Sektor D1

	Route	Grad	Meter
1	Lo scorpione è in agguato	6b	18
2	Il pilastro del brenta	5c	25
3	Claudia	6a	30
4	Alejandra (1st pitch)	6a+	35
5	Alejandra (2nd pitch)	6c	20
6	Alejandra (3rd pitch)	6b+	20
7	Giorgio (1st pitch)	4a	15
8	Giorgio (2nd pitch)	5b	18
9	Giorgio (3rd pitch)	6a+	20
10	Giorgio (4th pitch)	6a	15
11	Placca sira	6b+	4
12	Il declino di un climber	N.N.	10
13	Evelyn	6a+	18

	Route	Grad	Meter
14	Andrea (1st pitch)	5a	12
15	Andrea (2nd pitch)	6a	15
16	Leyla (1st pitch)	6a	20
17	Leyla (2nd pitch)	6b	20
18	N.N.	N.N.	10
19	N.N. (1st pitch)	N.N.	15
20	N.N. (2nd pitch)	N.N.	15
21	Martina (1st pitch)	6b	25
22	Martina (2nd pitch)	6b+	12
23	Alessia	6c	15
24	Beber (1st pitch)	5b	15
25	Beber (2nd pitch)	5c	20
26	Beber (3rd pitch)	6a+	25

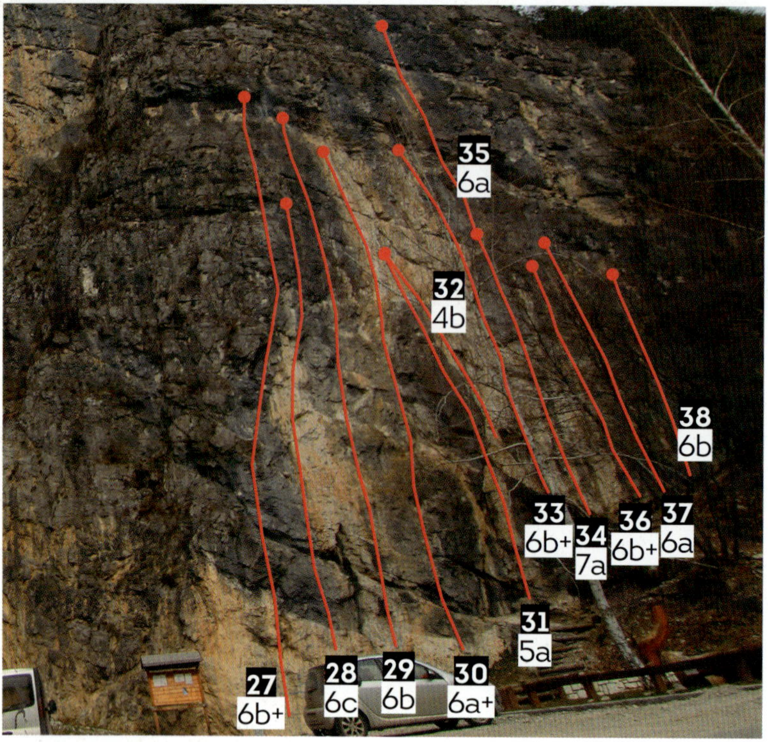

Sektor D2

	Route	Grad	Meter
27	I me noni	6b+	30
28	La buena estrella	6c	20
29	Regina della notte	6b	28
30	N.N.	6a+	25
31	Orson & Ruga	5a	15
32	N.N.	4b	15

	Route	Grad	Meter
33	Blocco Mentale	6b+	20
34	Break finger (1st pitch)	7a	13
35	Break finger (2nd pitch)	6a	15
36	Falchetti	6b+	11
37	Baza	6a	12
38	Bella Gita	6b	10

Vorsicht, haarige
Raupen in Lomasone

Foto: Ulla Lohmann

3.8 Croz de le Niere

Preore

620m | 1min | Kalk

Der Klettergarten Croz de le Niere liegt oberhalb des Dorfes Preore, direkt neben der Straße. Die Wand bietet vor allem leichte Routen und am Wandfuß befindet sich ein Picknickplatz, der sich hervorragend für einen Ausflug mit der Familie eignet.

Anfahrt

Von Arco Richtung Trient/Sarche fahren. In Sarche nach links Richtung Madonna di Campiglio einbiegen. Nach einiger Zeit der Beschilderung Richtung Tione (immer noch Richtung Madonna di Campiglio) folgen. Etwa fünf Kilometer vor Tione nach Ragoli abzweigen und rechts über eine Brücke fahren. Das Dorf durchqueren und weiter nach Preore. Im Dorfzentrum von Preore, rechts der Straße nach Montagne folgen. Kurz nach der ersten Kehre befindet sich auf der linken Seite ein Picknickplatz. Hier parken.

Zustieg

Der erste Sektor befindet sich direkt neben dem Parkplatz. Die anderen Sektoren sind über die Holztreppen links vom Parkplatz zu erreichen.

Besonderheiten

Wir haben den Sektor La Fata nicht berücksichtigt, da einige Routen von den Sicherheitsnetzen gegen Steinschlaggefahr regelrecht „ruiniert“ worden sind. Außerdem befindet sich der Sektor genau oberhalb der Sektoren Mr. Durro und Lavarda. Es kann daher passieren, dass Steine losgetreten werden und diese die Kletternden darunter gefährden.

N°
74

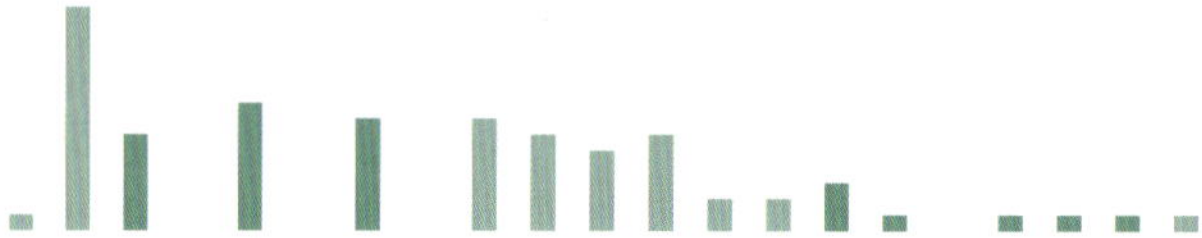

3	4	5a	+	5b	+	5c	+	6a	+	6b	+	6c	+	7a	+	7b	+	7c	+	8a	+	8b	+	8c	+	9a	+
1	14	6	0	8	0	7	0	7	6	5	6	2	2	3	1	0	1	1	1	1	0	0	0	0	0	0	0

N W E S

| JAN | FEB | MÄR | APR | MAI | JUN | JUL | AUG | SEP | OKT | NOV | DEZ |

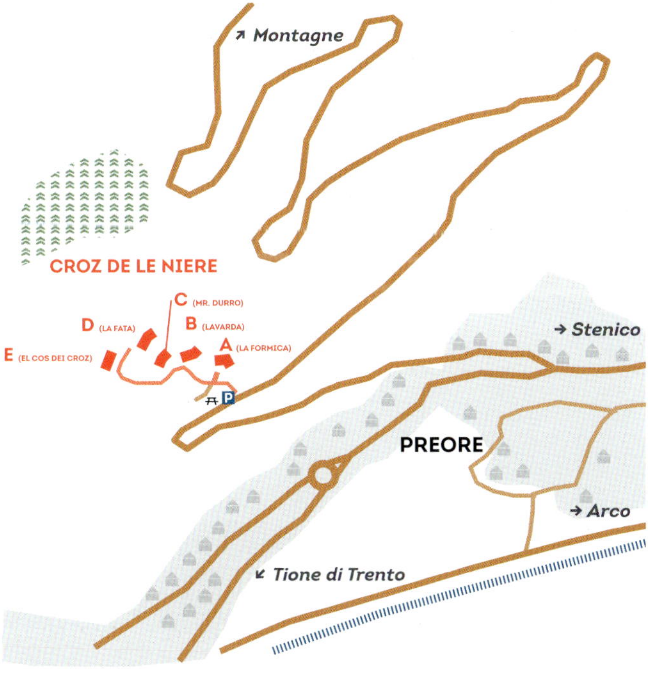
Montagne
CROZ DE LE NIERE
C (MR. DURRO)
D (LA FATA)
B (LAVARDA)
E (EL COS DEI CROZ)
A (LA FORMICA)
P
Stenico
PREORE
Arco
Tione di Trento

Sektor A – La Formica

	Route	Grad	Meter
1	Pilastro moana	6a	20
2	Il pigro	5b	20
3	Diedro 84	4c	22
4	La volpe	4c	25
5	N.N.	5b	23
6	Gigi Problem	5a	8
7	Cavalcando l'asino	4c	17
8	Cavalcando l'asino (2nd pitch)	5c	15
9	Sali o scendi	5b	25
10	Via della domenica	5a	25
11	Variante	5c	23
12	La riscossa del codardo	5c	16

	Route	Grad	Meter
13	Sti du Braci	6b+	10
14	La volpe 2	4b	15
15	Un posto al sole	6a	15
16	Green 2	4c	18
17	Ten yaers after	6a+	18
18	Via della domenica 2	5a	15
19	Semaforo rosso	6a	15
20	Dolci creature	6a	15
21	Volion curva	6b	14
22	Nanninga	5b	15
23	Sabato	4b	15
24	Giardino nascosto	5b	15
25	Emental	4a	17

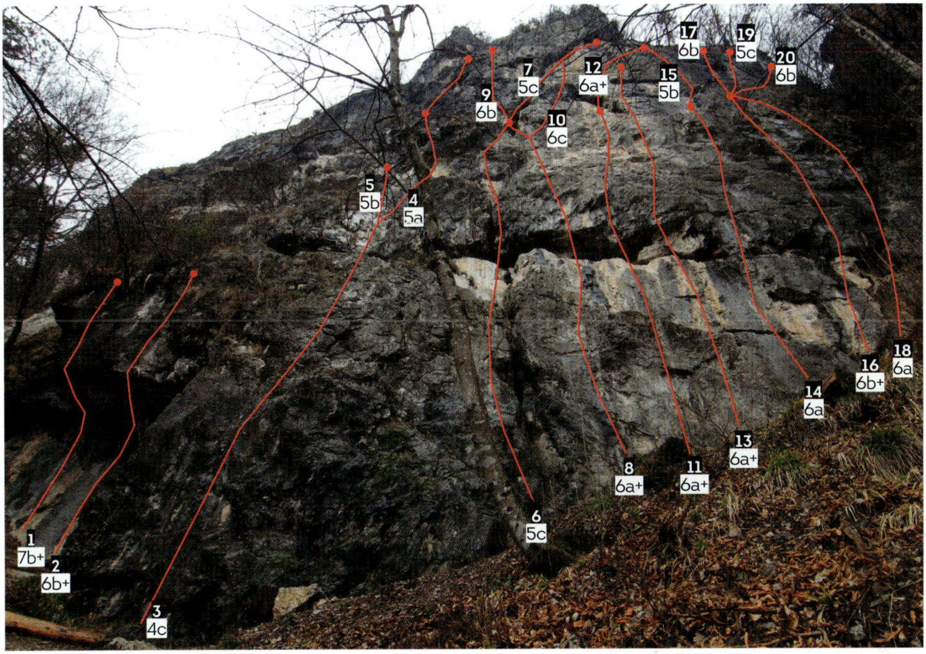

Sektor B - Lavarda

	Route	Grad	Meter
1	La fin del Socialista	7b+	7
2	No Stop	6b+	8
3	I no Boni (1st pitch)	4c	25
4	I no Boni (2nd pitch)	5a	20
5	N.N.	5b	21
6	L'equivoco (1st pitch)	5c	21
7	L'equivoco (2nd pitch)	5c	12
8	Le Ivane (1st pitch)	6a+	21
9	Le Ivane (2nd pitch)	6b	15
10	Avanagana	6c	8

	Route	Grad	Meter
11	Garabonbo (1st pitch)	6a+	20
12	Garabonbo (2nd pitch)	6a+	10
13	Carie	6a+	24
14	Preore (1st pitch)	6a	20
15	Preore (2nd pitch)	5b	12
16	Poco sale (1st pitch)	6b+	20
17	Poco sale (2nd pitch)	6b	12
18	Luky Luke (1st pitch)	6a	18
19	Luky Luke (2nd pitch)	5c	12
20	Sindrome da cofano	6b	12

Sektor C1 - Mr. Durro

	Route	Grad	Meter
1	Botanica	6a+	18
2	I Segui	6b+	20
3	Dildo	6c	20
4	Superdildo	6b+	15
5	Pepa	7a	15
6	I Pinocchi	N.N.	15

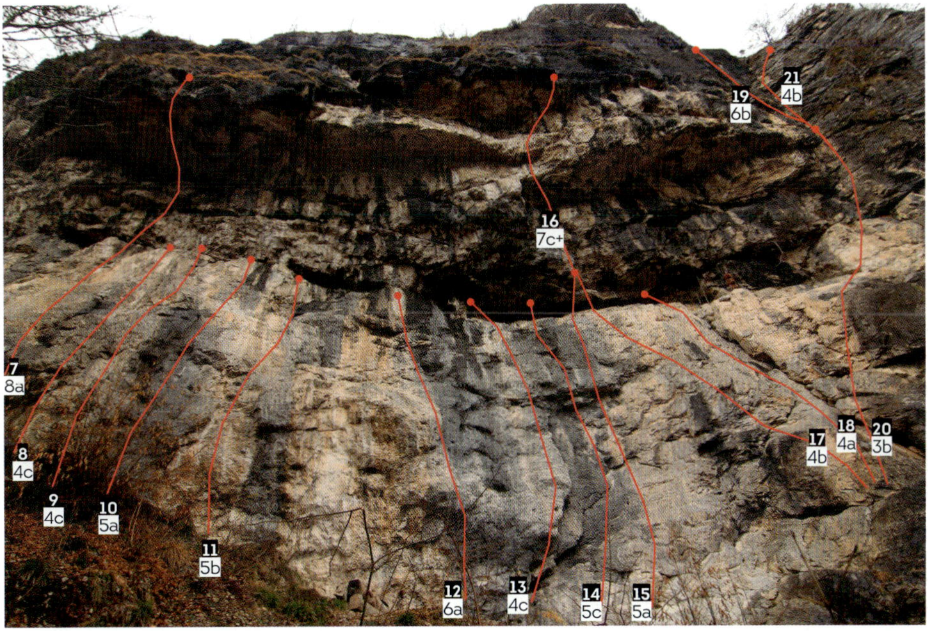

Sektor C2 - Mr. Durro

	Route	Grad	Meter
7	Just for one day	8a	18
8	Il simpicato Funari	4c	10
9	No Smoking	4c	10
10	La certosina	5a	10
11	Cos	5b	11
12	Pancetta	6a	10
13	I coioni	4c	10
14	Titoni	5c	10

	Route	Grad	Meter
15	05.11.1986 (1st pitch)	5a	10
16	05.11.1986 (2nd pitch)	7c+	15
17	Buoker T.	4b	10
18	La raza	4a	10
19	Mefalda	6b	35
20	Anni 60 (2nd pitch)	3b	20
21	Anni 60 (1st pitch)	4b	15

Sektor E - El Cos dei Croz

	Route	Grad	Meter
1	N.N.	N.N.	N.N.
2	L'ocio dei senter	6c+	25
3	Mr. Durrro	7c	25
4	Scannamento	7a	23

	Route	Grad	Meter
5	Globulo	6b+	23
6	N.N.	6c+	23
7	La fata	7a+	20
8	Guardian de le niere	7a	20

Climbing Guides
for Androids
vertical-life
climbing
App Guides
Search
Favourites
my vertical-life
Search your
grade,
find it
&
go
climbing!
New Android App Guides
by July 2013 - Google Play Store
vertical-life.info

3.9 Breguzzo

★★★☆☆ **Breguzzo**

950m | 10min | Kalk | P ★★★

Dank seiner Ausrichtung und Meereshöhe ist Breguzzo ein idealer Klettergarten für den Sommer. Leider sind einige Routen durch Arbeiten am Fels beschädigt worden, aber alle übrigen Routen und vor allem jene im Überhang sind überaus schön und interessant zum Klettern.

Anfahrt

Von Arco Richtung Trient/Sarche fahren. In Sarche nach links in Richtung Madonna di Campiglio abbiegen. Nach einiger Zeit den Schildern nach Tione folgen. In Tione angekommen, zweigt man beim Kreisverkehr links Richtung Brescia/Breguzzo ab. Nach einigen Kilometern erreicht man Breguzzo. Gleich nach der kleinen Kirche am Dorfeingang (Achtung, es gibt eine zweite Kirche im Dorfzentrum) nach rechts in die Straße Via Rocca einbiegen. Weiterfahren bis zu einem Parkplatz auf der rechten Seite, in dessen Nähe sich ein Elektrizitätswerk befindet.

N° 24

3	4	5a	+	5b	+	5c	+	6a	+	6b	+	6c	+	7a	+	7b	+	7c	+	8a	+	8b	+	8c	+	9a	+
0	1	1	0	0	0	0	0	2	2	0	1	2	1	3	1	1	3	2	1	2	0	1	0	0	0	0	0

N W E S

| JAN | FEB | MÄR | APR | MAI | JUN | JUL | AUG | SEP | OKT | NOV | DEZ |

Zustieg

Vom Parkplatz die Straße etwa 50 Meter zurückgehen und einem Weg auf der rechten Seite nach oben folgen, bis man zwischen zwei Strommasten auf eine Forststraße kommt. Etwa 20 Meter aufwärts steht ein weiterer Strommasten, hier zweigt ein kleiner Pfad rechts ab. Diesem folgen bis auf einen breiten Weg. Erneut nach rechts für wenige Meter. Von hier aus kann man bereits die Felswand erkennen. Links weiter zwischen Steinschlagverbauungen bis zum Klettergarten (Holzschild).

	Route	Grad	Meter
1	Tasche	6a	18
2	Cagola	6a	18
3	Borsàc'	7b+	15
4	Polenti	7c+	18
5	Mondi	8b	20
6	Giogi	7a+	20
7	Sechi	7b	25
8	Struz	7c	27
9	Rimonel	7c	27
10	Perobale (1st pitch)	6c	16
11	Perobale (2nd pitch)	7b+	9

	Route	Grad	Meter
12	Forlì	8a	28
13	Barachì	7a	25
14	Bagoi	6c	25
15	Pancì	7a	23
16	Pagnate	8a	23
17	Castèi	7b+	23
18	Patafì	7a	20

	Route	Grad	Meter
19	Mitildi	6b+	20
20	Pimpincl	6c+	22
21	Prenzip	6a+	18
22	Postelari	5a	17
23	Feracì	6a+	17
24	Bartòi	4b	15

Eine seltene Art des Felsenspringers in den Wänden von Val Lomasone *(Machilis sp.)*

Foto: Ulla Lohmann

3.10 Val Lomasone

★★★★☆ **Dasindo**

600m | 10min | Kalk

Mitten im Tal Val Lomasone gelegen, ist dieses Gebiet eine Perle für das Klettern während der Sommermonate. Ob Anfänger oder routinierter Kletterer: Die Menge und die Vielfalt der Routen sorgen dafür, dass jeder die ideale Herausforderung findet. Ein zusätzlicher Pluspunkt ist der wundervolle Blick auf die Brenta- und die Adamellogruppe.

Anfahrt

Von Arco Richtung Trient/Sarche fahren. In Sarche angekommen, links Richtung Madonna di Campiglio abbiegen und die ansteigende Straße hochfahren. Nach einigen Kilometern die Ortschaft Ponte Arche passieren und am Dorfende links Richtung Lomaso abzweigen. Die Straße führt über einige Kehren auf ein Hochplateau. An mehreren Dörfern vorbeifahren, in Dasindo schließlich einbiegen und Richtung Ortskern fahren. Bei einem großen Steinkreuz links in eine Gasse fahren und die Kirche rechts liegen lassen. Diese Straße führt über einigen Wiesen, durch mehrere Wälder und an einer Fischzucht und einem alten, verlassenen Gebäude vorbei. Kurz darauf ist auf der rechten Seite der Parkplatz zu sehen (Parcheggio arrampicata).

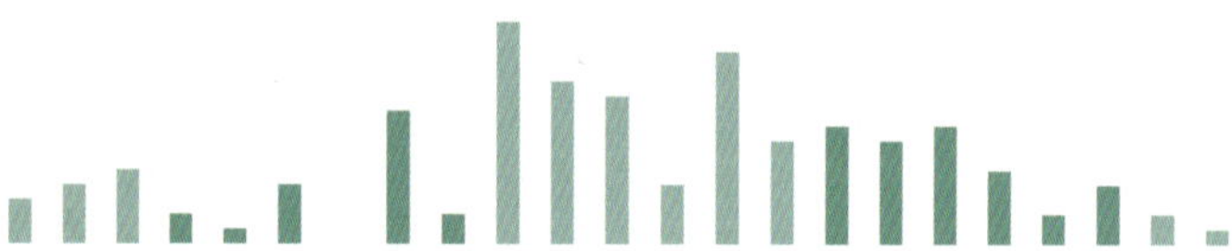

N° 128

2	3	4	5a	+	5b	+	5c	+	6a	+	6b	+	6c	+	7a	+	7b	+	7c	+	8a	+	8b	+	8c	+	9a
3	4	5	2	1	4	0	9	2	15	11	10	4	13	7	8	7	8	5	2	4	2	1	0	0	0	0	0

N W E S

| JAN | FEB | MÄR | **APR** | **MAI** | **JUN** | **JUL** | **AUG** | **SEP** | OKT | NOV | DEZ |

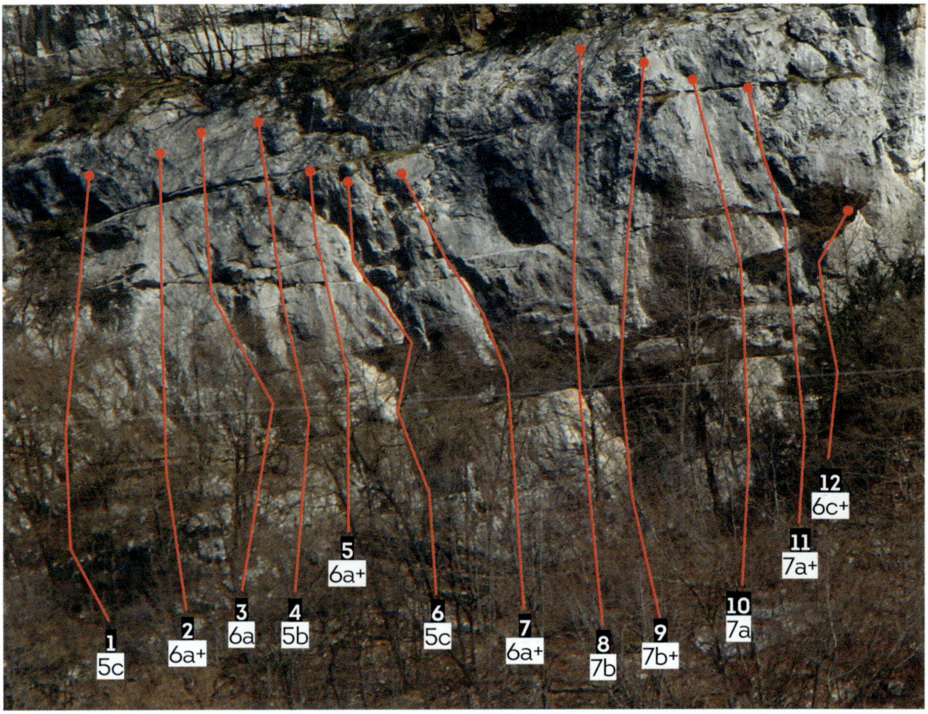

Sektor A – Unterer Sektor links

	Route	Grad	Meter
1	Ciclamino	5c	15
2	Derubata	6a+	15
3	Bus Del Gnao	6a	15
4	Aichemal	5b	18
5	Via del Comitato	6a+	18
6	Santa Lucia	5c	20
7	Maialino fatato	6a+	20
8	Via dei santi	7b	23
9	Mucca Pazza	7b+	20
10	Hansel	7a	20
11	Gretel	7a+	20
12	Nas	6c+	15

Zustieg

Gegenüber des Parkplatzes führt ein Weg über eine Wiese und durch einen Wald direkt zu den Sektoren. Einfach der Beschilderung folgen.

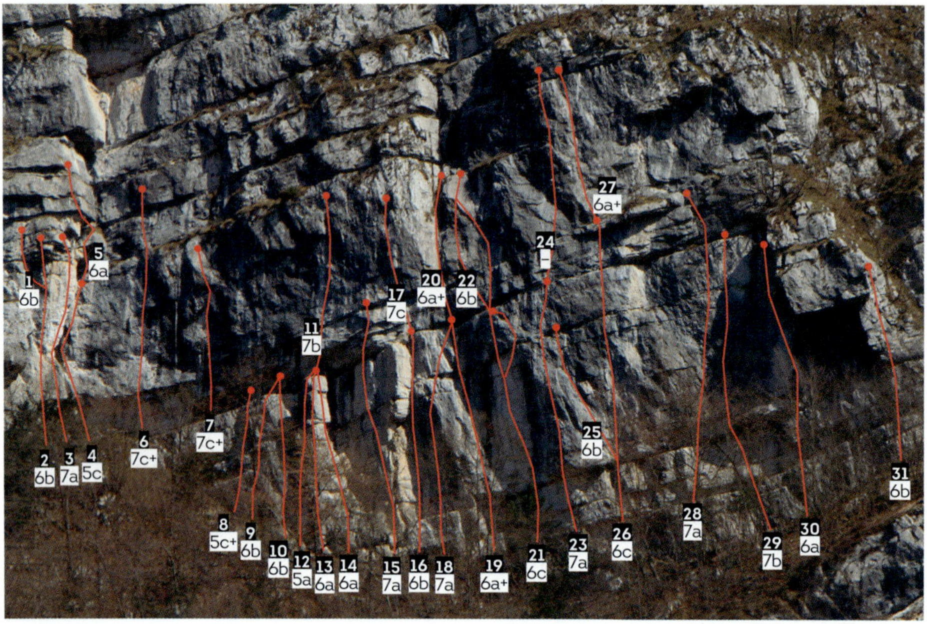

Sektor B - Unterer Sektor rechts

	Route	Grad	Meter
1	4 Stagioni	6b	27
2	4 Stagioni (variante)	6b	25
3	Elefante	7a	25
4	Camino Real	5c	20
5	Camino Real (2nd pitch)	6a	20
6	Memorie alcoliche	7c+	25
7	Demoni e fate	7c+	18
8	Baby	5c+	10
9	Paoleta	6b	10
10	Sghit	6b	18
11	Castello della rana verde	7b	12
12	Campanil Nord	5a	15
13	Campanil Ovest	6a	15
14	Campanil Sud	6a	15
15	Tocaia	7a	15
16	Diedro rotto	6b	25
17	Diedro rotto (2nd pitch)	7c	15
18	Gandalf	7a	20
19	Luce nuova	6a+	23
20	Luce nuova (2nd pitch)	6a+	20
21	Maripoppins	6c	20
22	Maripoppins (2nd pitch)	6b	20
23	Tupamaros	7a	25
24	Tupamaros (2nd pitch)	N.N.	20
25	Diagonale	6b	20
26	Candomblè	6c	25
27	Candomblè (2nd pitch)	6a+	15
28	Icaro	7a	25
29	Achab	7b	22
30	Via del Cubo	6a	20
31	Spigolo Sud	6b	20

Sektor C - Oberer Sektor

	Route	Grad	Meter
1	Tosto	7a+	12
2	Divorzio	6c	12
3	Lampo	6c	12
4	Panorama	6c+	25
5	Monte Brento	7a+	25
6	Signorina	5c	20
7	Disonesta	7a+	25
8	Linda	7a+	25
9	Simone	6c	25
10	Drum light	7b+	25
11	Berta	6a	15
12	Senza codice	7b	28
13	Rambla	7b+	28
14	Lucignolo	7c+	28
15	Ten' culo	8a	28
16	Tensione verticale	8a+	29
17	Akalashnikov	8a	29
18	Jinx	7c+	28
19	Wiphala	7b+	28
20	Killinqzoe	7c	29
21	Gravi-danza isterica	7b	27
22	Re de Cope	6c	27
23	Alpinistic	6a	26
24	La Squarta	6c	27
25	Capoeira	6c+	27
26	Disturbo	7a	20
27	Sacripante 1	5c	15
28	Sacripante 2	6a+	18

1
6a
2
6a+
3
6a
4
6a+
5
3a
6
4a
7
4a

8
4a
9
3a
10
2a
11
2a
12
5c
13
6a
14
6c+
15
6c
16
6c

Sektor D - Roccia dei Folletti

	Route	Grad	Meter
1	Via del lumac	6a	15
2	Gazza ladra	6a+	15
3	Via del Skilat	6a	15
4	Gatto silvestro	6a+	15
5	Via dei topolini	3a	15
6	Le lucertole	4a	15
7	Martora	4a	15
8	Via del camoscio	4a	12
9	Tom & Gerry	3a	12
10	Il corsaro	2a	12
11	Peter pan	2a	12
12	Willy il coyote	5c	15
13	La salamandra	6a	15
14	Diabolik	6c+	18
15	Via della Sigfi	6c	18

	Route	Grad	Meter
16	Sandokan	6c	18
17	Winnie the Pooh	5b	18
18	Baffardello	3a	22
19	Beilhund	5a	22
20	Calcaròt	4a	22
21	Encof	5a+	22
22	Faunet	5c	20
23	Giosalpino	6a	20
24	Maget	6a+	20
25	Lauro	5c+	16
26	Mazarùl	5c	16
27	Morkies	5b	16
28	Rurel	4a	18
29	Sgranf	3a	16
30	Zampa di gallo	2a	16

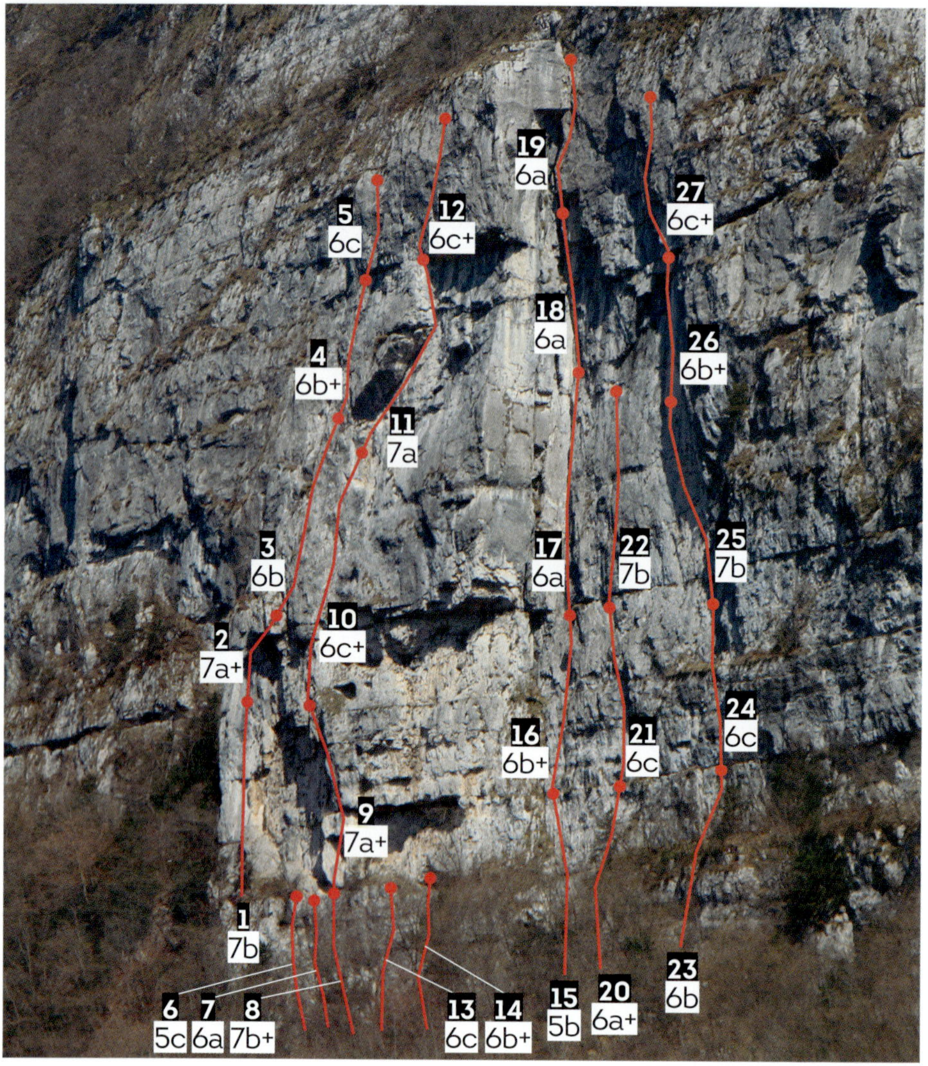
19
6a
27
6c+
5
6c
12
6c+
18
6a
26
6b+
4
6b+
11
7a
3
6b
17
6a
22
7b
25
7b
10
6c+
2
7a+
24
6c
16
6b+
21
6c
9
7a+
1
7b
23
6b
6
5c
7
6a
8
7b+
13
6c
14
6b+
15
5b
20
6a+

Sektor E - Al Pilastro

	Route	Grad	Meter
1	Pocxipè	7b	25
2	Pocxipè (2nd pitch)	7a+	15
3	Pocxipè (3rd pitch)	6b	20
4	Pocxipè (4th pitch)	6b+	20
5	Pocxipè (5th pitch)	6c	15
6	Trudel	5c	18
7	Ali nel vento	6a	18
8	Supersayan	7b+	25
9	Supersayan (2nd pitch)	7a+	25
10	Supersayan (3rd pitch)	6c+	30
11	Supersayan (4th pitch)	7a	30
12	Supersayan (5th pitch)	6c+	30
13	Tribulaum	6c	18
14	Io vagabondo	6b+	18
15	Diedro Lomasone	5b	25
16	Diedro Lomasone (2nd pitch)	6b+	25
17	Diedro Lomasone (3rd pitch)	6a	20
18	Diedro Lomasone (4th pitch)	6a	20
19	Diedro Lomasone (5th pitch)	6a	20
20	Via del Pomol	6a+	25
21	Via del Pomol (2nd pitch)	6c	25
22	Via del Pomol (3rd pitch)	7b	25
23	Carfes	6b	27
24	Carfes (2nd pitch)	6c	18
25	Carfes (3rd pitch)	7b	27
26	Carfes (4th pitch)	6b+	15
27	Carfes (5th pitch)	6c+	20

3.11 Comano

★★★★☆ **Comano**

800m | 1min | Kalk | P ★★

Der Felsriegel von Comano liegt etwas versteckt im Wald. Durch die Schatten spendenden Bäume und die günstige Ausrichtung ist er vor allem an heißen Tagen ein ideales Ziel. Im Klettergarten sind Routen im niedrigen, mittleren und auch hohen Schwierigkeitsgrad vorzufinden. Der gemütliche Platz im Wald rund um den Fels ist ein guter Tipp für Familien.

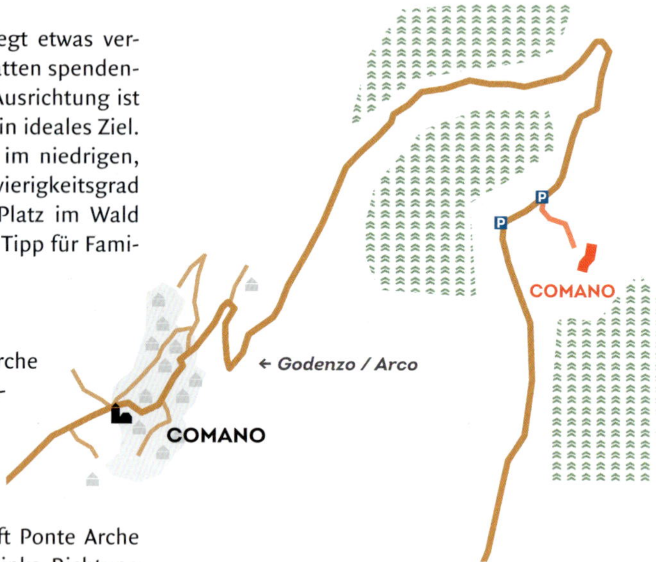

Anfahrt

Von Arco Richtung Trient/Sarche fahren. In Sarche angekommen, links Richtung Madonna di Campiglio abbiegen und die ansteigende Straße hochfahren. Nach einigen Kilometern die Ortschaft Ponte Arche passieren und am Dorfende links Richtung Gondenzo/Comano abzweigen. Der Straße über einige Kehren nach oben und durch die Ortschaft Gondenzo folgen, anschließend am Dorfende links nach Comano abzweigen. Im Ort Comano rechts zwischen der Kirche und einem Gasthaus (Trattoria) die Straße hoch und weiter in den Wald fahren. Wenige hundert Meter nach der dritten Kehre befinden sich links und rechts der Straße Parkbuchten. Von hier aus kann man bereits die Felsen auf der linken Seite erkennen.

Zustieg

Vom Parkplatz aus dem Schild „Palestra roccia“ durch den Wald bis zur Wand folgen.

N° 29

3	4	5a	+	5b	+	5c	+	6a	+	6b	+	6c	+	7a	+	7b	+	7c	+	8a	+	8b	+	8c	+	9a	+
0	3	0	0	1	0	1	0	1	0	2	1	3	2	0	3	5	2	0	1	1	0	0	0	0	0	0	0

N W E S

| JAN | FEB | MÄR | APR | MAI | JUN | JUL | AUG | SEP | OKT | NOV | DEZ |

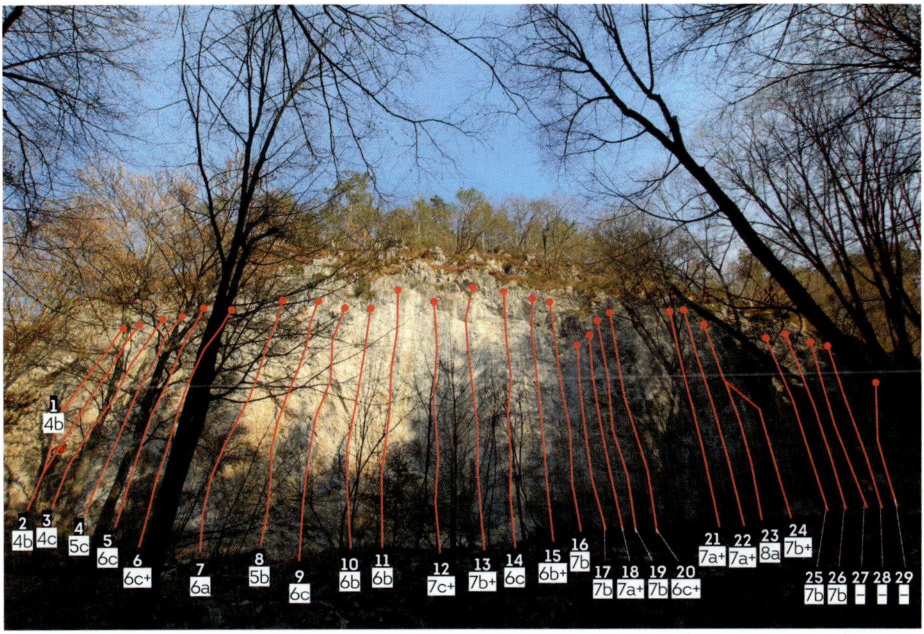

	Route	Grad	Meter
1	Le fazil	4b	14
2	Le fazil 2	4b	14
3	Enprova	4c	14
4	Gigliola	5c	15
5	Polpastrelli	6c	15
6	Gronda	6c+	15
7	Dritdreiciodi	6a	15
8	Sflga	5b	15
9	Crodo	6c	18
10	Via sass	6b	18
11	Gnoc	6b	18
12	Scaia	7c+	18
13	Cuba libre	7b+	20
14	Goccia	6c	20
15	Delta	6b+	20
16	Tangenziale	7b	20
17	Francesca	7b	18
18	Spinaci	7a+	20
19	Ignota	7b	20
20	Madur	6c+	20
21	Panoramica	7a+	20
22	Topo Gigio	7a+	20
23	Fragole	8a	20
24	Fragole con panna	7b+	20
25	Bernardi	7b	17
26	L'aderenza	7b	17
27	La carega	N.N.	12
28	Il buco	N.N.	12
29	N.N.	N.N.	10

Luca Forti in Orso Buono (7a), Terlago

Foto: The Vertical Eye

4.1 La Vela 272
4.2 Terlago 278
4.3 Forti di Civezzano 282
4.4 Calisio 290
4.5 Val di Cembra 292
4.6 Spormaggiore 296
4.7 Cavedago 300
Salurn Salorno
Sporminore
Spormaggiore
Mezzocorona
Mezzolombardo
San Michele
Faédo
Valda
Segonzano
Piazzo
Faver
Cembra
Cavedago
Fai
Andalo
Lisignago
Albiano
Lases
Lona
Lavis
La Paganella
La Roda
Baselga
Fornace
Canfedin
Montevaccino
Monte Calisio
Terlago
Civezzano
Martignano
Cognola
Vela
Vezzano
S. Massenza
Padergnone
Trento (Trient)
Pergine Valsugana
Monte Bondone
Calavino
Lago di Caldonazzo
Lasino
Il Palone
La Rosta
Vigolo Vattaro
Bosentino
Calceranica al Lago
Caldonazzo
Vattaro
Garniga
Cima Verde
Cavedine
Cornetto
Tre Cime di Bondone
Cimone
Aldeno
Becco della Ceriola
C.ma Vigolana
Centa S. Nicolò
Becco di Filadonna
Vallagarina
0 1 2 4 km
Cornetto
Lava
Paion
Besenello

4. Trient und Umgebung

Die Felswände, welche die Talebene um die Hauptstadt des Trentino umschließen, halten gar einige Kostbarkeiten für Kletterer versteckt. **Forti di Civezzano** hat sich zu einem Klettergarten von beachtlicher Größe entwickelt, der Routen nach jedermanns Geschmack verspricht. Wer hingegen abseits der Hektik den wunderschönen Ausblick auf die Stadt Trient genießen will, ist in **Calisio** richtig. Der Fels ist sehr kompakt, leider aber auch etwas abgenutzt. Sofern es die Schneelage zulässt, kann hier auch im Winter geklettert werden. Nur wenige Kilometer von Trient entfernt, von der Autobahn aus gut sichtbar, liegt der Klettergarten **La Vela**: Die Routen sind ideal für das Ausdauertraining, unter Umständen ist allerdings auf Steinschlag zu achten. Viel Arbeit wurde letzthin in den Klettergarten **Val di Cembra** gesteckt, die einzige Wand aus Porphyr, die in diesem Führer beschrieben ist. Auch für Kletterer, die den Porphyr nicht besonders schätzen, kann der Klettergarten dank seiner einzigartigen Umgebung zu einem besonderes Erlebnis werden. Der Weg zum Sektor B beginnt am Flussufer; auf der gegenüberliegenden Seite befindet sich ein Steinstrand, ein ruhiger Platz zum Erholen. Allen, die von der Autobahn bei San Michele ab- und Richtung Molveno fahren, empfehlen wir einen Halt im Klettergarten von **Cavedago**. Für einen Familientag mit Kindern bietet sich hingegen **Spormaggiore** an.

Foto: ULlla Lohmann

Herbststimmung in Calisio

4.1 La Vela

★★★☆☆

Vela

Der Fels von La Vela neben der Stadt Trient wurde bereits vor einigen Jahrzehnten erschlossen. Aufgeteilt auf zwei Sektoren gibt es etwa 90 Routen von 5c bis 8a. Der Sektor A ist aufgrund einiger schöner und vor allem langer Routen im mittleren Schwierigkeitsgrad beliebt. Da sich der Klettergarten am Fuß einer hohen Wand befindet, ist das Tragen eines Helmes zu empfehlen.

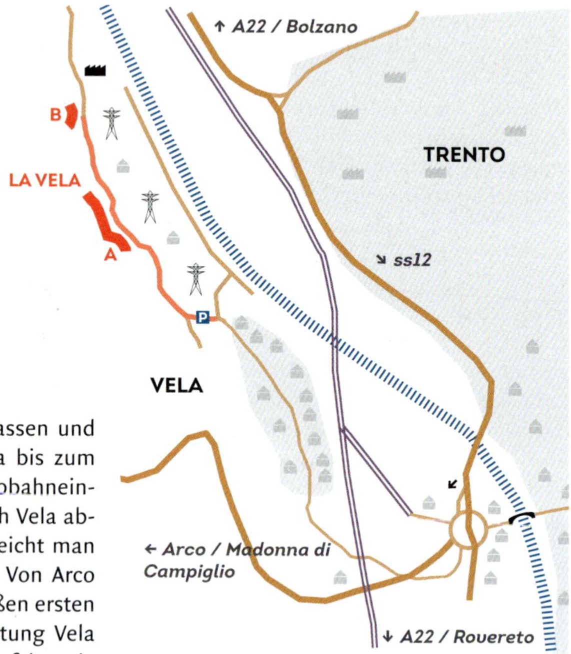

Anfahrt

Die Autobahn bei Trient Nord verlassen und der Straße Richtung Riva di Garda bis zum großen Kreisverkehr bei der Autobahneinfahrt Trento Centro folgen. Hier nach Vela abbiegen. Am Ende der Ortschaft erreicht man eine Parkbucht mit Betonblöcken. Von Arco kommend, nach Trient bis zum großen ersten Kreisverkehr fahren und dort Richtung Vela abzweigen. Von hier der weiteren Anfahrt wie oben folgen.

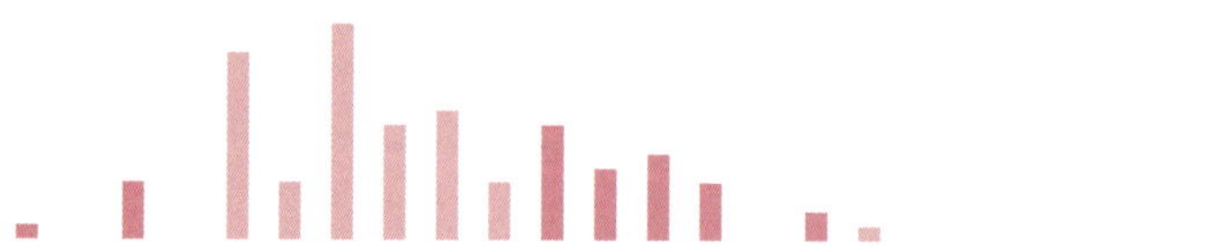

N°
89

3	4	5a	+	5b	+	5c	+	6a	+	6b	+	6c	+	7a	+	7b	+	7c	+	8a	+	8b	+	8c	+	9a	+
0	0	0	0	1	0	4	0	13	4	15	8	9	4	8	5	6	4	0	2	1	0	0	0	0	0	0	0

| JAN | FEB | MÄR | APR | MAI | JUN | JUL | AUG | SEP | OKT | NOV | DEZ |

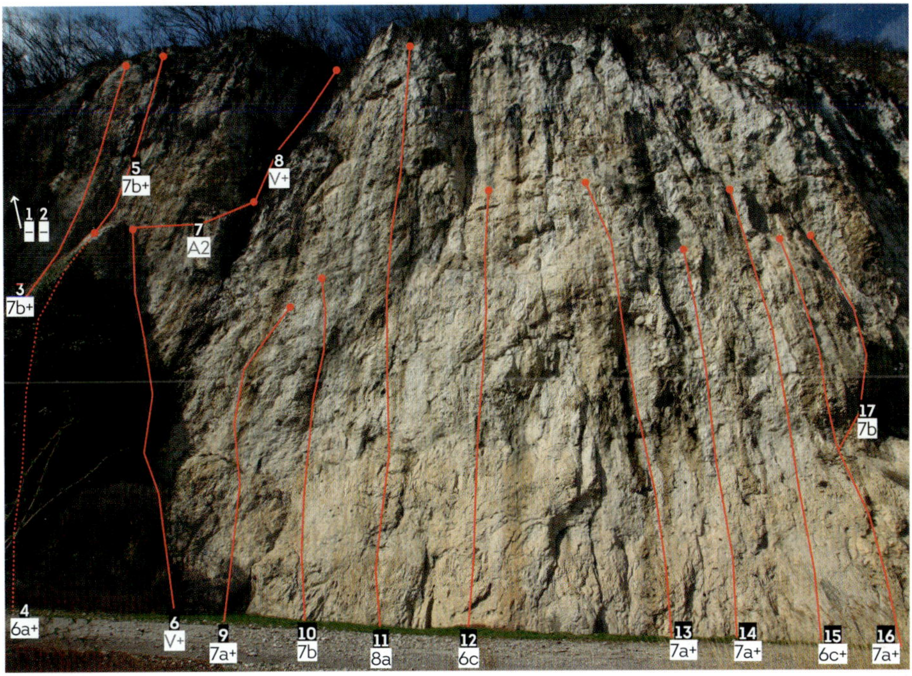

Zustieg

Vom Parkplatz die alte Straße entlang bis zum Sektor A des Klettergartens gehen. Zum Sektor B der Straße einige hundert Meter weiter folgen.

Sektor A

	Route	Grad	Meter
1	N.N.	N.N.	20
2	N.N.	N.N.	N.N.
3	N.N.	7b+	20
4	Gendarme	6a+	12
5	N.N.	7b+	12
6	Diedro nero (1st pitch)	V+	18
7	Diedro nero (2nd pitch)	A2	8
8	Diedro Nero (3rd pitch)	V+	18
9	Su in alto	7a+	20
10	Alpen Flex	7b	30
11	Via delle mele	8a	45
12	Alpinisti si Alpinisti no	6c	28
13	Mea culpa	7a+	28
14	Levitti	7a+	28
15	Festival	6c+	20
16	Budino molle	7a+	20
17	Cattivik	7b	20

Sektor A

	Route	Grad	Meter
18	La burbera	7b+	20
19	6x3	7a	27
20	Vertigine la vendetta	7b	35
21	Sereno	6c+	25
22	L.S.D.	7a	30
23	Milosevic o nato	6b	25
24	Il cerchio e l´ arcoba-leno	6c	25
25	Voci nel silenzio	6b	18
26	Nuvolo	6b+	18
27	Onda nueva	7a	25
28	Pentotal	7a	35
29	Pegaso	6c+	35
30	Scarabeo	6b+	15
31	Ti en Tan Tasi Ben Bon Basta	7a	15

	Route	Grad	Meter
32	Diedro	6b	15
33	Supersonic	6b+	15
34	Peter Pan	6a	15
35	Berton wall	6b	18
36	Seba 1	6b+	19
37	N.N.	6a+	19
38	Seba 2	6a	19
39	Mani pulite (1st pitch)	6a	20
40	Mani pulite (2nd pitch)	6c	15
41	Via del Biancospino n 15	6a+	20
42	Gli svarioni	6b	20
43	Night club	6c	7
44	La noia	6b+	9

Sektor B1

	Route	Grad	Meter
1	Appiglioni	7c+	18
2	Dark party	6c	18
3	L'uomo ragno	7b	18
4	L'ultimo brivido	7a+	18
5	Sedano	7b	18
6	Biko	6c	20

	Route	Grad	Meter
7	L'eternauta	6b	22
8	Oliver	6c+	22
9	Tetto bassi	6c	23
10	The monster	7a	23
11	Cocis	6c	24
12	Feng shui	6a+	24

Sektor B2

	Route	Grad	Meter
13	Calfort	6a	18
14	L'abitudinario	6c	18
15	Acid climb	6a	18
16	Condor	6b	20
17	Al prof. Marchese V.	7c+	20
18	Coccolino	7b+	20
19	El puma	7a	20
20	Noé	6a	22
21	Fluido	6a	22
22	Innatual killer	5c	10
23	Natural killer	6b	10
24	Dammela	6a	20

	Route	Grad	Meter
25	Mariangela	6b	20
26	Astro cortex	6b+	20
27	Scum	6b	20
28	Birba	6b	20
29	323 Giorni all'alba	6b+	20
30	Martin mister	6b	22
31	Sylver blase	6a	22
32	Stroh 80	6a	22
33	Il principante	5c	18
34	Rave party	5b	17
35	La passera	6a	10
36	Fufi	6a	10

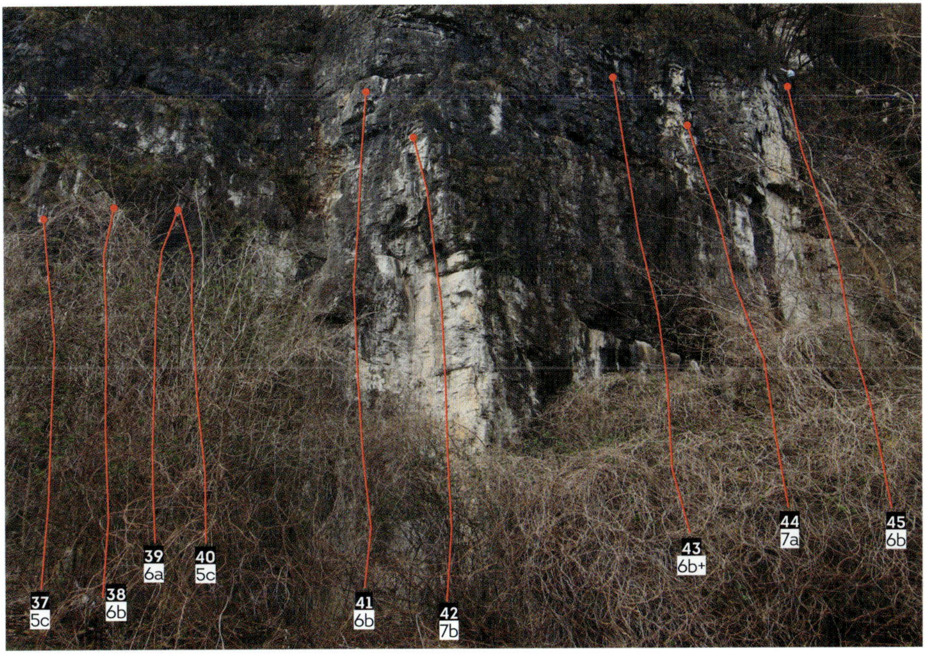

Sektor B3

	Route	Grad	Meter
37	Aramis	5c	10
38	Portos	6b	10
39	Atos	6a	10
40	Gioconda	5c	10
41	Baghera	6b	20
42	Miraggio	7b	20
43	Palude	6b+	20
44	Malaria	7a	20
45	Sabbie Mobili	6b	20

4.2 Terlago

★★★★★

Terlago

630m 15-20min Kalk

P ★★★

Diese wunderschöne „Tafel“ aus Kalk liegt oberhalb des kleinen Dorfes Terlago. Durch die günstige Wandausrichtung ist es hier auch möglich, an sonnigen Wintertagen zu klettern. Zudem bietet der Klettergarten eine herrliche Aussicht ins Tal der Seen (Valle dei laghi) und auf den Hausberg von Trient, den Monte Bondone.

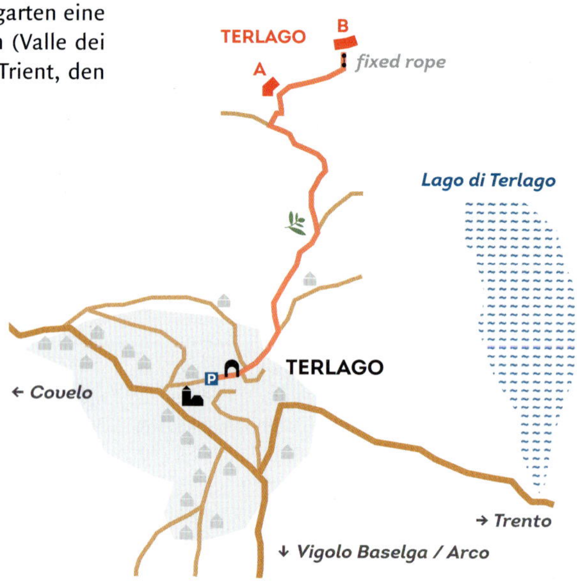

Anfahrt

Von Arco Richtung Trient fahren. Kurz nach dem Dorf Vigolo Baselga links nach Terlago/ Laghi di Lamar abbiegen. Bei der Kirche in Terlago angekommen, gleich in die Straße (zwischen Kirche und rotem Haus) nach rechts einbiegen. Etwa 30 Meter dahinter befindet sich die Piazza del Torchio, wo man das Auto abstellen kann. Neben der Kirche gibt es einen weiteren großen Parkplatz.

N°
35

3	4	5a	+	5b	+	5c	+	6a	+	6b	+	6c	+	7a	+	7b	+	7c	+	8a	+	8b	+	8c	+	9a	+
0	1	0	0	1	0	1	0	0	0	3	0	0	1	1	1	1	7	6	3	4	1	1	0	1	0	0	0

N W E S

| JAN | FEB | MÄR | APR | MAI | JUN | JUL | AUG | SEP | OKT | NOV | DEZ |

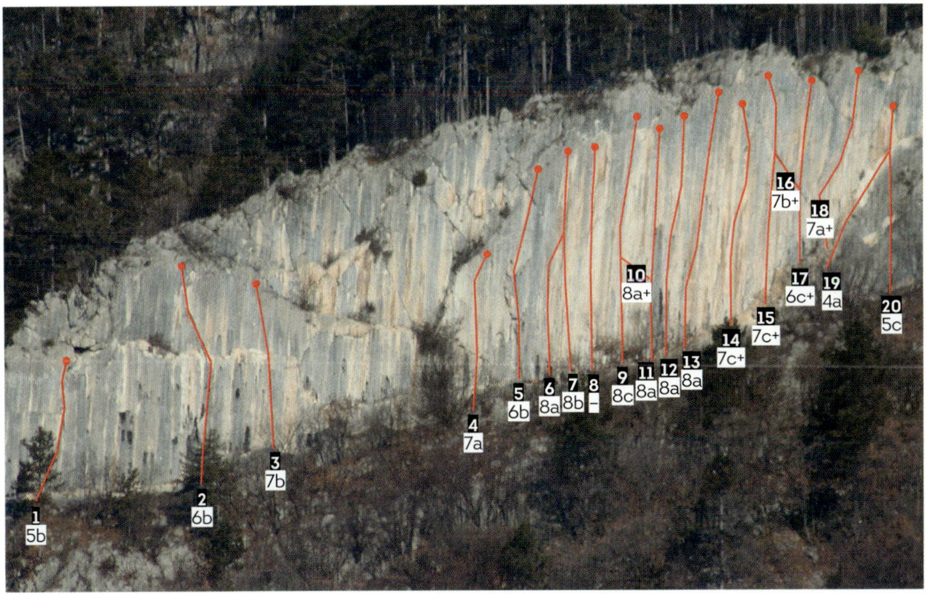

Zustieg

Vom Parkplatz bei der Piazza di Torchio durch das bereits sichtbare Portal gehen und der Straße folgen. Bei der Straße Sotto Sas angekommen, nicht links hoch gehen, sondern immer weiter geradeaus bis zum Dorfrand. An einer Abzweigung links eine kleinen Straße nach oben einschlagen (Fahrverbotsschild). Diese führt zu einem eingezäunten Garten mit Weinreben, an dessen Ende eine Abzweigung folgt. Ein breiter Weg führt links hoch in den Wald. Den blauen Markierungen folgend, trifft man nach einigen Minuten auf ein kleines Steinmännchen, das auf eine Abzweigung nach rechts hinweist.
Dieser Weg führt zum Sektor A und anschließend auch zum Sektor B.

Sektor A

	Route	Grad	Meter
1	Macchia nera	5b	15
2	Ficus benjamin	6b	18
3	Paganella	7b	18
4	L'orso buono	7a	15
5	Eliogabalo	6b	20
6	Alvaro Vitali	8a	20
7	L'alvaron	8b	20
8	Progetto Bassi	N.N.	20
9	Thin Ice	8c	20
10	Thin life	8a+	20
11	L'altra vita	8a	20
12	Sisypost	8a	20
13	Maledetta fortuna	8a	20
14	Non ti regge più...	7c+	20
15	Golden boy	7c+	20
16	Golden Contadino	7b+	18
17	Contadino Osvaldo	6c+	18
18	Enrico la Talpa	7a+	18
19	Aldo B.	4a	13
20	Gatto Spugna	5c	18

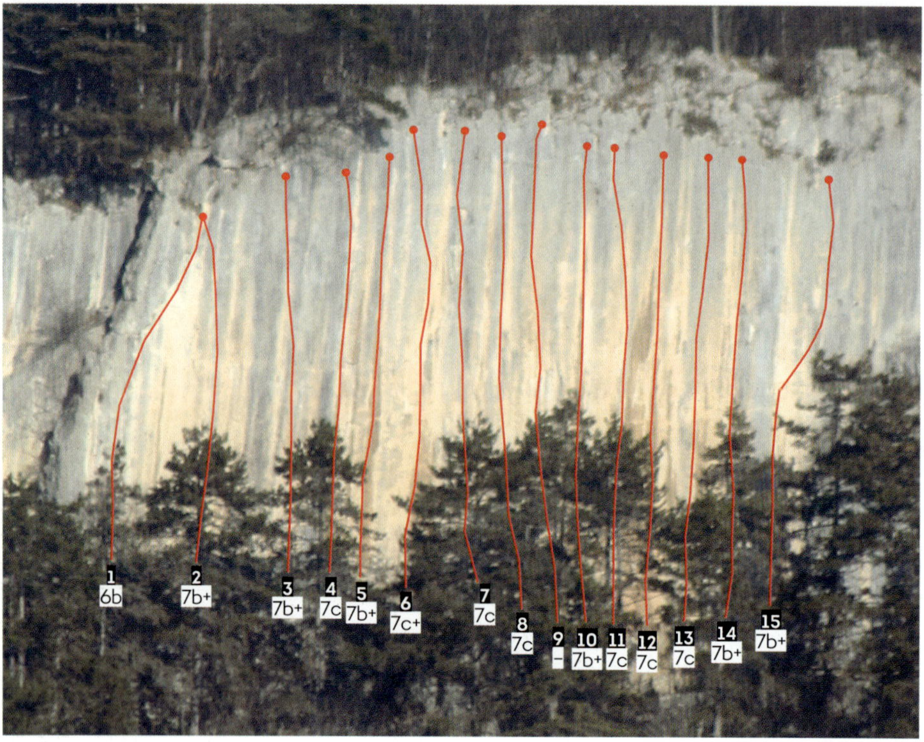

Sektor B

	Route	Grad	Meter
1	Depense	6b	18
2	Gay	7b+	18
3	Tamarindo	7b+	18
4	Vedova	7c	20
5	No reaction	7b+	21
6	Honga honga	7c+	20
7	Sissuro	7c	20
8	Rolambo	7c	20

	Route	Grad	Meter
9	Project	N.N.	20
10	Patafisique	7b+	22
11	Illa etá	7c	22
12	Franky	7c	22
13	Ötzi	7c	23
14	Tat Tuam Asi	7b+	23
15	Sausalito	7b+	23

PASSION FOR
MOUNTAINS
GUIDED TOURS
AND TRAININGS
Hanspeter Eisendle
rock snow & ice(endle)
www.eisendle.info
Mobil +39 347 2522480
mountainguide@rolmail.net

4.3 Forti di Civezzano

★★★☆☆

Civezzano

450m | 15min | Kalk

Der Klettergarten von Forti ist mittlerweile einer der größten im Raum Trient. Und die Erschließungsarbeiten im linken Bereich sind immer noch im Gange. Die Kletterei ist sehr abwechslungsreich. Sie bietet Platten, Überhänge, kurze aber auch lange Routen und so ist für jeden Geschmack etwas dabei. Einige Routen könnten etwas schmutzig sein, da der Klettergarten nicht sehr häufig besucht wird.

Anfahrt

Von der Ausfahrt Trient Nord zuerst auf der Schnellstraße Richtung Padova und dann Trient Ost (Trento est)/Martignano ausfahren. Auf dieser Straße bleiben bis man durch einen Tunnel fährt und beim darauffolgenden Kreisverkehr nach Cognola abbiegt. Im Dorf Cognola Richtung Civezzano. Bei der ersten Kehre geradeaus weiter und kurz vor Cantina Maso Cantanghel ist ein kleiner Platz auf der linken Seite, wo man parken kann.

Zustieg

Der Klettergarten liegt genau unterhalb der Straße, welche man gerade passiert hat. Die Straße für einige hundert Meter zurückgehen. Auf der linken Seite öffnet sich dann die Steinmauer (gegenüber der Straße ist ein Säulenstumpf aus Beton), wo der Weg startet und zum Wandfuß führt. So erreicht man zuerst Sektor F und die nächsten Sektoren folgen.

Besonderheit

Im Sektor A werden noch Arbeiten vorgenommen.

N° 100

3	4	5a	+	5b	+	5c	+	6a	+	6b	+	6c	+	7a	+	7b	+	7c	+	8a	+	8b	+	8c	+	9a	+
0	0	0	0	0	1	1	0	3	3	4	3	11	8	11	14	8	5	1	3	0	0	0	0	0	0	0	0

N W E S

| JAN | FEB | MÄR | APR | MAI | JUN | JUL | AUG | SEP | OKT | NOV | DEZ |

Sektor A kein Topo vorhanden; dieser Sektor ist erst im Entstehen

Sektor B - Pesce

	Route	Grad	Meter
1	N.N.	6c	23
2	N.N.	6c	23
3	N.N.	6c+	25
4	N.N.	7a	22
5	Mutation	7b	24
6	N.N.	7a+	25
7	Variante	7b	20

	Route	Grad	Meter
8	Pesce	7c+	25
9	Bonsai	7b	25
10	Aria	7a	25
11	Luce	7a+	25
12	Idealismo e povertà	7a+	25
13	Prua	7a	22
14	Libero	6c	23

Sektor C - Buconi

	Route	Grad	Meter
1	N.N.	N.N.	N.N.
2	N.N.	N.N.	N.N.
3	N.N.	N.N.	N.N.
4	N.N.	N.N.	N.N.
5	Fort Knox	N.N.	N.N.
6	N.N.	N.N.	N.N.
7	N.N.	N.N.	N.N.
8	N.N.	N.N.	N.N.
9	N.N.	N.N.	N.N.
10	Morfologia intrigante	7a+	30
11	Mi sono fatto la cacca addosso	7b	30
12	Mi sono... (2nd Pitch)	N.N.	N.N.

	Route	Grad	Meter
13	N.N.	N.N.	N.N.
14	N.N.	N.N.	N.N.
15	N.N.	N.N.	N.N.
16	Ego Centro (1st pitch)	7a+	22
17	Ego Centro (2nd pitch)	N.N.	N.N.
18	N.N.	N.N.	N.N.
19	Black revolution	7a+	22
20	Lo stato è stato (1st pitch)	7a+	20
21	Lo stato è stao (2nd pitch)	7b+	20
22	N.N.	N.N.	N.N.
23	N.N.	N.N.	N.N.

Sektor D - Poggiolo Inquinato

	Route	Grad	Meter
1	Vittime o carnefici	7a+	17
2	Aspettando l`Africa	N.N.	20
3	Fly brother fly	7c	20
4	N.N.	N.N.	20
5	For free	7b	20
6	Happy days	6b+	20
7	N.N.	6b	15
8	Tempo al tempo	7a+	17
9	Squilibrio	7a+	21
10	Odissea creativa	7c+	17
11	Rosa del deserto	7b+	18
12	Eternit	7b+	18

	Route	Grad	Meter
13	Scala del sesso	7a	18
14	Soul train	7b	18
15	Mutation for money	6a	16
16	N.N.	N.N.	16
17	N.N.	N.N.	18
18	N.N.	N.N.	16
19	N.N.	N.N.	16
20	Kathrin Kraft	N.N.	16
21	Dead man falling	6a+	13
22	Equilibrium	7a	12
23	Svarioni vari	7b+	12
24	Feel	7b+	12

Sektor E1 - Vibrazioni/Colosseum

	Route	Grad	Meter
1	Dinoccio	6c+	18
2	Costola	6c+	18
3	Cranio	6c	19
4	Sca	6a+	23
5	Er giá	7a+	15
6	Edi	7a+	16
7	Prendi il bastone	6c+	16
8	Donne Acide	6c	16
9	Er frá	6c	16

	Route	Grad	Meter
10	Caio Dario	6c+	18
11	Er bru	7a	18
12	Caio Arma	7a+	16
13	Bonobo way	6a+	16
14	Ricordi svariopinti	6a	16
15	Zinna	6c	15
16	Be social	5c	12
17	Jumar	6a	12

Sektor E2 - Vibrazioni/Colosseum

	Route	Grad	Meter
18	La guerra di Piero	6c	22
19	Ladri di spit bastardi	7a	22
20	Stuflon	6c+	22
21	Tn=Roma	7a	23
22	Maieutica	7a	23
23	C`é chi dice no	7a	23
24	3 fois	7a	15
25	Parassiti si nasce	7b	13
26	Egosistema	6c+	24

	Route	Grad	Meter
27	Unknown pleasure	6b	24
28	Se mi rilasso non passo	6b+	26
29	No fazil	6b	22
30	Sistema ci sistema	5b+	20
31	Luogo comune	6c+	24
32	High vibrations	7c+	26
33	N.N.	7b	24
34	Fight club	7a+	25

Sektor F - Dos de la Gegia

	Route	Grad	Meter
1	Zola	6c	15
2	Emi	6c	15
3	Camí	6c	15
4	Katalí	6b	15
5	Cammello	6b+	15

Climbing Guides
for Androids
vertical-life.info
vertical-life
climbing
App Guides
Search
Favourites
my vertical-life
Discover
life
on earth
&
go
climbing!
New Android App Guides
by July 2013 - Google Play Store
vertical-life.info

4.4 Calisio

★★★★☆

Montevaccino

780m | 10min | Kalk | P ★★★

Der Klettergarten Calisio kann mit einem atemberaubenden Panorama über die Stadt Trient aufwarten und bietet darüber hinaus schöne Routen in einer senkrechten Wand. Der Fels ist der Kalktafel von Terlago recht ähnlich, die Kletterei aber etwas leichter. Dank der Ausrichtung ist es hier auch möglich im Winter zu klettern, vorausgesetzt es liegt kein Schnee. Die Anfahrt kann bei schneebedeckter Straße im Wald gefährlich sein.

Anfahrt

Von der Ausfahrt Trient Nord zuerst Richtung Padova und dann Richtung Trient Ost (Trento est)/ Martignano fahren. Diese Straße entlang durch einen Tunnel fahren und beim darauffolgenden Kreisverkehr nach Cognola abbiegen. Das Dorf Cognola hinter sich lassen und Richtung Martignao fahren. Später Richtung Montevaccino fahren. In der Ortschaft Montevaccino angekommen, der Hauptstraße folgen und im Zentrum die schmale Straße nach rechts nehmen (Monte Calisio: Wegweiser mit weiß-roter Markierung). Vorsicht ist für etwas größere Autos geboten, da die Straße äußerst schmal

N°
18

3	4	5a	+	5b	+	5c	+	6a	+	6b	+	6c	+	7a	+	7b	+	7c	+	8a	+	8b	+	8c	+	9a	+
0	0	0	0	0	0	2	0	0	1	1	1	4	1	0	5	2	1	0	0	0	0	0	0	0	0	0	0

N W E S

| JAN | FEB | MÄR | APR | MAI | JUN | JUL | AUG | SEP | OKT | NOV | DEZ |

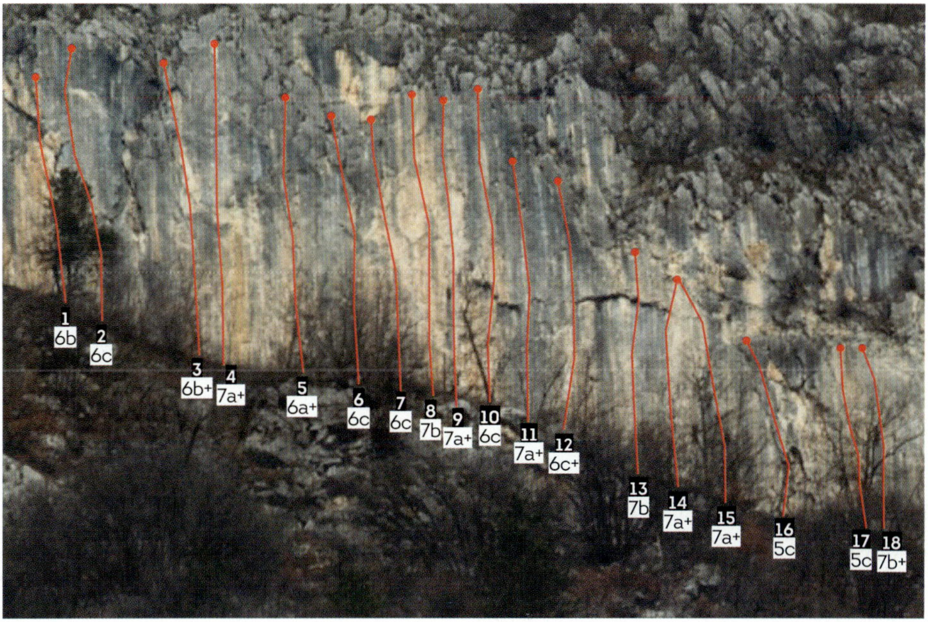

wird. Die zunächst gepflasterte Straße wird zu einem Schotterweg. Bei einer Abzweigung hält man sich geradeaus Richtung Ex-Rifugio Calisio (ehemaliges „Schutzhaus" von Calisio). Nach kurzer Zeit erreicht man das alte, verlassene Gebäude, vor dem sich ein Parkplatz befindet.

Zustieg

Vom Parkplatz der Straße weiter folgen und nach wenigen Metern den Weg nach rechts unten einschlagen. Bei der ersten Abzweigung links auf einem kleinen Pfad weitergehen, welcher zu den Fixseilen führt, die zum Wandfuß führen. Achtung, denn der Zustieg ist etwas ausgesetzt.

	Route	Grad	Meter
1	Ocio al bloc	6b	15
2	Aurora	6c	17
3	Iguana	6b+	18
4	La morte felice	7a+	18
5	Strapiombi e maiale	6a+	14
6	Il tanardo	6c	14
7	Presenze karmiche	6c	18
8	La pienezza del nulla	7b	20
9	Oblio di dio	7a+	20
10	Percorsi Arroganti	6c	20
11	Attenti Al Gorilla	7a+	18
12	Ubu Re	6c+	13
13	Illusione d`autunno	7b	13
14	Effimere geometrie	7a+	13
15	Da xin	7a+	13
16	Il riccio	5c	14
17	Lumpidus	5c	12
18	Cun shen	7b+	13

4.5 Val di Cembra

★★★★☆

Prà

510m | 2-15min | Porphyr

Der Klettergarten Val di Cembra (Avisio) liegt in einer äußerst idyllischen Umgebung. Ein Fluss fließt direkt an der Wandbasis des Sektors B vorbei und auch ein Grillplatz ist vor Ort. Geklettert wird auf Porphyr, neben den Sportkletterrouten sind auch einige interessante Trad Routen vorhanden. Ein idealer Platz um einen entspannten Tag zu verbringen und dabei noch einige Routen zu klettern.

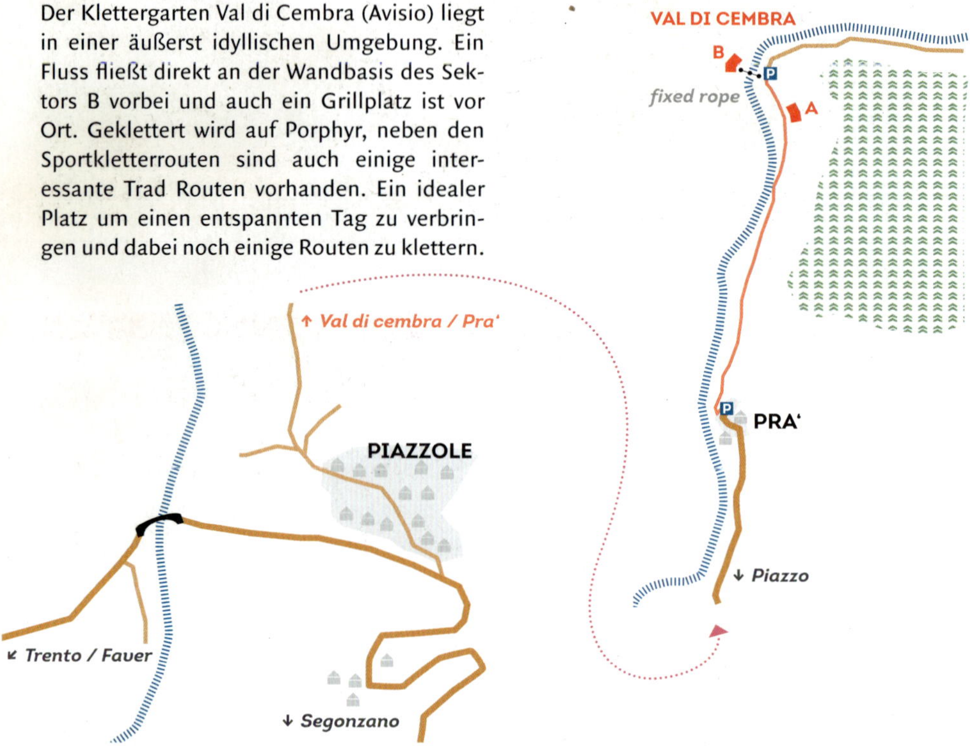

N° 56

3	4	5a	+	5b	+	5c	+	6a	+	6b	+	6c	+	7a	+	7b	+	7c	+	8a	+	8b	+	8c	+	9a	+
0	3	1	0	4	0	5	0	13	3	9	3	6	2	4	1	0	0	0	0	0	0	0	0	0	0	0	0

| JAN | FEB | MÄR | APR | MAI | JUN | JUL | AUG | SEP | OKT | NOV | DEZ |

Anfahrt

Von der Autobahnausfahrt Trient Nord Richtung Lavis. In Lavis angekommen der Straße Richtung Val di Cembra folgen. Für mehrere Kilometer auf der Hauptstraße bleiben, bis man die Ortschaft Faver erreicht und dort rechts, Richtung Segonzano abbiegt. Die Straße führt nun abwärts und verläuft über eine Brücke. Gleich nach der Brücke links, in die Ortschaft Piazzo abbiegen (scharfe Kurve). Der Straße durch schmale Gassen ins Dorf folgen und weiter, bis man die nächste Ortschaft erreicht. Hier sind nur wenige Parkplätze vorhanden, aber man kann auch zwischen den Obstgärten auf der Forststraße weiterfahren bis man zum Klettergarten kommt (bei Durchfahrtsverbot Schild). Dort links neben der Straße, bei einem Grillplatz, parken.

Zustieg

Vom Auto direkt zum Klettergarten gehen.

Besonderheiten

Bitte nicht auf Privatgrundstücken parken oder das Auto auf den Wiesen neben der Straße stehen lassen, da sonst die Arbeiten der Bauern gestört werden.

Sektor A1

	Route	Grad	Meter
1	Baby	4b	3
2	Baby	4b	4
3	Vac	5a	6
4	Stadel	6b	8
5	Poze	6a	8
6	Lagabrun	5c	10
7	Mezon	6a	10
8	Pian Magior	6c	12
9	Dagan	6b	14
10	Sauch	5b	14
11	Pradole	5c	14
12	Saosent	6c+	12
13	Cercenal	6c	14
14	Moinac	7a	14
15	Mezatrad	6b+	14
16	Sere	6c	14
17	Ischioni	6c	14

Sektor A2

	Route	Grad	Meter
18	Valmorta	7a	14
19	Forche	4c	12
20	Val Fredata sx	5b	13
21	Val Fredata dx	5c	13
22	Castion	6a	10
23	N.N.	N.N.	10
24	Vadron	6b	12
25	Pistol	6a	12

Sektor B ➔

	Route	Grad	Meter
1	Pedro Tour	5b	25
2	Anda Pedro	7a	28
3	Buena Vista	6a	25
4	Social club	6a+	25
5	Spigolandia	6b	25
6	Svasvadron	N.N.	28
7	Diedro	5b	15
8	I due tassi	6a	15
9	I due tassi (2nd pitch)	7a	14
10	The wall	6a+	15
11	Elbusfagrado	6a	15
12	Elbusfagrado (2nd pitch)	6c+	13

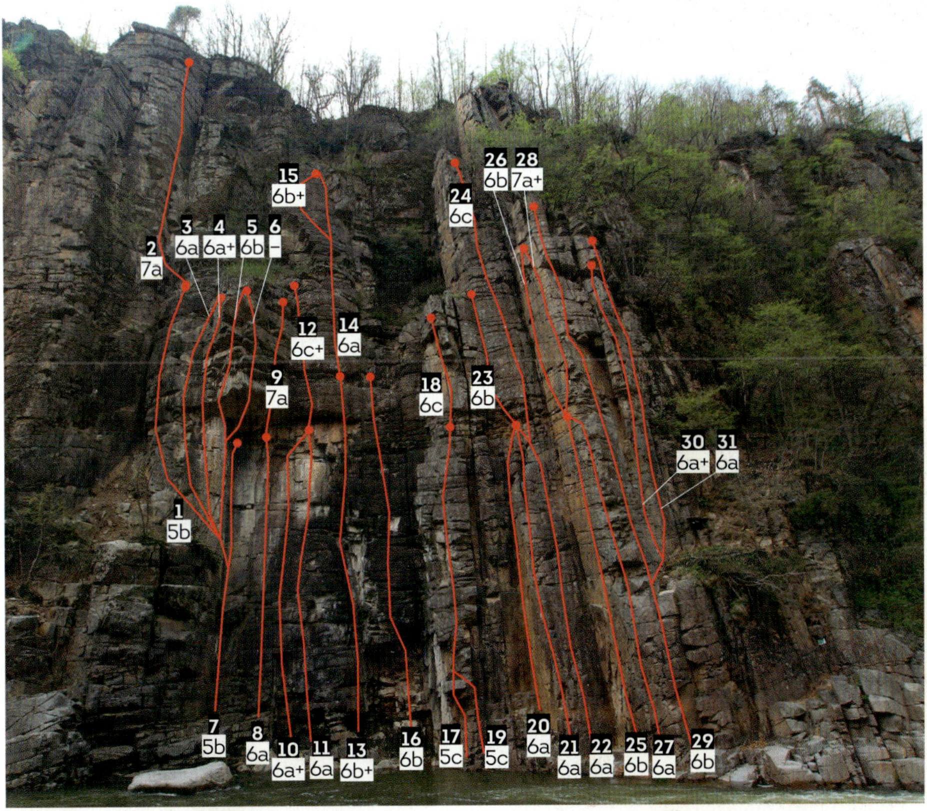

	Route	Grad	Meter
13	Pic Indolor	6b+	20
14	Pic Indolor (2nd pitch)	6a	18
15	Pic Indolor (2nd pitch) Variante	6b+	18
16	Totem	6b	20
17	La Cros	5c	17
18	La Cros (2nd pitch)	6c	10
19	N.N.	5c	17
20	Ciao Darwin	6a	17
21	Spigolo	6a	17
22	Via delle terrazze	6a	25

	Route	Grad	Meter
23	Via delle terrazze (2nd pitch)	6b	15
24	Plake Danze	6c	40
25	Blob	6b	17
26	Blob (2nd pitch)	6b	13
27	Naryka	6a	17
28	Naryka (2nd pitch)	7a+	13
29	Instabilmentestabile	6b	35
30	Nido dell`anatra	6a+	32
31	Teleferica	6a	34

4.6 Spormaggiore

★★★☆☆ **Spormaggiore**

700m | 5min | Granit | P ★★★

Der Klettergarten Spormaggiore liegt inmitten eines Lärchenwaldes. Aufgrund seiner Lage eignet er sich bestens für Familien mit Kindern. Darüber hinaus sind ein Picknickplatz und eine Spielwiese vorhanden. Die Routen sind ideal für Anfänger und für diejenigen Kletterer, die das erste Mal einen Klettergarten besuchen.

Anfahrt

Von Norden bzw. auch von Süden kommend die Ausfahrt San Michele bei Mezzocorona nehmen und Richtung Mezzolombardo weiter fahren. Schließlich bei der Ortschaft Mezzolombardo vorbei und der Straße in Richtung Molveno folgen bis man zu einer Brücke kommt, wo man gleich darauf links nach Molveno/Spormaggiore abbiegt. Wenige Kilometer danach, durch das Dorf Spormaggiore fahren und noch etwas weiter bis nach einem weißen Haus auf der rechten Seite eine Schotterstraße (Schild: palestra roccia) abbiegt und man zum einem Parkplatz mit einem Picknickplatz kommt.

Der Klettergarten Spormaggiore ist auch von Judikarien aus erreichbar. Bei Ponte Arche in Richtung San Lorenzo in Banale/Molveno fahren. Bei San Lorenzo in Banale vorbei und weiter Richtung Molveno. Ab der Ortschaft Molveno Richtung Cavedago/Spormaggiore. Vor Spormaggiore, kurz nach dem Schloss zweigt links eine Schotterstraße (Schild: palestra roccia) ab, wo sich gleich danach der Parkplatz befindet.

N° 24

3	4	5a	+	5b	+	5c	+	6a	+	6b	+	6c	+	7a	+	7b	+	7c	+	8a	+	8b	+	8c	+	9a	+
0	4	6	0	0	0	2	0	5	1	1	1	2	0	0	0	1	0	0	0	0	0	0	0	0	0	0	0

N W E S

| JAN | FEB | MÄR | APR | MAI | JUN | JUL | AUG | SEP | OKT | NOV | DEZ |

Zustieg

Unter dem Parkplatz weist bereits ein Wegweiser auf den Klettergarten hin (palestra roccia). Sich links halten und immer den Wegweisern mit der Aufschrift „palestra roccia" folgen, bis man zum Klettergarten kommt.

	Route	Grad	Meter
1	Musk	4b	9
2	Baby	4b	9
3	Etrei	4b	9
4	Shangaybait	5a	10
5	Relativo	5a	9
6	Mami stá in pensiero	5a	12

7
5a
8
4c
9
5a
10
5c
11
5a
12
6a

13
6a
14
6c
15
6c
16
6b
17
–
18
6b+

	Route	Grad	Meter
7	Tremors	5a	10
8	Masso conico	4c	10
9	Sopa de caracol	5a	12
10	Tempi migliori	5c	15
11	Via interdet	5a	15
12	Liberamente	6a	15
13	Inside	6a	12
14	Alta tensione	6c	12
15	Fa' la mossa giusta	6c	15

	Route	Grad	Meter
16	Only the strong	6b	15
17	N.N.	N.N.	15
18	Una piuma blu	6b+	15
19	Osso buco	5c	8
20	Ocio	6a	10
21	Bus e mez	6a+	10
22	La prima volta	6a	10
23	Sirifa	6a	12
24	Psiko killer	7b	12

4.7 Cavedago

★★★★☆

Cavedago

900m | 5min | Kalk | P ★★★

Der Klettergarten von Cavedago befindet sich an einem fantastischen Felsriegel mit Ausblick auf die Brentagruppe. Die graue und orange Wand bietet schöne Ausdauerrouten an zum Teil sehr kompaktem Fels. An etwas brüchigeren Stellen wurden einige Griffe geklebt. Ansonsten kann man hier lange die Sonne genießen und den Klettergarten auch an sonnigen Wintertagen besuchen.

Anfahrt

Die Autobahn bei San Michele bei Mezzocorona verlassen und in Richtung Mezzolombardo weiter fahren. An der Ortschaft Mezzolombardo vorbei und der Straße in Richtung Molveno folgen, bis man nach einer Brücke links nach Molveno/Spormaggiore abbiegt. Beim Dorf Spormaggiore vorbei und nach einigen Kilometern nähert man sich der Ortschaft Cavedago. Noch vor dem Dorf befindet sich auf der rechten Seite eine Q8 Tankstelle, wo man gleich darauf links Richtung Fai P. abbiegt. Nach 200 Metern führt links eine kleine Straße hoch. Dieser folgen und neben dem Schutzdamm parken.

Man erreicht den Klettergarten „Cavedago" auch von Judikarien. Für diese Anfahrt bei Ponte Arche Richtung San Lorenzo in Banale/Molveno abbiegen. An San Lorenzo in Banale vorbei und weiter Richtung Molveno. In der Ortschaft Molveno angekommen, noch etwas weiter bis nach Cavedago. Nach Cavedago trifft man auf der linken Seite auf die Q8 Tankstelle. Weiter siehe Anfahrt oben.

N° 30

3	4	5a	+	5b	+	5c	+	6a	+	6b	+	6c	+	7a	+	7b	+	7c	+	8a	+	8b	+	8c	+	9a	+
0	0	0	0	0	0	0	0	3	1	1	1	1	0	3	4	1	0	0	1	4	4	0	0	0	0	0	0

N W E S

| JAN | FEB | MÄR | APR | MAI | JUN | JUL | AUG | SEP | OKT | NOV | DEZ |

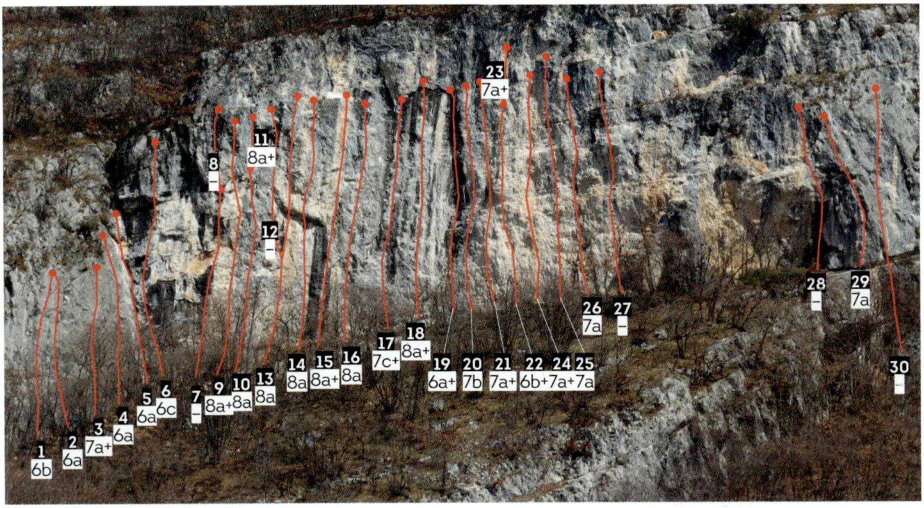

Zustieg

Links vom Schutzdamm startet ein kleiner Weg nach oben. Links querend, trifft man schließlich auf die erste Abzweigung, wo man rechts abzweigt und direkt zum Klettergarten kommt.

	Route	Grad	Meter
1	Mezzo Secolo	6b	12
2	A poppavia	6a	12
3	L'equilibrio delle cose	7a+	12
4	Panta Rei	6a	15
5	Lo scemo motorio	6a	16
6	La vida se dür	6c	23
7	E cosí sia	N.N.	22
8	E cosí sia (2nd pitch)	N.N.	5
9	Occhi di bosco	8a+	26
10	Carpe diem	8a	23
11	Carpe diem (2nd pitch)	8a+	3
12	Demin	N.N.	26
13	Il sogno la luna e il faló	8a	27
14	L'ombra del nuovo	8a	27
15	La Cura	8a+	28
16	Viva il cavia	8a	24
17	Esperando Manolo	7c+	22
18	Puma	8a+	22
19	Big Bordons	6a+	22
20	Cordless	7b	22
21	La pista	7a+	25
22	L'albanese	6b+	20
23	L'albanese (2nd pitch)	7a+	6
24	Santiago nel paese dello svago	7a+	25
25	L'eroe due mondi	7a	22
26	Cavedago beach	7a	20
27	Pablo	N.N.	20
28	Tacamilaspina	N.N.	18
29	Er pataccaro	7a	18
30	Il buco nero	N.N.	30

Herbst in Calisio

Foto Ulla Lohmann

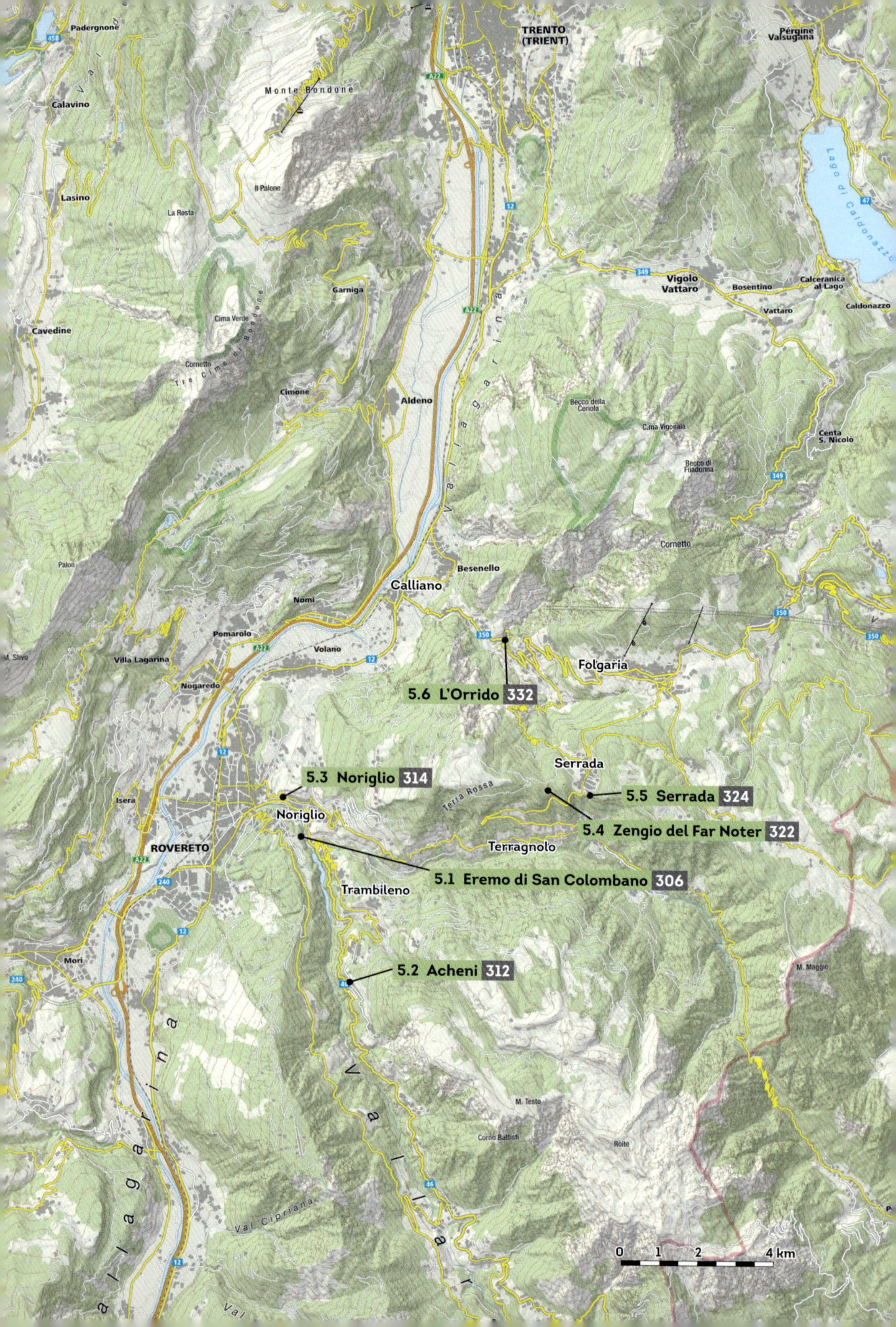

TRENTO (TRIENT)
Pergine Valsugana
Padergnone
Monte Bondone
Calavino
Lasino
Il Palone
La Rosta
Lago di Caldonazzo
Vigolo Vattaro
Bosentino
Calceranica al Lago
Vattaro
Caldonazzo
Garniga
Cima Verde
Cavedine
Cornetto
Tre Cime di Bondone
Cimone
Aldeno
Vallagarina
Becco della Ceriola
C.ma Vigolana
Centa S. Nicolò
Becco di Filadonna
Cornetto
Besenello
Calliano
Palon
Nomi
Pomarolo
Volano
M. Stivo
Villa Lagarina
Folgaria
Nogaredo
5.6 L'Orrido 332
Serrada
5.3 Noriglio 314
Terra Rossa
5.5 Serrada 324
Isera
Noriglio
5.4 Zengio del Far Noter 322
ROVERETO
Terragnolo
5.1 Eremo di San Colombano 306
Trambileno
Mori
5.2 Acheni 312
M. Maggio
Vallarsa
M. Testo
Corno Battisti
Roite
Val Cipriana
0 1 2 4 km

5. Rovereto und Umgebung

Die Stadt Rovereto ist von Arco aus relativ schnell über den San Giovanni-Pass erreichbar. Einige sehr interessante Kletterfelsen sind in der Nähe des Zentrums von Rovereto zu finden. Das milde Klima begünstigt vor allem das Klettern im Winter. Ein Beispiel dafür ist der Klettergarten **Noriglio**, welcher zu den größten gehört, die in diesem Führer beschrieben sind. Eine andere nennenswerte Kletterwand befindet sich bei **Eremo di San Colombano**. Hier gibt es knifflige Routen im Überhang und der Zustieg ist einladend kurz. Schade nur, dass die Bohrhaken manchmal etwas unstabil sind. Für die Besichtigung der Einsiedelei müssen die Öffnungszeiten für Besucher berücksichtigt werden. Etwas oberhalb der Eremitage und der Straße, liegt der Klettergarten **Acheni**. Dieser ist auf jeden Fall einen Besuch wert, wenn man sich gerade in der Nähe befindet. Für diejenigen, die ihr Können an Überhängen unter Beweis stellen wollen, gibt es **L'Orrido** und **Zengio**. L'Orrido befindet sich in einer unwirtlichen Felsschlucht, während Zengio von einer malerischen Naturlandschaft umgeben ist.

5.1 Eremo di San Colombano **Trambileno**

★★★☆☆

310m | 5min | Kalk | P ★★

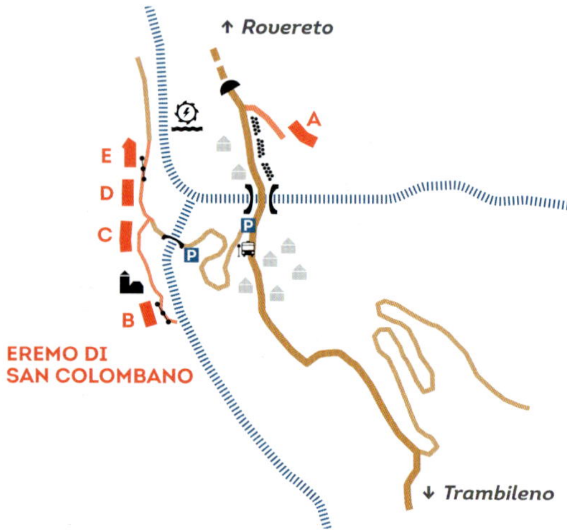

Bereits im 13. Jahrhundert hat man diesesn Felsriegel entdeckt und genutzt, allerdings nicht um zu klettern, sondern um eine Kapelle (Eremo) am Wandfuß zu errichten. Einige hundert Jahre später wurde hier schließlich auch mit dem Klettern begonnen. Es gibt zahlreiche Routen in diesem Gebiet, aber leider sind viele noch mit alten Bohrhaken ausgestattet, die mittlerweile in sehr schlechtem Zustand sind. Die Felswand links der Kapelle hat noch einiges an Potenzial für schwere Routen, wobei schon eine Route mit dem Schwierigkeitsgrad 9a vorhanden ist.

Anfahrt

Von Arco oder von Trient kommend bis zur Autobahnausfahrt Rovereto Süd. Ab dort der Straße folgen, die ins Zentrum von Rovereto führt. Beim Einkaufszentrum Millenium Center vorbei und den Beschilderungen Richtung Vicenza folgen. Bei der Ampel rechts, immer Vicenza folgend, abbiegen und durch den historischen Stadtteil von Rovereto fahren bis man über eine Brücke fährt. Nach der Brücke rechts Richtung Eremo di San Colombano/ Trambileno abzweigen. Die Straße beginnt nun anzusteigen. In der Ortschaft San Colombano angekommen, den Hinweisschildern Eremo di San Colombano folgen. Für die Sektoren Terra, Aria, Acqua und Fuoco führt auf der rechten Seite eine Straße bis zum Eingang des Elektrizitätswerkes Enel. Dort parken. Für den Sektor A hingegen, fährt man nicht rechts die Straße hinunter, sondern parkt gleich nach der Brücke am Straßenrand neben der Bushaltestelle.

N° 67

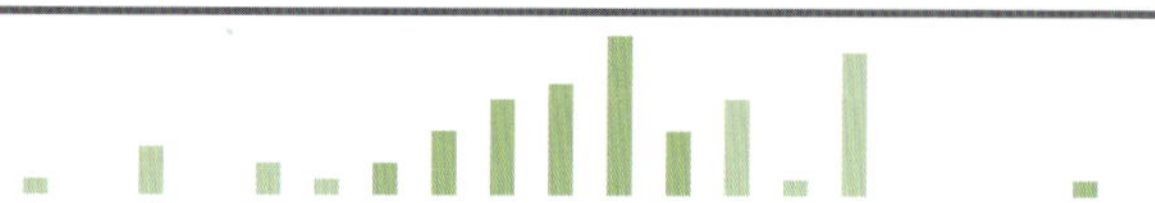

3	4	5a	+	5b	+	5c	+	6a	+	6b	+	6c	+	7a	+	7b	+	7c	+	8a	+	8b	+	8c	+	9a	+
0	0	0	0	0	0	0	0	1	0	3	0	2	1	2	4	6	7	10	4	6	1	9	0	0	0	1	0

N W E S

| JAN | FEB | MÄR | **APR** | **MAI** | JUN | JUL | AUG | **SEP** | OKT | NOV | DEZ |

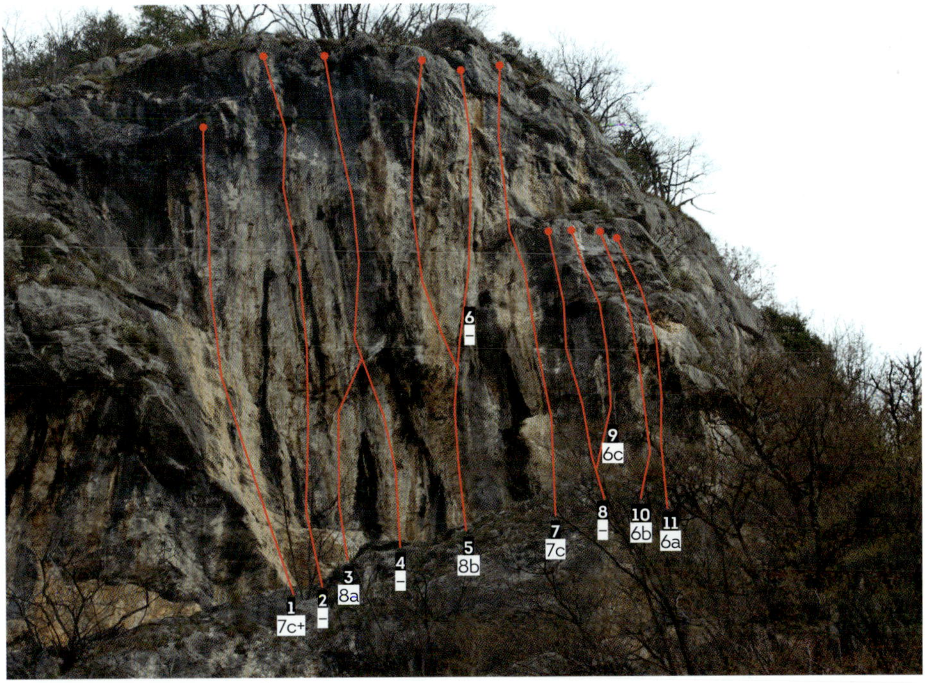

Zustieg

Sektor A: Die Hauptstraße über die Brücke Richtung Tunnel zurückgehen. Wenige Meter vor dem Tunnel befindet sich auf der rechten Seite eine Treppe, die durch die Steinmauer führt. Von dort startet nun ein kleiner Pfad zwischen den Steinschutzverbauungen direkt hoch zum Sektor A.

Weitere Sektoren: Vom genannten Parkplatz die Brücke überqueren und dem Weg zu den Sektoren folgen.

Sektor A

	Route	Grad	Meter
1	La Golia del Davide	7c+	18
2	N.N.	N.N.	22
3	Nevrotica	8a	22
4	Scooter boy	N.N.	22
5	Al chiaro di luna	8b	24
6	Voyager	N.N.	24
7	No way out	7c	24
8	Diabolik	N.N.	12
9	El pirata	6c	12
10	Sotto shock	6b	12
11	Strani rumori	6a	10

Sektor B - Aria

	Route	Grad	Meter
1	N.N.	7c	20
2	La messa é finita	7b+	20
3	N.N.	9a	28

Sektor C - Terra

	Route	Grad	Meter
1	Dont stop	7c	18
2	My self	6c	14
3	Kaianiscatzu	7b+	16
4	Wake up	7a	15
5	Wake up (2nd pitch)	7a+	12
6	Quarantatre	6b	18
7	Lift boy	8a	18
8	Todo modo	7b	18
9	L`otto volante	7c	18
10	Roxy bar	6c+	18
11	Roxy bar (2nd pitch)	7b+	16

	Route	Grad	Meter
12	Prima o poi	8a	18
13	Prima o poi (2nd pitch)	8b	15
14	Hotel savoy	7b+	18
15	Wall street	7c	20
16	Fichi a mezdí	7a+	20
17	N.N.	7b+	15
18	N.N.	7b+	15
19	N.N. (2nd pitch)	8b	12
20	Primi passi	6b	18
21	Primi passi (2nd pitch)	7a+	12

Sektor D - Fuoco

	Route	Grad	Meter
1	Plastic rock	7c+	20
2	Super plastic rock	8a	20
3	L' ombra del dubbio	7b	20
4	Il dubbio è nell' ombra	7b	20
5	Casino royale	7c	20
6	Conto in rosso	7c+	20
7	Jena	8b	24
8	Campesinos	8b	24
9	Cervezza	8a	24
10	Tester plus	8b	22
11	Lilli	8b	18

	Route	Grad	Meter
12	Forme	7c+	18
13	Fino all'ultimo out	N.N.	15
14	Fantasia	7b	15
15	L'inplacabile	7c	18
16	Determinator	7b	20
17	Chi prova cade	7b+	20
18	Alto di forzi	7b	20
19	Io sono dolore	7c	22
20	Animal house	8a	22
21	N.N.	N.N.	22
22	N.N.	N.N.	22

Sektor E - Acqua

	Route	Grad	Meter
1	N.N.	N.N.	27
2	Figli di plastica	7a+	12
3	Figli di plastica (2nd pitch)	7c	25
4	N.N.	N.N.	30
5	N.N.	7a	15
6	N.N. (2nd pitch)	N.N.	30

	Route	Grad	Meter
7	Fischio che rischio	7c	20
8	Fischio che rischio (2nd pitch)	8b	30
9	Gheiscia	8a+	20
10	Troppo buoni con le donne	8b	35

5.2 Acheni

★★★★☆ **Acheni**

550m | 5min | Kalk | P ★★

Den Klettergarten Acheni prägt das auffallend gelb-orange, teils schwarz versinterte Gestein. Der Fels liegt nur wenige Kilometer von Eremo di San Colombano entfernt. Die Routen sind durchwegs sehr lang und verlangen eine gute Ausdauer. Nach Regenperioden bleibt der Fels leider lange nass.

Anfahrt

Von Arco oder von Trient kommend bis zur Autobahnausfahrt Rovereto Süd fahren. Von hier zunächst Richtung Zentrum von Rovereto, am Einkaufszentrum Millennium Center vorbei fahren. Der Beschilderung nach Vicenza folgend, biegt man an einer Ampel rechts ab und durchquert den historischen Stadtteil von Rovereto. Nach einer Brücke rechts Richtung Eremo di San Colombano/Trambileno abzweigen. Die Straße steigt an, man fährt durch den Ort Trambileno und weiter Richtung Schio. Kurz nach der Abzweigung nach Ponzacchio ist der Fels auf der linken Straßenseite mit Schutzvorrichtungen und Stahlnetzen gesichert. Am Ende der Straße ist der Klettergarten gut ersichtlich. Das Auto kann in einer der Parkbuchten neben der Straße abgestellt werden.

Zustieg

Über einen Pfad zwischen den Steinschutzvorrichtungen in wenigen Minuten zum Klettergarten gehen.

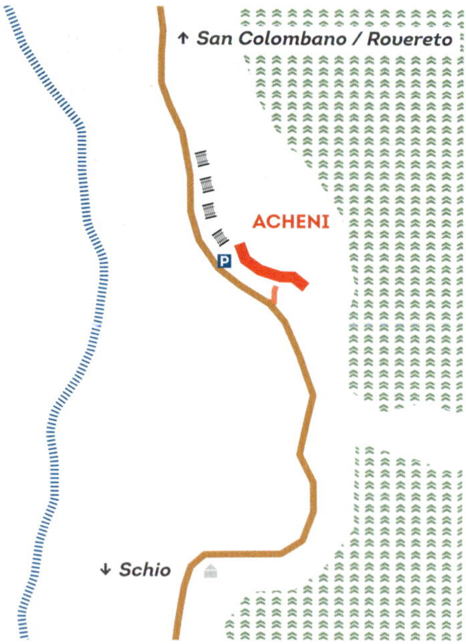

N° 14

3	4	5a	+	5b	+	5c	+	6a	+	6b	+	6c	+	7a	+	7b	+	7c	+	8a	+	8b	+	8c	+	9a	+
0	0	0	0	0	0	0	0	0	0	0	0	0	2	0	1	2	0	1	0	1	0	0	0	0	0	0	0

N W E S

| JAN | FEB | MÄR | APR | MAI | JUN | JUL | AUG | SEP | OKT | NOV | DEZ |

	Route	Grad	Meter
1	N.N.	6c+	15
2	N.N.	N.N.	22
3	N.N.	7b	28
4	Casca a fagiolo	7b	26
5	Sonia	6c+	17
6	N.N.	N.N.	32
7	Puo essere	7a+	17
8	Io e te	N.N.	32
9	Sara	7c	30
10	Colodri d'autunno	8a	28
11	La rocche de rame	N.N.	28
12	Water list	N.N.	28
13	Il tridente	N.N.	28
14	Pattada	N.N.	25

5.3 Noriglio

★★★★☆

Noriglio

420m 10min Kalk P ★★

Der Klettergarten Noriglio liegt oberhalb des gleichnamigen Ortes und zählt mit über 100 Routen zu den größten im Raum Rovereto. Dank der Ausrichtung nach Süden kann hier auch an sonnigen Tagen im Winter geklettert werden. Der Klettergarten bietet ausreichend Platz und daher ideale Bedingungen für Familien mit Kindern.

Anfahrt

Von Arco Richtung Rovereto, dort angekommen, beim Millenium Center vorbei fahren und dann Richtung Trient/Serrada Folgaria der Beschilderung folgen. Am Bahnhof beim großen Kreisverkehr rechts in Richtung Noriglio abbiegen. Immer der Straße folgen und beim großen Brunnen geradeaus fahren. Stets die Beschilderung nach Noriglio beachten. Im Dorf angekommen an einer Q8-Tankstelle neben der Straße parken.

Zustieg

Vom Parkplatz der Hauptstraße entlang weitergehen. Auf der linken Seite die schmale Straße Campolongo hochgehen. Nach 50 Metern zweigt links ein anfangs asphaltierter Weg ab (oranges Haus). Dem Weg etwa fünf Minuten zum Klettergarten folgen.

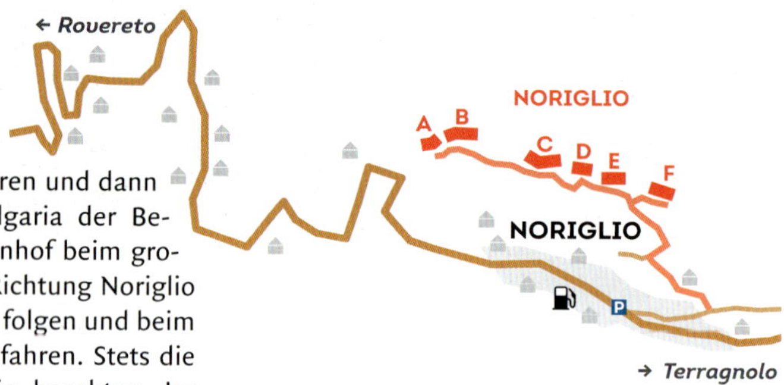

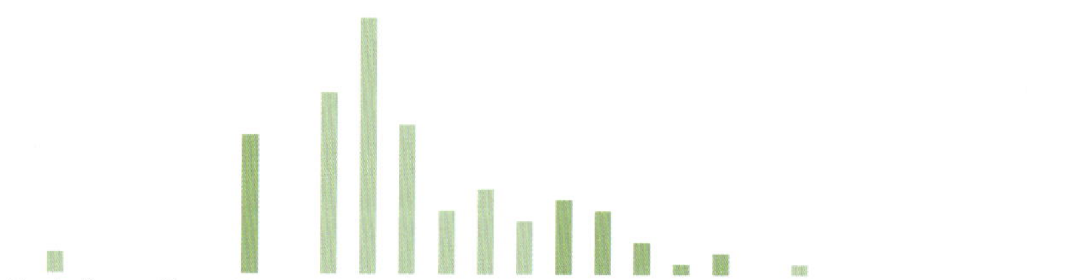

N°
116

3	4	5a	+	5b	+	5c	+	6a	+	6b	+	6c	+	7a	+	7b	+	7c	+	8a	+	8b	+	8c	+	9a	+
0	2	0	0	0	0	13	0	17	24	14	6	8	5	7	6	3	1	2	0	1	0	0	0	0	0	0	0

N W E S

| JAN | FEB | MÄR | APR | MAI | JUN | JUL | AUG | SEP | OKT | NOV | DEZ |

Sektor A

	Route	Grad	Meter
1	N.N.	N.N.	8
2	Barbara	N.N.	8
3	Vibration	6b+	8
4	Brentegani	7b	10
5	N.N.	N.N.	10
6	La notte	8a	12

	Route	Grad	Meter
7	N.N.	7a+	18
8	N.N.	7c	18
9	Inox aeternum	7b+	12
10	Blitzkrieg	6c+	12
11	Me gusta	5c	10

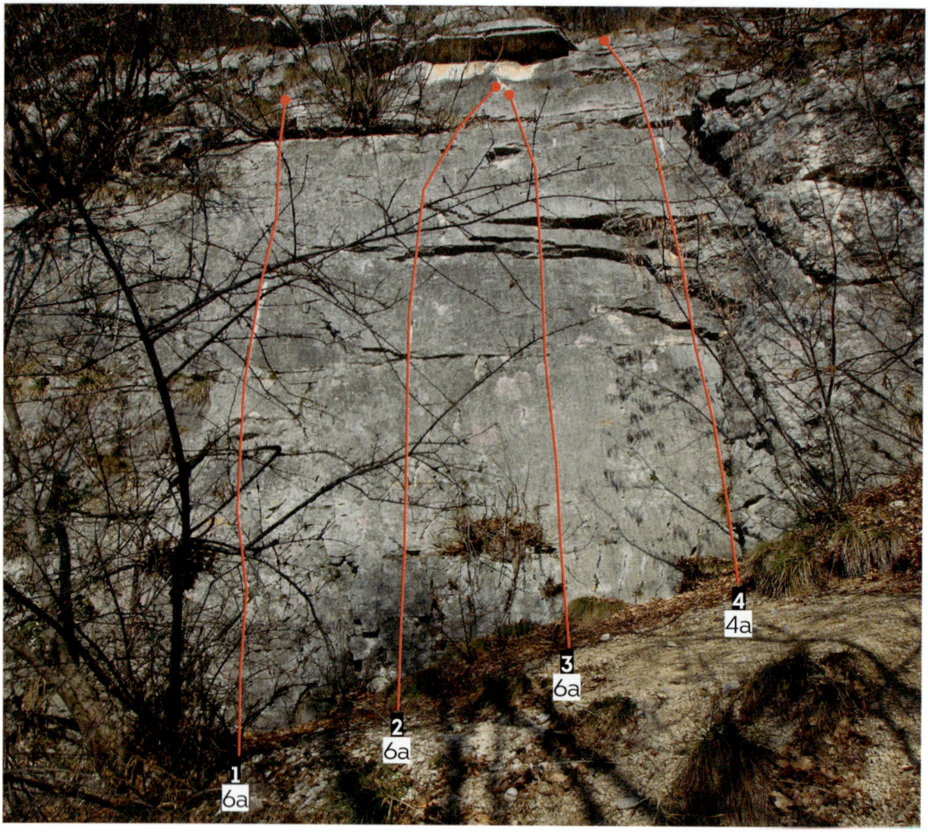

Sektor B1

	Route	Grad	Meter
1	Daniel	6a	6
2	Francesca	6a	6
3	Anna	6a	6
4	Giulia	4a	8

Sektor B2

	Route	Grad	Meter
5	La vita è bella	6a+	15
6	Ciak si gira	N.N.	10
7	Gatto Silvestro	4a	12
8	Alba chiara	6a	15
9	Relax	6a+	15
10	Combo	6b	12
11	3° millennio	6a+	12

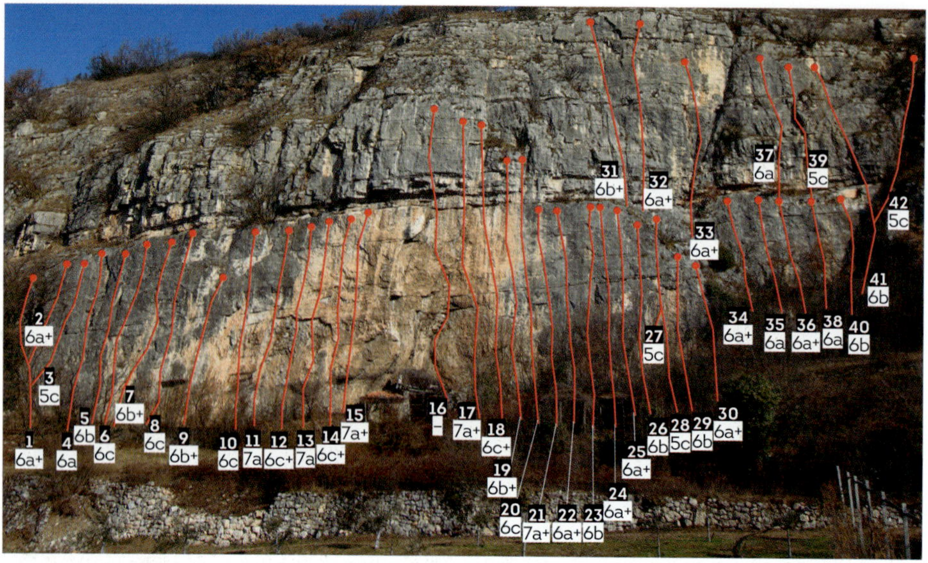

Sektor C

	Route	Grad	Meter
1	Aiutami a volare	6a+	18
2	Esperienza d'escobar	6a+	18
3	N.N.	5c	18
4	Easy furbo	6a	18
5	Andamento lento	6b	20
6	Tegni duro	6c	20
7	Basta così	6b+	20
8	Niente per sempre	6c	18
9	Cumbre	6b+	16
10	Su le mani	6c	25
11	Take me way	7a	25
12	Il sole d'inverno	6c+	25
13	Sali scendi	7a	25
14	Cat Woman	6c+	26
15	Ho fatto 13	7a+	25
16	40 gradi	N.N.	28
17	Alambicco	7a+	27
18	Buon Anno	6c+	25

	Route	Grad	Meter
19	Oro pungente	6b+	25
20	Sinfonia	6c	25
21	Mega bite	7a+	23
22	Diapason	6a+	23
23	Pentagramma	6b	25
24	Convivenza	6a+	21
25	Nonni sprint	6a+	20
26	Pensieri pericolosi	6b	20
27	Diedrite	5c	18
28	Hot dog	5c	18
29	Chat line	6b	16
30	Kit kat	6a+	16
31	Ultimo tango	6b+	20
32	Sky mat	6a+	26
33	Yellow hand	6a+	29
34	Elvio	6a+	10
35	Piera	6a	10
36	Giulia	6a+	10

Sektor C ←

	Route	Grad	Meter
37	Angelo	6a	23
38	Paola	6a	10
39	Dario	5c	15
40	Susy	6b	8
41	Lucrezia	6b	27
42	Betta	5c	27

Sektor D

	Route	Grad	Meter
1	CInzia	5c	10
2	Astragalo	6a	10
3	Red line	6a+	10
4	White line	6a	10
5	Bruno	6a	12
6	Francesca	6a	12
7	Fabio	5c	12
8	Susanna	5c	15
9	Rosanna	5c	15
10	Amici di un tempo	5c	16

Sektor E

	Route	Grad	Meter
1	Donne o fate	6b	15
2	N.N.	N.N.	20
3	Finalmente son pasato	6a	20
4	I faggetti di betti	6b	20
5	Red point	6a	22
6	Tormento o estasi	6c+	22
7	Facile ma non troppo	6b	20
8	Forza Italia	6c	20
9	Open your mind	6c	20
10	Il suicida	7a	20
11	Turbo	7a+	20
12	Eterno riposo	7a	20
13	Meeting	6a+	20
14	Sergio	6a	22
15	Metaxa	6b	24
16	Wil coyote	6a+	28
17	Roby	6a+	25

	Route	Grad	Meter
18	Vale	6a+	25
19	Beton	6c	26
20	Makalù	6a	28
21	30 metri	6a+	30
22	N.N.	N.N.	18
23	Tato pani	6a+	18
24	Excalibur	6a+	18
25	Arcobaleno	6b+	18
26	Flik	7a	18
27	Flock	7b	18
28	Maneta bestiale	6a+	18
29	Orzo Bombo	7b	18
30	X files	7a	16
31	Passo falso	6a+	16
32	Dentro e fuori	6a	16
33	La prima volta	5c	15

Sektor F

	Route	Grad	Meter
1	Disadattati	6a+	20
2	Befana 99	6b	25
3	N.N.	6b	25
4	Proyet	7c	22
5	Noriglio	7a+	22
6	Mago merlino	7a	22
7	Aladino	6c	22
8	Baby	6b	22
9	Mucci	5c	22

5.4 Zengio del Far Noter

Val Grande

★★★★☆

770m | 20min | Kalk | P ★★

Die imposante, überhängende Wand von Zengio besticht durch ihre Höhe und ruhige Lage. Die Routen erfordern Ausdauer und bewegen sich zwischen mittleren und hohen Schwierigkeitsgraden. Ein zusätzlicher Pluspunkt ist der bequeme Wandfuß, wo auch ein kleiner Grillplatz vorhanden ist. Zu erwähnen ist allerdings, dass besonders im Frühjahr nach der Schneeschmelze und nach Regentagen die Wand lange nass bleibt.

Anfahrt

Von Arco nach Rovereto fahren. Dort angekommen beim Millenium Center vorbei und dann immer Richtung Trient/Serrada Folgaria fahren (beschildert). Am großen Kreisverkehr vor dem Bahnhof rechts in Richtung Terragnolo abbiegen und der Straße weiter folgen. Beim großen Brunnen geradeaus fahren und die Beschilderung nach Terragnolo beachten. An der Ortschaft Noriglio fährt man vorbei, anschließend durch zwei Tunnel hindurch und erreicht das Dorf Valgrande. Dort in einer Rechtskurve das Auto auf der linken Seite parken.

Von Trient kommend, bis nach Rovereto weiter und bei Rovereto Nord ausfahren. Dann Richtung Zugbahnhof und dort beim großen Kreisverkehr Richtung Terragnolo abbiegen. Anschließend weiter, wie oben beschrieben.

Zustieg

Vom Parkplatz geht man die Straße etwa 20 Meter zurück und folgt rechts einer kleinen steilen Straße bis zu einem einzelnen Haus. Hinter dem Haus nach links wenden und wenige Meter zu einer Abzweigung gehen, dort den rechten Pfad einschlagen (Steinmännchen). Der Weg vereint sich etwas später mit einem zweiten und kurz darauf zweigt rechts ein Pfad mit Steinmännchen ab, der direkt zum Klettergarten führt.

N°
33

3	4	5a	+	5b	+	5c	+	6a	+	6b	+	6c	+	7a	+	7b	+	7c	+	8a	+	8b	+	8c	+	9a	+
0	0	0	0	0	0	0	0	0	2	1	0	4	2	3	1	5	3	1	3	0	0	0	0	0	0	0	0

N W E S

| JAN | FEB | MÄR | APR | MAI | JUN | JUL | AUG | SEP | OKT | NOV | DEZ |

	Route	Grad	Meter
1	Valium	7a	35
2	Endovena	6c	35
3	Ostia	7a	35
4	Il ghiro	6c	35
5	Sporcona	6a+	25
6	Buon viaggio	7b	30
7	Tira poc	6a+	25
8	Oro e argento	6b	20
9	Canaia	6c	30
10	Delicata	6c	28
11	La grotta	6c+	25
12	La grotta (2nd pitch)	7b	20
13	Zio porcole	6c+	24
14	No l'è banane	7a+	24
15	La me rovina	7a	24
16	Orzoro	7c+	25
17	Orzo bimbo	7b+	25

	Route	Grad	Meter
18	Ciapa e tira	7b	28
19	La canna	N.N.	25
20	Il trono	N.N.	35
21	Straza brazi	7b	33
22	La sgionfona	7b	33
23	Pippistrella	7b+	33
24	Il corvo	7c	35
25	Palpitazioni	N.N.	35
26	Fighe'r	7c+	35
27	Regina	7c+	35
28	Tarzan	N.N.	33
29	Re buf	N.N.	33
30	La torta	7b+	32
31	N.N.	N.N.	32
32	Anza	N.N.	32
33	N.N.	N.N.	N.N.

5.5 Serrada

★★★★☆

Serrada

1260m | 10min | Kalk | P ★★★

Eingebettet in einen Wald auf etwa 1200 Metern Meereshöhe, bietet Serrada eine optimale Felsqualität und etwa 70 Routen im mittleren Schwierigkeitsgrad. Dieses Gebiet ist durchaus familienfreundlich, allerdings sollte man in den rechten Sektoren aufpassen, da der Wald dort etwas unwegsam und steil ist.

Anfahrt

Von Arco nach Rovereto fahren. Dort angekommen Richtung Zentrum und Serrada Folgaria fahren, beim Millenium Center vorbei und weiter bis zum Bahnhof, wo sich ein großer Kreisverkehr befindet. Hier rechts in die Straße Corso Rosmini abbiegen und weiter bis zu einem großen Brunnen mitten auf einem Platz. Von hier aus, der Straße Richtung Folgaria/Noriglio folgen. Immer auf der Staatsstraße bleibend an Noriglio an einigen Dörfern vorbeifahren. In Terralongo angekommen, noch etwas der Straße bis zum Restaurant Cogola folgen und dort parken.

Zustieg

Vom Parkplatz die asphaltierte Straße (S. Rocco) hinter dem Restaurant hochgehen. Nach einigen Metern weist bereits ein Schild auf den Weg zum Klettergarten hin, der in etwa zehn Minuten zum Ziel führt.

N° 76

3	4	5a	+	5b	+	5c	+	6a	+	6b	+	6c	+	7a	+	7b	+	7c	+	8a	+	8b	+	8c	+	9a	+
1	5	5	0	1	0	1	1	12	8	15	11	9	2	2	0	1	0	0	0	0	0	0	0	0	0	0	0

N W E S

| JAN | FEB | MÄR | APR | MAI | JUN | JUL | AUG | SEP | OKT | NOV | DEZ |

Sektor A

	Route	Grad	Meter
1	Mayumi	7b	8
2	Tsunami	6a+	8
3	Manu	4b	12
4	Mr. Boombastic	4a	12
5	Eclisse 99	6b	7
6	La morte nera	6c+	15
7	Starway to heaven	6c	15

	Route	Grad	Meter
8	Danton	5a	15
9	Spitfollia	6a+	15
10	Phoenomena	6a	15
11	Ghost	6a	15
12	Microtest	7a	15
13	Melancholy	4b	15

Sektor B

	Route	Grad	Meter
1	Spider	6b	10
2	Megawatt	6b+	22
3	Die Hard	6b	22
4	Crow	6b	22
5	Mururoa	6a	22
6	Jessica	6a+	23
7	No Love	6c	23
8	Balla coi lupi	6c	23

	Route	Grad	Meter
9	Condor	6b+	23
10	Esorciccio	6a+	23
11	Maiemi	6b+	23
12	Mani di velluto	6b+	25
13	The Wall	7a	25
14	Kaos	6b	20
15	Zanzibar	6a	18
16	Caduta massi	6b	25

Sektor C1

	Route	Grad	Meter
1	Giada	6b	25
2	Cuzco	6a+	8
3	Indios	3c	12
4	Kursk	6b	10
5	Totem	6a	10
6	Tsataan	5b	16
7	Yeti	5c	18
8	Ibis	6a	20

	Route	Grad	Meter
9	Lady Diana	6a+	16
10	Ghibli	6a+	22
11	Mephisto	6b	22
12	Lucifero	6c	22
13	Congedo Express	6c	20
14	Traverso Perverso	6b	24
15	Due dita prime falanqi	6c	20
16	Jovannona	6b	20

Sektor C2

	Route	Grad	Meter
17	Angel of Death	6c+	22
18	Robespierre	6c	20
19	Pirata	6c	18
20	Chipko	5a	7

Sektor D

	Route	Grad	Meter
1	Ayers Rock	6a	10
2	Hidalco	6a	10
3	Inca	6a+	10
4	Viper	5a	12
5	Nandu	5a	12
6	Zaby	4a	17

	Route	Grad	Meter
7	Bali	5c+	18
8	Machu Pichu	6b	18
9	Licheni	6b	18
10	Tarkine	6b+	20
11	Ugly	6b+	20
12	Miwok	6a	20

Sektor E1

	Route	Grad	Meter
1	Maya	6b+	20
2	Euro	6a	20
3	Canyon	4c	20
4	Braveheart	N.N.	23
5	Zia Lilli	N.N.	23
6	Konbai	5a	25

	Route	Grad	Meter
7	Spirit	6b+	25
8	Time flies	6b	25
9	Rock grey	6b+	25
10	El Paraiso	6b	25
11	Super Silvia	6b+	25

Sektor E2

	Route	Grad	Meter
12	Yunnan	6c	25
13	My wife is an angel	6b+	25
14	Mauk	6a	25
15	Sun	6a	25

5.6 L'Orrido

★★★★☆

Dietrobeseno

430m | 3min | Kalk | P ★★

Treffender könnte der Name dieses Klettergartens nicht sein: „Orrido" bedeutet Schlucht. Die Felswand liegt oberhalb eines Abgrunds direkt neben der Straße. Geklettert wird vorwiegend an Löchern in einer überhängenden Wand. Die Routen sind entsprechend anspruchsvoll. Der Lärm des tobenden Wassers in der Schlucht und der Autos oberhalb der Kletterwand kann für einige Kletterer störend wirken. Allerdings lohnt sich ein Besuch für all jene, die um den Schwierigkeitsgrad 8a klettern.

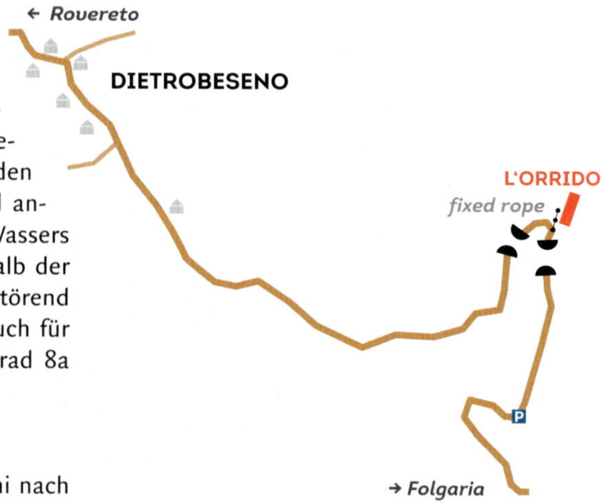

Anfahrt

Von Arco über den Passo San Giovanni nach Rovereto. Rovereto durchqueren und dabei den Schildern Richtung Trient folgen. Wenige Kilometer nach Rovereto kommt man zur Ortschaft Calliano, wo man rechts Richtung Vicenza abbiegt. Der Straße folgen und beim kleinen Dorf Dietrobeseno vorbei fahren. Es folgen zwei Tunnel, zwischen denen sich der Klettergarten befindet. Um zum Parkplatz zu gelangen, muss auch der zweite Tunnel passiert warden. Etwa zweihundert Meter weiterfahren und in einer Rechtskurve auf der linken Seite parken. Kommt man hingegen von Trient, die Ausfahrt Trient Süd nehmen. Die Richtung Rovereto einschlagen, zuerst auf der Schnellstraße und später auf der Staatsstraße weiterfahren. Im Dorf Calliano angekommen, links Richtung Vicenza/Folgaria abbiegen. Anschließend weiter wie oben beschrieben.

N°
28

3	4	5a	+	5b	+	5c	+	6a	+	6b	+	6c	+	7a	+	7b	+	7c	+	8a	+	8b	+	8c	+	9a	+
0	0	0	0	0	0	0	0	0	0	3	1	1	3	3	1	4	0	3	0	4	3	0	0	0	0	0	0

N W E S

| JAN | FEB | MÄR | APR | MAI | JUN | JUL | AUG | SEP | OKT | NOV | DEZ |

Zustieg

Vom Parkplatz die Straße zurückgehen und einen Tunnel wieder passieren. An dessen Ende rechts über die Leitplanken steigen, wo sich eine Eisentreppe befindet. Über die Treppe und Fixseile zum Klettergarten absteigen. Beim Zustieg ist Vorsicht geboten, da der Tunnel in einer Kurve liegt und die Fußgänger für die Autofahrer schlecht zu erkennen sind.

	Route	Grad	Meter
1	Panico a tonsai	7b	15
2	Mediterraneo	7a	15
3	Buena vista social club	6c+	15
4	Dreamland	6b	15
5	Dreamland	7a	32
6	Rock the Casbah	6c+	30
7	Trick or treat	7b	12

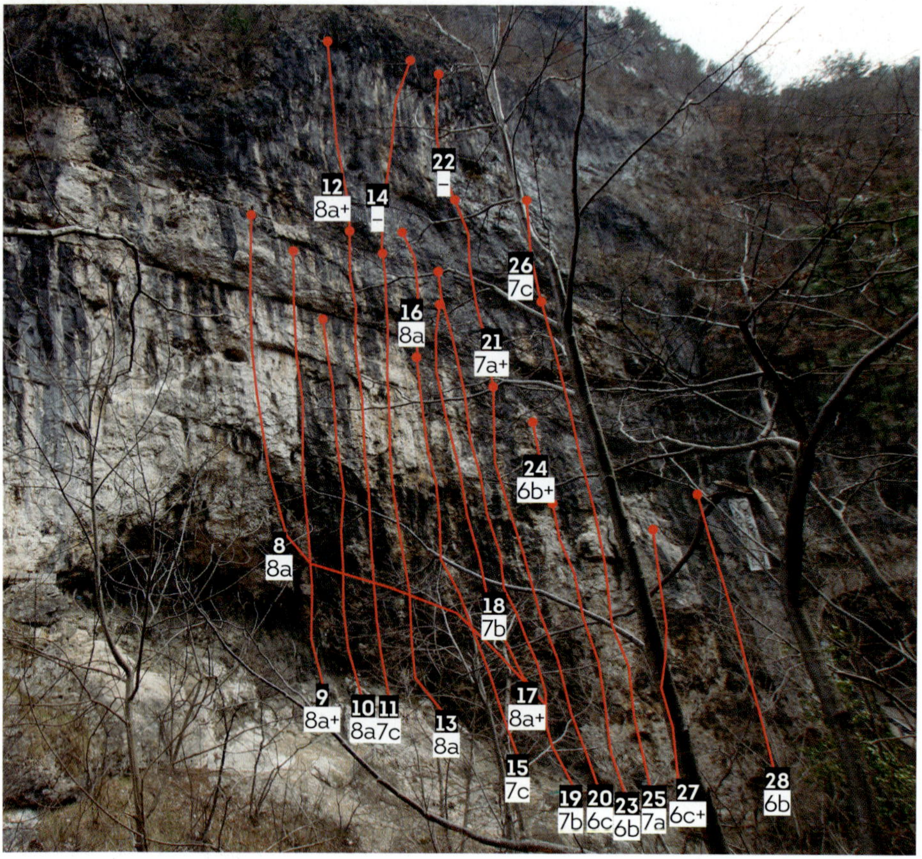

	Route	Grad	Meter
8	Orca	8a	28
9	La balena	8a+	27
10	La bambina	8a	27
11	El gigante	7c	28
12	Smog	8a+	35
13	Questione morale	8a	30
14	Questione morale (2nd pitch)	N.N.	15
15	Sally	7c	25
16	Sally (2nd pitch)	8a	5
17	La super diagonale	8a+	40
18	No pain no gain	7b	30
19	Rock spider	7b	30
20	Baby zoccola	6c	22
21	Baby zoccola (2nd pitch)	7a+	10
22	N.N.	N.N.	N.N.
23	Giò cazzola	6b	20
24	Giò cazzola (2nd pitch)	6b+	5
25	Marrakech express	7a	25
26	Marrakech express (2nd pitch)	7c	5
27	Gioventù bruciata	6c+	20
28	Natural Mystic	6b	20

Climbing Guides
for Androids
vertical-life
climbing
App Guides
Search
Favourites
my vertical-life
Search your spot, find it & go climbing!
New Android App Guides
by July 2013 - Google Play Store
vertical-life.info

Die Erschließer

Arco und Umgebung

Regina del Lago	M. Santi, D. Falcone, R. Marchi, E. Cigalotti
Sanderland	S. Donati und andere
Spiaggia delle Lucertole	R. Bassi, P. Calzá, L. Iovane, H. Mariacher, M. Zanolla
Bus de la Stria	Corso aspiranti guide alpine trentino, G. Hörhager
Padaro	D. Mabboni,
L'Orto	F. Bassoli, N. Tarolli, M. Zanni, A. Giuliani und andere
Calvario	Comune di Arco
Muro dell'Asino	D. Mabboni, B. Zanni und andere
Red Point Wall	D. Mabboni, R. Paoli und andere
Massone	O. Celva, D. Depretto, G. Groaz, R. Larcher, R. Scherer, H. Eisendle und andere
Terra Promessa	O. Celva, G. Hörhager, F. Legrand, R. Scherer und andere
Grottosauro	S. Merighi und andere
Piccola Dallas	F. Leoni und andere
Swing Area	R. Bassi, H. Mariacher und andere
Eremo	G. Härhager, R. Larcher, G. Manica, R. Scherer
Ottava Meraviglia	S. Merighi, I. Micheletti
La Fattoria degli Struzzi	Collegio Guide Alpine del Trento, F. Leoni, A. Roni
La Pizzeria	L. Celva, G. Dalfovo
Mandrea	S. Merighi
Nago	L. Coló, D. Depretto, Guide Alpine und andere
Belvedere	L. Coló, L. Grasso, N. Festi, Stone, Collegio Guide Alpine del Trentino

Sarche und Umgebung

Camerette	D. Bonvecchio, F. Leoni, M. Cagol, R. Larcher
Baule	D. Bonvecchio, F. Leoni, M. Cagol
Giardino di Nato	F. Leoni, D. Bonvecchio, M. Cagol, M. Curti, R. Larcher
Sisyphos	gruppo Sisyphos
Athos	E. Boldrin, G. Damian, D. Bonvecchio und andere
Sarche	M. Curti, G. Di Matteo
La Panoramica	F. Leoni, M. Cagol
Il Posto delle Fragole	F. Leoni, R. Galvagni, D. Filippi und andere
Limarock	D. Bonvecchio, G. Gozzio
Babilonia	F. Leoni und andere
Bassilandia	F. Leoni, M. Cagol, L. Celva, M. Curti, G. Dalfovo, R. Larcher, M. Ghezzi
La Gola	R. Bassi, H. Mariacher, gruppo Sisyphos und andere
Santa Massenza	R. Bassi, D. Bonvecchio, S. Banal, F. Leoni
Climax	D. Bonvecchio, D. Lira, A. Lucchi
Il Giardino delle Occasioni Perdute	M. Bertolasi, F. Garbari, P. Marchetti
La Finestra	M. Bertolasi, D. Lira und andere

Coel dela Val dela porta	S. Banal, L. Goller, E. Bettega, D. Bonvecchio, R. Larcher, D. J. Hall, A. Stenico
Margone	D. Bonvecchio, M. Curti, D. Lira, D. J. Hall und andere
Ranzo	S. Banal, D. Bonvecchio, R. Bassi, A. Stenico, M. Turri
Castello di Drena	S. Merighi und andere
Cavedine	D. Bonvecchio, R. Galvagni
San Siro	R. Bassi, D. Bonvecchio, R. Larcher, O. Celva und andere
Lagolo	D. Bonvecchio

Judikarische Täler

Comano	L. Malesardi, P. Malesardi
Val Lomasone	Gruppo Rocciatori del Lomaso, D. Bonvecchio, R. Carli, M. Donati, R. Filippi, L. Malesardi, P. Malesardi
Sunny Place	F. Cavallaro, M. Faletti, F. Scandolari
Val d'Algone	F. Scandolari, D. Salvaterra
Coltura	F. Cavallaro, E. Salvaterra, F. Scandolari, Gruppo Finanzieri Tione
Croz de le Niere	G. Leonardi und andere
Breguzzo	B. Ferrari
Promeghin	Comune di San Lorenzo in Banale
Alpenrose	-
Nembia	R. Bassi, F. Cavallaro, S. Elmi, R. Larcher, fratelli Di Marino
Lago Nembia	D. Bonvecchio, S. Elmi, S. Bordoni, R. Maurina, R. Pedrotti

Trient und Umgebung

Spormaggiore	S. Avanzi, D. Cavosi, S. Elmi, C. Tenaglia, R. Maurina, M. Zeni, Associazione sportiva dilettantistica Liberamente
Forti di Civezzano	M. Faletti, A. Grisenti, M. Molinari und andere
Calisio	M. Cestari, A. Stenico, A. Zanetti und andere
La Vela	F. Bertoni, L. Celca, A. Zanetti
Val di Cembra	I. Savoi
Cavedago	S. Bordoni, S. Elmi, L. Giupponi und andere
Terlago	E. Bettega, O. Celva, D. Bonvecchio, R. Larcher

Rovereto und Umgebung

Eremo di San Colombano	F. Agosti, S. Ghidini, G. Scrinzi, R. Vettori
Acheni	S. Ghidini und andere
Noriglio	A. Bescapé, D. Cabas, G. Gerola, M. Fait, S. Martini, A. Masera, G. Silvestri, S. Matassoni, G. Scrinzi
Zengio del Far Noter	S. Matassoni
Serrada	L. Calderan, Pacher, Plotegher
L'Orrido	T. Buccenella, M. Curti, R. Larcher, L. Ondertoller

Verzeichnis

Alphabetische Ordnung

Schönheit

Anfängerfreundliche Klettergärten

Familienfreundliche Klettergärten

Regensichere Klettergärten

Sommer-Klettergärten

Winter-Klettergärten

Graziano Guardabassi in Via Tempesta nel Deserto (8a), San Siro

Foto: Elena Paissan

Classics

6a

Route Name	Crag
Ficcanaso	Camerette
Dritdreiciodi	Comano
Spinaci	L'Orto
Fessura	La Gola
Gamba di legno	La Gola
Paccoman	La Gola
Tangram	Massone
Prime impressioni	Massone
Dottor Plantier	Massone
La Mandria	Nago
Mario Polenta	Nago
Goodbye stranger	Nago
Zoo camping	Prabi
El Giga	Regina del Lago
Gedeone	San Siro
Calippo	Sisyphos
Solero	Sysiphos
Rere	Terra Promessa
Batti il tuo tempo	Val d'Algone
Campanil Ovest	Val Lomasone

6a+

Route Name	Crag
6 Marzo	Bassilandia
Spettacolo	Belvedere
Niente panico gnappetta	Crosano
Ritmi solari	Giardino delle Occasioni Perdute
Dollari e paperi	La Gola
Calipso	La Gola
Pegasus	Massone
Alice nel paese dei balocchi	Muro dell' Asino
Lillila	Nago
Ruggero lo perfido	Nago
Jeffo	Nago
Gobazio	Nago
Ruggiero lo perfido	Nago
Lillia	Nago
Messa a fuoco	Panoramica
Flebo	Regina del Lago
Daffy-Daffy	Spiaggia delle Lucertole
Pic Nic	Terra Promessa
Via dei Talebani	Val d'Algone
Tiro mancino	Val d'Algone

6b

Route Name	Crag
Caffe Espresso	Belvedere
Warm up	Belvedere
Bo	Calvario
Vibrafono	Calvario
Nutella	Camerette
Il Giardino delle Occasioni Perdute	Giardino delle Occasioni Perdute
Tintarella di luna	La Gola
Please	La Gola
Il culto dell'Ostrica blu	Massone
Spleen	Nago
Aquilante	Nago
Chiedi a Beppo	Nago
Idich	Nago
Vale	Noriglio
Diaframma	Panoramica
Phillip Flann	Regina del Lago
Cremino	Sisyphos
Lorenzo	Terra Promessa
Luna	Val d'Algone
Snoopy bar bondo	Val d'Algone

6b+

Route Name	Crag
Delta	Comano
baby e mirtillo	Grottosauro
Dott. Livore	La Gola
Lo Scolaro	Massone
Gino e la sfiga	Massone
Rettoscopie	Massone
Musetto e big gim	Massone
Spectrum	Massone
Il ritorno di Aly	Massone
Alvarez	Nago
Cato Zulu	Nago
Cohelet	Nago
Il fachiro	Nago
Panorama	Nago
Elena	Nago
Guildenstern	Nago
Rock story	San Siro
Lampo di Fulmine	Sisyphos
Camillino	Sisyphos
Goduria	Val d'Algone
Il nido del ragno	Val d'Algone

6c

Route Name	Crag
Adalpina	Bassilandia
Ingenue Utopie	Cavedine
Goccia	Comano
Carote	L'Orto
Zio tibia	La Gola
Commissario Cervo	La Gola
La Cura Della Fessura	Massone
Vite Minori	Massone
Sabato Turistico	Massone
Tis sa arc	Massone
I like Gorba	Massone
Gandalf	Nago
Crisalide	Nago
Regana	Nago
Fuori orario	Nago
Flash	Panoramica
Aria	San Siro
Loggia	Sunny Place
Nee	Val d'Algone
Patpong	Val d'Algone

6c+

Route Name	Crag
Will Coyote	Bassilandia
Sapori di Lagolo	Bassilandia
Willy Coyote	Bassilandia
loro del reno	Belvedere
Madur	Comano
La vendetta di Robinson	La Gola
Ichnusa	La Gola
Gouloise	La Gola
Marinara	La Pizzeria
Action Direct	Massone
Ottopromille	Massone
Settima luna	Massone
Il panettiere	Nago
Gandalf	Nago
Nevermore	Nago
Due a coppe	Piccola dallas
Alfa-Alfa	Sunny Place
Luca Joint	Terra Promessa
Wat Arun	Val d'Algone
Imperversandro	Val d'Algone

7a

Route Name	Crag
Extraterrestre	Bassilandia
Cucciolo d'uomo	Bassilandia
Bastiamola li	Belvedere
Urlo del vento	Belvedere
Il topo	Camerette
El vecio Alpin	Grottosauro
Hollenganda	La Gola
Hello Debby	La Gola
Roulette russa	La Gola
Aladin	Massone
Via le man dal cul	Massone
Greta	Massone
Mangia Cacca	Massone
Loudness	Massone
Gandalf	Nago
Bucomagia	Nomesino
Carnevale	Terra Promessa
Nana	Val d'Algone
Tolleranza zero	Val d'Algone
Asia	Val d'Algone
Transgenica	Val d'Algone

7a+

Route Name	Crag
Ape poker	Belvedere
Nacquimo forti	Belvedere
L'Arte della Fuga	Climax
Topo Gigio	Comano
Spinaci	Comano
Danza Macabra	La Gola
Mister Monkey	La Gola
Adelante	Massone
Ultimo dubbio	Massone
Crisi	Massone
Fata Morgana	Massone
Fessura Porta	Massone
Titanic	Nago
Iceberg	Nago
Kira	Nago
King Lear	Nago
California '91	Nago
Sancho Panza	Nomesino
Salamino piccante	Pizzeria
Fred Fallo	San Siro
Severance	Sisyphos

7b

Route Name	Crag
Trutta bianca blu	Bassilandia
Sechi	Breguzzo
Papillon	Coltura
Tangenziale	Comano
Beach Boys	Massone
Duracell	Massone
Warner broz	Massone
Desiree	Massone
Gameboy	Massone
Loacher	Massone
Mario lo sa	Nago
Nausica	Nago
Culo dritto	Nago
Lunatica	Nago
Winner	Sisyphos
Weisswurst	Terra Promessa
Nice price	Terra Promessa
Weisswurscht	Terra Promessa
Taln	Val d'Algone
Canna Sonante	Val d'Algone
Achab	Val Lomasone

7b+

Route Name	Crag
Cave Cannam	Belvedere
Last train home	Belvedere
Cuba Libre	Comano
The winner	Grottosauro
Un attimo	La Finestra
Ulan bator	La Finestra
Nite club	La Gola
Big Spender	Massone
Cannabis	Massone
Loacher	Massone
Troppo Leicht	Massone
Only Locals	Massone
Mantide Atea Variante diretta	Massone
Odyssey	Nago
Les Prestige	Nomesino
Rucolissima	Pizzeria
Salamino piccante	Pizzeria
Miro	San Siro
Il profeta del LSD	Sisyphos
Canna Canon	Terra Promessa
Mucca Pazza	Val Lomasone

7c

Route Name	Crag
Da zanca a zanca	Bassilandia
Bod pa	Bassilandia
Povero gatto	Belvedere
Hurricane	Grottosauro
007	La Gola
Neurotica	La Gola
Abissi	Massone
Il Vizietto	Massone
Disneyland	Massone
Bonsai	Massone
Il cattivo ist überall	Massone
Pilotwings	Massone
Shaved Beaver	Massone
C'è qualcuno che non sa	Massone
Rubagotti	Massone
Panico sopra l'orlo	Massone
Gandalf	Nago
La classica	Piccola Dallas
Capricciosa	Pizzeria
Progetto Cathy	Terra Promessa
Asbalz	Val d'Algone

7c+

Route Name	Crag
Qui resting	Bassilandia
Extraterrestre plus	Bassilandia
Resentin	Calvario
Una manzana al giorno	Camerette
Libia	Camerette
Vixen	Climax
La Balenottera	Coltura
Scaia	Comano
Calabrese	La Pizzeria
Super Attico	Massone
Gradodipendenti	Massone
Shaved beaver	Massone
Bonsai	Massone
Berny	Massone
Good morning Patagonia	Nago
Ale ale	Piccola Dallas
Diavola	La Pizzeria
Atlantic city	San Siro
Golden Boy	Terlago
O Pio Mio	Terra Promessa
Red points	Terra Promessa

8a

Route Name	Crag
Mohammed Kaliffa	Bassilandia
JCD	Calvario
Viva Il Caiva	Cavedago
Col cul	Climax
Transculturale	Coltura
Fragole	Comano
Il gladiatore	Grottosauro
Egomaniac kid	La Finestra
Via delle mele	La Vela
Gameboy plus	Massone
Red Rocks	Massone
Incantesimo	Massone
Ricky bike	Massone
Profumo Di Invisible	Massone
La cucina dell'inferno	Massone
Il ladro di saponette	Massone
Bauer	Massone
Ex Express	Nomesino
Piccola dallas via	Piccola Dallas
Electric Budda	San Siro
Alvaro Vitali	Terlago

8a+

Route Name	Crag
Cerutti Gino	Bassilandia
Mama blue	Climax
Mama Blu	Climax
Futura	La Gola
Fuego	Massone
Il Muratore	Massone
Bauer Plus	Massone
Randa	Massone
Odissea	Massone
Bauern plus	Massone
Zenith	Nomesino
Il volto e l´anima	Nomesino
Il volto e l'anima	Nomesino
Suria Namastè	Ottava Meraviglia
Trinciapolli	Piccola Dallas
Diavolino	San Siro
Luky Strike plus	Santa Massenza
Mama Africa	Terra Promessa
Amen	Val dela Porta

8b

Route Name	Crag
Andalopiteco	Bassilandia
Mama cul	Climax
Col blu	Climax
L'alloco	Coltura
Troppo Schwar	Massone
Maratona	Massone
Supermaratona	Massone
Mike Jordan	Massone
Marathona	Massone
Pietra murata	Massone
Mikael Jordan	Massone
Majkl Jordan	Massone
Black thoot grin	Nago
Il volto e l´anima	Nomesino
Progetto Tribout	Terra Promessa

8b+

Route Name	Crag
Companero	Bassilandia
Grafity games	Eremo di San Paolo
Supermaratona	Massone
Athena	Massone
Pietramurata	Massone
Hale Bopp	Massone
Elephant man	Massone
Pietra Murata	Massone
Aerodrome	Terra Promessa

8c

Route Name	Crag
Reini's Vibes	Massone
X-Large	Massone
Ghost rider	Nago
Thin ice	Terlago
Claudio café	Terra Promessa

8c+

Route Name	Crag
Zauberfee	Eremo di San Paolo
St. Anger	Eremo di San Paolo
Bucking Bronco	Nago

9a

Route Name	Crag
Underground	Massone

Take it easy!

Every monkey climbs a 9b+

E N
S W
E
Local hero
1.200m
N

vertical-life.info

Let's be friends!